本书出版受泉州市首批学科（专业）带头人培育项目、泉州师范学院第四批学科带头人培育项目资助

民营经济高质量发展问题研究

黄志锋　著

长春出版社

国家一级出版社

全国百佳图书出版单位

图书在版编目（CIP）数据

民营经济高质量发展问题研究 / 黄志锋著. —— 长春:
长春出版社，2020.8
ISBN 978-7-5445-6041-2

Ⅰ.①民… Ⅱ.①黄… Ⅲ.①民营经济－经济发展－
研究－中国 Ⅳ.①F121.23

中国版本图书馆CIP数据核字（2020）第171391号

民营经济高质量发展问题研究

著　　者	黄志锋	
责任编辑	程秀梅	
封面设计	清　风	

出版发行　**長春出版社**　　　　　　总编室电话：0431-88563443
　　　　　　　　　　　　　　　　　发行部电话：0431-88561180

地　　址	吉林省长春市建设街1377号
邮　　编	130061
网　　址	www.cccbs.net
制　　版	吉林省清风科技有限公司
印　　刷	三河市华东印刷有限公司
经　　销	新华书店

开　　本	787毫米×1092毫米　　1/16
字　　数	280千字
印　　张	16.5
版　　次	2022年7月第1版
印　　次	2022年7月第1次印刷
定　　价	75.00元

前　言

民营经济在中国市场化改革中扮演了十分重要的角色，在推动我国社会经济发展中发挥着极其重要的作用，它不仅贡献了GDP增长，还成为吸纳我国劳动力就业的主要渠道之一。因此，在一定程度上，民营经济其实也就是市场经济。马克思、恩格斯在《资本论》中指出，社会主义应该是计划经济体制下的生产资料公有制，但在现阶段，走社会主义市场经济道路，大力发展民营经济，是马克思主义中国化的集中体现。

2019年，我国规模以上工业企业增加值增速保持在6.5%左右，私营企业工业增加值增速有所放缓，其原因是美国特朗普政府挑起的与我国的贸易争端，引发了两国之间的贸易战，进而影响了我国民营企业的进出口，但总体增速仍比国有控股企业状况好。截至目前，非公有制企业经济占我国国内生产总值比重已超过60%，税收比重超过50%，新增就业比重超过90%。其中，民营经济在支撑增加政府税收、扩大就业、促进创新、带动出口等领域发挥着越来越重要的作用。同时也成为我国国内经济中吸纳劳动力就业的重要渠道。如何更好地促进民营经济在新经济时代下的高质量发展，在一定程度上决定着我国经济发展的活力和可持续性，也是摆在我们面前亟待解决的一个重大课题。

深化改革是完善民营经济发展体制与机制的关键所在。在党的十九大期间，国务院多次取消和下放几百项行政审批等事项，放宽市场准入，改革注册登记制度，民营企业投资创业环境得到了进一步的优化。"营改增"以来，税收优惠政策极大地减轻了我国民营企业的税收负担，"新三板"市场的进一步开放拓宽了中小微企业的融资渠道，在降低民营企业特别是中小微企业的融资成本上发挥着极其重要的作用。目前，供给侧结构性改革正如火如荼地进行，转型升级亦处在关键阶段。①近年来，民营经济的营商环境得到了改善，但由于国际经济形势的变化，特别是中美之间的贸易争端，民营经济面临的形势依然严峻，除了产能相对过剩、融资困难、成本上升外，还面临着"玻璃门""弹簧门"之苦，以及政策在执行过程中落地难等诸多制约我国民营经济高质量发展的瓶颈。这些现象看起来只是表象，实则是深层次的体制困境。这就需要不断完善我国社会主义市场经济体制，不断推进体制改革，转变政府职能，进一步优化民营经济发展环境，以期全面激发民营经济发展的内在动力和市场活力、竞争力。

随着我国改革开放的不断深化及世界经济一体化进程的加快，经济增长的动力结构将更多地转向制度变革和制度创新。在当前世界复杂的经济形势下，民营经济发展面临着重大机遇和挑战，为推动民营经济的高质量发展，建立完善的公正、公平的市场规则，形成促进民营经济发展的一系列制度创新，给予民营经济在社会主义市场经济中应有的权利和地位，②通过制度创新和制度建设，不断地为民营经济释放政策红利。不断深化政府职能的转变，促进市场在要素的自由转移中发挥主导作用，优化民营企业的营商环境，加快形成统一开放、竞争有序的市场体系，建立公平竞争的保障机制，打破地域壁垒和行业垄断；进一步规范涉企行政事业性收费，切实减轻企业负担，出台惠企的优惠政策并使之落地；激发企业家精神，鼓励民营企业依法进入传统国有企业垄断的行业，引入民营资本参与国有企业改革，更好地发挥非公有制经济自身的活力和创造力，依法保护企业家财产权和创新收益，鼓励民营企业科技创新，为民营经济的高质量发展奠定坚实的市场基础。

习近平总书记在2018年民营企业座谈会上谈到中国经济发展的六个有利条件。我国有14亿消费者，这是我国民营经济发展的最大底气。目前我国的中产阶级虽然只有3—4亿，但却已展现出强大的消费能力。在可预见的未来，随着我国经济的持续发展，小康社会全面建成，中产阶级的比重势必将

---

①江怡. 民营经济发展体制与机制研究[M]. 杭州：浙江大学出版社，2016：1—3.
②段亚男. 企业家投资环境满意度评价指标研究[J]. 商业会计，2016（19）：110—114.

进一步提升，由此带来的市场扩张必将为民营经济的进一步腾飞创造良好的发展机遇。未来的发展空间更为广阔，民营企业将大有所为。

　　本书立足于民营经济高质量发展问题研究，在第一章描述了本书的选题背景，说明民营经济高质量发展的时代意义，并从理论上对我国民营经济发展进行了研究综述，分析几十年来我国民营经济发展的进展，为本书的研究奠定坚实的理论基础。第二章对民营经济发展所涉及的理论进行了梳理，厘清民营经济、民营企业、私营经济、私营企业等相关概念，综述经济增长和经济发展等相关理论，探析高质量发展的概念、要义和特征；进而介绍制度理论，为民营经济的制度创新建立理论框架。第三章从历史维度详细剖析民营经济的发展历程，回顾我国民营经济在历史进程中的发展历程、民营经济思想的演进历程、制度变迁以及民营经济发展的一些主要模式：温州模式、苏南模式、珠三角模式和晋江模式（经验）。第四章分析了民营经济与区域经济发展的互动作用，区域民营经济发展所积累的一些经验、做法，解释民营经济的高质量发展在区域经济增长领域起到的不可替代的促进作用，对民营经济未来发展的总体趋势进行展望。第五章结合我国客观实际，分析民营经济发展的现状、当前我国民营经济高质量发展过程中存在的一些亟待解决的客观问题，剖析新经济时代下我国民营经济发展所面临的机遇和挑战。第六章结合我国民营经济发展的实际，探讨阻碍民营经济发展的一些制度障碍。第七章论述民营经济高质量发展进程中如何实现制度创新，从制度设计、政策保障等方面展开讨论。第八章分析促进我国民营经济高质量发展的路径，以期为民营经济的高质量发展提供借鉴。第九章对本书进行总结，得出最终结论，并阐述本书的主要创新之处和研究上有待进一步开展的领域。

目　录

第一章 概 论

第一节 问题的提出

中国的民营经济是在改革开放的大背景下发展起来的。1978年召开的党的十一届三中全会宣告了，在新的历史时期，民营经济重新登上我国经济发展的历史舞台。随着我国社会经济的快速发展和改革开放进程的深入推进，民营经济迅速成长为我国改革开放和经济发展过程中不可或缺的重要经济成分。

一、民营经济高质量发展的时代背景

一个国家或者地区的经济发展，实质上就是一个资源优化配置的动态过程。按照美国学者西蒙·库兹涅茨教授的说法，现代经济增长意义上的经济发展作为一个资源优化配置的动态过程，表现在两个重要的方面：一是资源从初级产业向制造业和服务业部门的流动及优化配置，即工业化；二是资源从农村地区向具有空间区位优势的城镇集聚及优化配置，即城市化。纵观世界经济发展史，经济制度对于经济发展是至关重要的前提条件，制度是经济增长的前提。[①]经济制度的变迁体现在两个重要方面：一是资源配置主体的变化——民营企业成为我国社会经济资源配置的主体，即民营化；二是资源配置方式的变化——市场成为资源配置的主要方式，即市场化。

---

①王志凯. 中国民营经济区域发展研究[M]. 杭州：浙江大学出版社，2009：1—2.

回顾中国40多年来的经济制度变迁和经济发展的历程，实际上也就是民营化和市场化推动工业化和城市化的进程，民营经济当前已经成为我国经济发展的重要的推动力量之一。经过几代人的努力和奋斗，当前我国经济已经完成了工业化的总体任务，并且经过经济体制改革业已建立起社会主义市场经济体制。

从我国改革开放和经济发展的方向来看，我国经济的发展将步入后工业化时代，完成建成全面小康社会和基本实现现代化的时代任务，中国经济将进一步完善市场经济体制。中国经济目前正面临着改革和发展的双重阶段转换的任务，这种改革和发展的双重阶段转换，构成了中国民营经济发展的重大现实背景。研究民营经济在新经济时代下的高质量发展问题正当其时。

党的十四大确立社会主义市场经济体制后，民营经济不断发展壮大，已成为中国特色社会主义市场经济体制的探索路径之一，更成为推动我国经济社会实现跨越式发展的重要力量。经过多年的探索与突破，民营经济在国民经济中的地位实现了从过去的"补充"到"重要组成部分"的转变，充分体现了民营经济对促进经济转型、完善社会主义市场经济体制不可或缺的作用。

党的十八大以来，党中央高度重视民营经济的高质量发展，习近平总书记多次对民营经济的发展做出了重要的指示。2018年11月，习近平总书记在民营企业座谈会上强调，民营经济贡献了中国经济的"56789"：50%以上的税收、60%以上的GDP、70%以上的技术创新成果、80%以上的城镇劳动就业、90%以上的企业数量。随着我国经济转型发展进程的深入推进和社会主义经济体制改革不断完善，民营经济在国民经济中占据着重要的地位，是我国公有制的重要补充。[①]

党的十九大报告明确指出，必须坚持和完善我国社会主义基本经济制度和分配制度，毫不动摇地巩固和发展公有制经济，毫不动摇地鼓励、支

---

①杨嘉懿. 中国新时代民营经济发展的指导理论[J]. 湖北社会科学，2019（7）：40—46.

持、引导非公有制经济发展。充分说明了民营经济对促进经济转型、完善社会主义市场经济体制不可或缺的作用。鼓励、引导和支持民营经济的发展，是我国国民经济发展的主旋律。习近平总书记在全国民营企业座谈会上的重要指示，为我国民营经济发展注入了新的活力，进一步提升了民营经济发展的信心。[1]随着改革开放的不断深入，国家对民营经济发展的各项方针政策不断完善并落实，我国民营经济在发展机会、营商环境、发展质量等方面都得到了极大的提升和优化，与公有制经济和其他经济成分一道，共同推动我国经济社会向更高质量发展。[2]

2019年12月4日，中共中央国务院印发了《关于营造更好发展环境支持民营企业改革发展的意见》（以下简称《意见》）。《意见》指出，要以习近平新时代中国特色社会主义思想为指导，全面贯彻党的十九大和十九届二中、三中、四中全会精神，深入落实习近平总书记在民营企业座谈会上的重要讲话精神，坚持和完善社会主义基本经济制度，坚持"两个毫不动摇"，要坚持新发展理念，坚持以供给侧结构性改革为主线，营造市场化、法治化、国际化营商环境。保障民营企业依法平等使用资源要素，公开公平公正参与竞争，平等受到法律保护。推动民营企业改革创新、转型升级、健康发展。[3]

由此可见，加快民营经济的高质量发展，对于我国的经济建设和未来国民经济发展至关重要。在当前形势下，国际经济环境的深刻变化、国内经济下行压力加大，民营经济的高质量发展，对保持我国经济整体稳健运行将起到极为关键的作用。[4]

---

①黄志锋，黄益军. 民营经济高质量发展的路径研究[J]. 福州大学学报（社会科学版），2020（2）.

②王磊. 推动民营经济高质量发展的制度创新研究[D]. 北京：中国社会科学院大学，2019.

③央视网. 中共中央 国务院：营造更好发展环境 支持民营企业改革发展[EB/OL].（2019-12-23）[2020-01-15].http://jingji.cctv.com/2019/12/23/ARTI08eLY0oFvBleNl4MLW14191223.shtml.

④当前国内外经济形势复杂多变，特别是新冠肺炎疫情在全球暴发以来，我国商品出口形势极其严峻，尤其对民营经济而言更是如此。但总体上民营经济发展形势是稳中有变。经济形势的发展趋势在很大程度上取决于民营经济的发展水平。

二、民营经济已成为推动经济社会发展的重要力量

改革开放40多年以来，民营经济在我国经历了丰富的发展实践，取得了令人瞩目的成就。在当代中国的经济结构中，民营经济作为其中最活跃、最积极、最具竞争力的一种经济成分迅速发展，并逐渐形成了横跨全国三大区域、涵盖国民经济三大产业的经济体系。[1]随着我国经济的快速增长和市场化进程的不断深入，民营经济在国民经济中的作用越来越突出。民营经济不仅在促进区域结构协调发展和推动产业结构转型升级方面发挥着重要的作用，而且在拉动经济增长、扩大就业、增加税收、促进创新、改善民生等领域彰显出巨大的潜能和贡献。[2]习近平总书记指出："改革开放40年来，民营企业蓬勃发展，民营经济从小到大、由弱变强，在稳定增长、促进创新、增加就业、改善民生等方面发挥了重要作用，成为推动经济社会发展的重要力量。民营经济的历史贡献不可磨灭，民营经济的地位作用不容置疑，任何否定、弱化民营经济的言论和做法都是错误的。"[3]"民营企业对我国经济发展贡献很大，前途不可限量。党中央一直重视和支持非公有制经济发展，这一点没有改变、也不会改变。创新创造创业离不开中小企业，我们要为民营企业、中小企业发展创造更好条件"。[4]

民营经济的崛起被视为中国从计划经济向市场经济转型过程中保证国民经济快速增长的主要动力。[5]伴随着我国改革开放进程的推进，民营经济的发展取得了辉煌的成就。民营经济投资规模在总体上保持不断增长态势。截至2018年年底，我国全社会固定资产投资总计完成64.57万亿元，同比增长5.9%。其中，国有经济投资13.9万亿元，同比增长10.1%，集体经济

①厉以宁. 论民营经济[M]. 北京：北京大学出版社，2007：1.
②黄志锋，黄益军. 民营经济高质量发展的路径研究[J]. 福州大学学报（社会科学版），2020（3）：12—18.
③2018年10月20日，习近平给"万企帮万村"行动中受表彰的民营企业家的回信。
④2018年10月24日，习近平在广州明珞汽车装备有限公司考察时的讲话。
⑤戴园晨. 中国经济的奇迹——民营经济的崛起[M]. 北京：人民出版社，2005：1—2.

投资0.77万亿元,私营经济投资20.35万亿元,个体经济投资1.18万亿元。包括私营经济和个人经济在内的民营经济总投资达到21.53万亿元,同比增长8.7%,约占33.58%。[①]

表1-1 单位数和个体经营户数

	单位数(万个)	比重(%)
一、法人单位	2178.9	100.0
企业法人	1857.0	85.2
机关、事业法人	107.5	4.9
社会团体	30.5	1.4
其他法人	183.9	8.4
二、产业活动单位	2455.0	100.0
第二产业	484.1	19.7
第三产业	1970.9	80.3
三、个体经营户	6295.9	100.0
第二产业	732.3	11.6
第三产业	5563.6	88.4

表1-2 按登记注册类型分组的企业法人单位

	单位数(万个)	比重(%)
合计	1857.0	100.0
内资企业	1834.8	98.8
国有企业	7.2	0.4
集体企业	9.8	0.5
股份合作企业	2.5	0.1
联营企业	0.7	0.0
有限责任公司	233.4	12.6
股份有限公司	19.7	1.1
私营企业	1561.4	84.1
其他企业	0.1	0.0
港、澳、台商投资企业	11.9	0.6
外商投资企业	10.3	0.6

根据国家统计局相关数据,截至2018年年末,全国共有从事第二产业和第三产业活动的法人单位2178.9万个,比2013年年末(2013年是第三次

①数据来源:根据《中国统计年鉴(2018—2019)》分地区按登记注册类型分全社会固定资产投资相关数据计算而得。

全国经济普查年份，下同）增加1093.2万个，增长100.7%；产业活动单位2455.0万个，增加1151.5万个，增长88.3%；个体经营户6295.9万个（详见表1-1）。全国共有第二产业和第三产业的企业法人单位1857.0万个，比2013年年末增加1036.2万个，增长126.2%。其中，内资企业占98.8%，港、澳、台商投资企业占0.6%，外商投资企业占0.6%。在内资企业中，国有企业占全部企业法人单位的0.4%，私营企业占84.1%（详见表1-2）。民营经济（不包含港、澳、台商投资企业）占据我国经济结构绝对比重。

从整体工业规模产值看，全国增速总体稳定，民营工业基本同步。根据国家统计局2019年公报，2018年全国工业增加值增速为6.2%，其中国有控股工业为6.2%，私营工业为6.2%，外资企业为4.8%。全国工业营收增长8.5%，其中国有控股工业增长9.2%，私营工业增长8.4%，外资企业增长5.4%。全国工业利润增长10.3%，其中国有控股工业增长12.6%，私营工业增长11.9%，外资企业增长1.9%。[①]

从外贸数据上看，根据海关总署公布的数据，2018年我国进出口总值增长12.6%，国企、私企、外企三类企业进出口总量占比分别为17.4%、37.9%和42.6%。全国出口增长9.9%，其中国企增长11.1%，私企增长13.6%，外企增长6%，三者出口占比分别为10.4%、45.9%和41.7%。在净出口增量贡献上，国企占-82.47%，私企占150.9%，外企占29.53%。从税收贡献上来看，根据国家税务总局公布的数据，2018年，全国税收增长9.1%。其中，国有及国有控股企业同比下降2.9%，涉外企业同比增长3.9%，私营企业同比增长30.2%。在全国税收总额中，国有及国有控股企业占25.4%，涉外企业占17.8%，民营企业占56.8%；在全国税收增量中，民企占101.28%，涉外企业占7.93%，国有及国有控股企业占-9.2%。如表1-3所示。

从营利水平上看，全年规模以上工业企业利润61996亿元，比上年下降3.3%。从经济类型来看，国有控股企业利润16356亿元，比上年下降12.0%；股份制企业45284亿元，下降2.9%；外商及港澳台商投资企业

---

①数据来源，中国统计局官网。

15580亿元，下降3.6%；私营企业18182亿元，增长2.2%。

据商务部数据显示，中国对外直接投资已由国有企业为主转变为民营企业为主，2018年民营企业对外直接投资占比达到69%；2012年至2018年，中国企业海外并购数量年均增幅达33%，而2017年民营企业境外并购金额占当年境外并购总额的75.6%，在数量和金额上均首次超过国有企业，[①]成为中国企业海外并购市场的主导力量。

表1-3　全国及各经济类型税收增长情况　　　　单位：亿元，%

项目	2017年					2018年				
	收入额	增速	占比	增量	占比	收入额	增速	占比	增量	占比
全国税收收入	155734.72	10.8	100	15235.68	100	169956.5	9.1	100	14221.58	100
国有及国有控股企业	44471.75	3.3	28.6	1419.56	9.32	43162.59	-2.9	25.4	-1309.16	-9.2
民营企业	82062.06	14.24	52.6	10228.12	67.13	96465.52	17.6	56.8	14403.46	101.28
涉外企业	29200.91	14	18.8	3588	23.55	30328.46	3.9	17.8	1127.55	7.93

注：作者整理计算。

三、经济新常态创造民营经济高质量发展的新机遇

2014年，习近平总书记指出，我国经济应当立足现阶段，保持正常的心态，走向新常态。[②]新常态一词应运而生。在我国经济发展进入新常态，深入推进新旧动能转换，推动构建全面改革开放新格局，积极发展混合所有制经济，中央政府在宏观政策上坚持稳中求进，民营经济迎来实现更高质量发展的难得战略机遇期。[③]在经济新常态的背景下，如何将企业发展转向高质量发展阶段，从而产生新的经济增长点是我国民营经济高质

①王忠明.40年中国民营经济大崛起大发展[J]. 中央社会主义学院学报，2019（1）：65—75.
②习近平. 深化改革发挥优势创新思路统筹兼顾确保经济持续健康发展社会和谐稳定[N]. 人民日报，2014-05-11（5-11）.
③郭敬生. 论民营经济高质量发展：价值、遵循、机遇和路径[J]. 经济问题，2019（3）：8—16.

量发展的关键所在。①

改革开放以来，我国经济步入了高速发展的快车道，根据国家统计局发布的数据，1978—2018年，我国国民经济规模大幅增长，综合国力显著提升，年均经济增长率达9.4%左右，大幅高于同期世界经济增长率2.9%的平均水平，经济增长的年贡献率位居世界第二位。

当然，我国经济的增长很大程度上依靠政策、人口、生态环境、资源等红利驱动。随着我国经济增长的历史拐点出现，人口、资源、环境红利逐渐消失，产业结构转型和升级迫在眉睫。经济发展也呈现出了产业结构优化和增长动力转换的特征，我国经济的发展速度转为中高速，产业结构由中低端转向高端，增长动力由要素驱动投资驱动转向创新驱动。②这就要求我国未来经济增长应实现依靠创新驱动，扎实推进供给侧结构性改革，实现智慧产业化，加大传统产业升级改造力度，加强科技创新力度，不断强化经济增长的新动能。

民营企业应适应经济新常态的特点，把握当前新旧动能转换的新机遇，积极参与京津冀战略协同发展、长江经济带建设等国家战略布局，拓宽民营经济的产业增长空间。主动融入国家全面开放新格局的布局，优化产品贸易结构，从注重产品数量到注重产品质量，从注重规模到注重结构，从注重要素投入到注重创新投入转变，③增加产品科技附加值，深入参与"一带一路"沿线建设，发展对外贸易新业态，充分利用国内国际市场，推动民营经济的高质量发展。主动参与政府倡导的国有企业混合所有制改革，扩大民营经济的发展空间和产业链的延伸，实现发展质量、效率和动力上的提升。充分把握和运用国家宏观政策创造的发展机遇，适应政府的宏观政策取向，加大技术创新和升级，优化生产结构布局以实现可持续和低碳循环发展。积极履行企业的社会责任，主动参与政府所倡导的脱贫攻坚，积极增加就业和脱

①尹涛涛，周慧灵，田言，等. 新常态视角下的四川省民营经济发展路径研究[J]. 区域经济与发展，2019（4）：92—96.
②王忠明.40年中国民营经济大崛起大发展[J]. 中央社会主义学院学报，2019（1）：65—75.
③孙明增. 新时代民营经济当有新作为[J]. 红旗文稿，2019（2）：23—25.

贫攻坚力度，以共享经济发展带来的红利，同时塑造民营企业良好的社会形象和市场口碑，为民营经济的高质量发展营造良好的营商环境。

四、后疫情时代呼唤民营经济的高质量发展

2020年年初武汉暴发的新冠肺炎疫情，对全国各个行业均产生较大的冲击，对企业正常生产经营和社会正常运转造成较大影响，抗风险能力较低的中小企业群体开始面临压力。根据国家统计局发布的2020年第一季度的统计数据来看，2020年第一季度GDP的实际增速：作为北京、上海这样的国企、央企占据主要成分的核心大城市，GDP增速分别为-6.6%和-6.7%，而像泉州、东莞这样的民营企业集中的城市分别为-10.3%和-8.8%，①民营企业受到疫情的影响更加严重，它们相对国有企业更加脆弱，受到现金流制约的强度更大，民营企业的群体和关联性更加广泛，发生经济恶性蔓延的动荡性更加强烈！

为了应对疫情的暴发给民营经济产生的不良影响，同时给中小企业减负、降压，疫情期间国务院各部委及各地方政府陆续出台的保障政策支持中小民营企业应对疫情，减免房租、减免水电费、延期纳税、降低融资成本、信贷额度不下降……每一项政策的出台，都在为中小企业"输血"，助力企业顺利渡过难关（见表1-4）。但是这只是一时的"输血"，真正能引导民营经济实现高质量和可持续发展的关键之处在于民营企业应注重优化自身能力，提升自身"造血"功能。

表1-4 国务院各部委及各地方政府陆续出台的保障政策（截至2020年3月）

提供保障性金融服务	加强货币信贷支持	减免中小企业税费优惠	延期交纳税款
稳岗就业政策、稳岗补贴	就业补助资金支持	生产补助政策	
减免中小企业房租	缓缴社会保险费	扶持中小企业创业平台	

注：作者根据2020年1—3月部分政策文件整理。

---

①数据来源：国家统计局官网。

2020年4月，中央全国经济工作会议指出，应围绕做好"六稳"工作、落实"六保"任务，把防风险、打基础、惠民生、利长远的改革有机统一起来。这是中央在疫情后重要会议的关键定调，而要保居民就业、保基本民生、保市场主体、保粮食能源安全、保产业链供应链稳定、保基层运转，民营企业的作用至关重要。因此，新冠疫情虽然冲击了众多民营企业，但无疑也是民营企业实现凤凰涅槃的一次重大转机。社会的变革和进步，总是在外界的强烈冲击下形成，大危机必有大机遇，甚至蕴含无限商机。疫情对民营企业的冲击是严重的，企业面临的生存威胁是现实的、紧迫的，但是我们也要清醒地认识到，疫情终究只是一次冲击，对生产要素供给和生产率不会产生长期影响，我国经济长期向好的基本面不会改变。

此次疫情，可能进一步加快高质量发展的步伐，加快对三次产业结构优化的进程，企业家们要敏锐捕捉这些市场信号。疫情突如其来，对民营企业来说，这个春天要来得晚一些，但晚春依然孕育着无数希望。这一次，受过严冬洗礼的民营企业也必然萌发出很多创新。这种创新，取决于民营经济的高质量发展水平，也依赖于民营企业的坚定信念、自挖潜力、迅速调整、以变应变；更是基于企业家的担当、坚忍、创新、无畏和搏击巨浪的气魄。疫情之下，中国民营企业当自强。

第二节　文献综述

有关民营经济、民营企业发展问题的研究由来已久。无论是在理论研究还是在实践探索方面都取得了可喜的进展，积累了丰硕的成果。20世纪90年代中期，民营经济在官方文件中正式提出，逐渐引起国内外学者的关注。迄今为止，国内外对民营经济的研究主要包括概念和范畴、发展模式、制约因素及对策建议等内容，一些问题还有较大争论和难点。本节将系统梳理有关中国民营经济的研究文献，以期在前人研究的基础上有所突破与创新。

在我国，民营经济的概念是由民营科技型企业的概念发展而来的。

1993年6月，原国家科委、原国家体改委发布的《关于大力发展民营科技型企业若干问题的决定》明确指出，"民营科技型企业是相对国有企业而言的，它不仅包括以科技人员为主体创办的，实行集体经济、合作经济、股份制经济和个体经济、私营经济的民办科技机构；而且还包括由国有科技院所、大专院校、大中型企业创办的，实行国有民营的科技型企业"。党中央、国务院提出"民营科技企业"的概念后，"民营经济"这一概念就在报纸杂志中得以频繁出现。①

一、民营经济概念、范围辨析

民营经济是市场经济下企业形态的一般形式，也是西方发达国家的主流经济形态。1949年以后特别是改革开放以来，随着我国经济的快速增长和市场化进程的不断深入，民营经济在国民经济中的作用也越来越突出。②民营经济是在我国经济体制改革和社会主义市场经济的深入发展中应运而生的，随着民营经济的快速发展和它在国民经济中地位的不断突显，"民营经济"一词的使用频率大幅度提高。但到目前为止，有关民营经济的定义还没有学术上权威的解释，国内外的各个学者对于民营经济概念的解释亦众说纷纭。

刘宏（1997）③提出民营经济是一种民间所有制经济形式，其范畴包含除了国有经济以外的其他所有经济形式。晓亮（1999）④认为，民营的概念突出了以民为本的含义，民营不等同于私营，根据我国的产业模块进行划分，民营经济大体上相当于非国有经济。董辅礽（1999）⑤则认为，民营经济的范畴取决于它的运作特征，是与官营经济相对应的概念。

---

①廖乐焕. 民营经济概念考察[J]. 晋阳学刊，2006（5）：61—64.
②李维安，等. 中国民营经济制度创新与发展[M]. 北京：经济科学出版社，2009：3—7.
③刘宏. 民营经济的概念、范围及特点[J]. 湖湘论坛，1997（4）：27—28.
④晓亮. 从战略高度看民营经济发展[N]. 厂长经理日报，1999-09-22（3-4）.
⑤董辅礽. 市场经济漫笔[M]. 南宁：广西人民出版社，1999：33—37.

阳小华（2000）[1]以"国有国营"为准，界定了民营经济的基本概念，认为在我国社会主义市场经济条件下，民营经济是指除国有国营以外的所有的所有制形式和经营方式总称。高金德（2000）[2]则以"经营性质"的归属差异来定义民营经济概念。他认为，民营经济的概念是由民间人士、民间机构、民间力量经营的经济。它涵盖了在政府所有权和控制权之外的所有企业，并非单指某种所有制企业，而是泛指政府控制权范围以外的企业。韩云（2001）[3]从经营机制角度来界定民营经济概念，指出民营经济是一种民营机制，其基本含义是指以一定的产权归属关系为基础，以民众经营制度为特征，并贯彻民众经营行为的一种经营机制。

黄文夫（1999）[4]从所有制归属的差异角度界定民营经济概念，认为民营经济是具有中国特色的经济，是特定条件下的经济形式，而不是单纯所有制意义上的经济。其实质是非国有经济，主要包括新型的集体经济、部分乡镇经济、私有经济、个体经济、联营经济、股份制经济、外商和港台侨胞投资经济等（2000a[5]，2000b[6]，2001[7]）。

茅于轼（2001）[8]认为，民营经济实质上是非国有经济。木志荣（2002）[9]亦指出，民营经济的概念主体应该是私营经济，应该从资产经营方式角度界定民营经济，就是指私营经济，包括个体、私营以及私人合作和私人股份为主的公司等，可以按经营主体或经营方式把社会经济划分为民营经济和官营经济两大部分。

陈春丽（2007）[10]主要探讨了民营经济和民营经济发展这两个概念的

---

①阳小华. 民营经济内涵问题探析[J]. 江汉论坛, 2000（5）：38—40.
②高金德. 地方民营经济发展与公有中小企业改革[J]. 开放导报, 2000（6）：13—15.
③韩云. 从经营机制角度界定民营经济概念——兼对几种界定观点的评析[J]. 桂海论丛, 2001（6）：59—60.
④黄文夫. 走向21世纪的中国民营经济[J]. 管理世界, 1999（6）：135—143.
⑤黄文夫. 对民营经济性质与概念的界定[J]. 经济研究参考, 2000（6）：41.
⑥黄文夫. 继续改善民营经济发展的外部环境[J]. 宏观经济研究, 2000（6）：22—27.
⑦黄文夫. 澄清民营经济的概念[J]. 中共石家庄市委党校学报, 2001（3）：26.
⑧茅于轼, 张玉仁. 中国民营经济发展与前景[J]. 国家行政学院学报, 2001（6）：16—17.
⑨木志荣. 对民营经济概念的修正[J]. 云南财贸学院学报, 2002（5）：81—85.
⑩陈春丽. 民营经济及民营经济发展概念初探[J]. 特区经济, 2007（7）：96—98.

内涵及外延或表现，认为民营经济的内涵是其经济资源受"民"支配、以"民"为经营主体的一种经济形式或形态，是一个经营机制的范畴，不是一个所有制的范畴。从外延上讲，所有非官营的经济都属于民营经济（李静娥，2006）[1]。刘怀山（2009）[2]将民营经济界定为，"除外商独资外的非公有制经济"，个体经济、私营经济和民间资本控股的混合制经济，这三者构成了民营经济。吴玲蓉（2012）[3]认为，民营经济的内涵是确定的。"民"和"营"分别指国民和经营权。程霖，刘凝霜（2017）[4]指出，"民营经济"是指在中国经济体制改革过程中产生的、多种所有制经济与多种经营方式相结合的、不同于计划经济模式下的国有国营经济的全部新型经济形式的总称。

综观理论界的争论，民营经济的对应面是国有经济，内涵上是指非国有国营的所有制形式和经营方式的总称。因此，民营经济概念本身既包括经营方式问题又包括所有制形式问题。[5]具体地说，在所有制形式上，它是指国有经济中除去国营部分以外所有的经济形式，包括国有经济中的民营部分、集体经济、个体经济、私营经济、外资经济等；在经营方式上，它是指除国营方式以外所有的经营方式，包括集体经营、个体经营、合作经营、股份经营等。可见，民营经济本质上是一种混合型经济，是多种所有制形式和经营方式的集合体。

国内文献充分肯定了民营经济在经济社会发展中的重要地位和作用

---

①李静娥. 民营经济概念的发展历程及界定[J]. 特区经济，2006（5）：80—81.

②刘怀山. 中国民营经济发展模式的制度经济学分析[D]. 西安：西北大学，2009.

③吴玲蓉. 我国民营经济发展中的主要问题与对策研究[D]. 上海：华东师范大学，2012.

④程霖，刘凝霜. 经济增长、制度变迁与"民营经济"概念的演生[J]. 学术月刊，2017（5）：59—73.

⑤廖乐焕. 民营经济概念考察[J]. 晋阳学刊，2006（5）：61—64.

（陈剑，2005[①]；王国刚，2002[②]；张宗和，2006[③]；潘海彦，2009[④]；杨博，2011[⑤]；刘现伟，文丰安，2018[⑥]），学者们普遍认为民营经济是国民经济的重要组成部分。在我国，所有制多元结构包括国有经济、城乡集体经济、个体私营经济、外资经济、公私混合经济等，而多种经营方式则包括国家经营、集体经营、个体经营、合作经营、委托经营、租赁经营、股份经营等。如果将多元所有制和多种经营方式进行排列组合，我们可以发现，除去"个体私有国家经营"等几乎不可能出现的组合形式外，大部分所有制形式和经营方式都可以纳入"民营经济"，"民营经济"包括了"公有制经济"的大部分和"非公有制经济"的全部。因此，从这一角度说，"民营经济"概念在完整性和包容性上具有不可比拟的优越性。[⑦]

二、民营经济发展模式

改革开放以来，由于历史、文化、外部条件、社会经济环境、地方政府作用、区域基础条件、企业管理制度等的不同，不同区域的民营经济呈现出了不同的发展模式。[⑧]有学者指出，我国民营经济的发展大体呈现五种模式，即温州模式、苏南模式、珠江模式、中关村模式和三城（海城、兴城、诸城）模式（谢健，2002[⑨]；潘学萍，2004[⑩]；郑春梅，2013[⑪]）。

①陈剑. 论民营经济可持续发展战略——从知识经济时代的人力资源管理视角看[J]. 科学·经济·社会，2005（1）：51—54.

②王国刚. "入世"后民营经济发展中应着力解决的若干问题[J]. 中国工业经济，2002（2）：11—19.

③张宗和. 政府对民营经济的引导和管理[J]. 经济管理，2006（5）：21—23.

④潘海彦. 谈对发展民营经济重要意义的探讨[J]. 中小企业管理与科技，2009（5）：134.

⑤杨博. 继续大力发展民营经济[J]. 经济研究导刊，2011（6）：61—163.

⑥刘现伟，文丰安. 新时代民营经济高质量发展的难点与策略[J]. 改革，2018（9）：5—14.

⑦廖乐焕. 民营经济概念考察[J]. 晋阳学刊，2006（5）：61—64.

⑧王磊. 推动民营经济高质量发展的制度创新研究[D]. 北京：中国社会科学院大学，2019.

⑨谢健. 民营经济发展模式比较[J]. 中国工业经济，2002（10）：76—82.

⑩潘学萍. 在比较中寻求民营经济的发展模式[J]. 经济视角，2004（12）：63—64.

⑪郑春梅. 新时期民营经济发展模式选择[N]. 中国经济时报，2013-6-15（10）.

　　国内众多学者分析比较不同发展模式的形成原因、影响因素及未来的发展趋势，分析比较各模式之间的差异、存在的问题并提出相应的对策与建议。王缉慈（2000）[①]，向江林（2001）[②]，史晋川、朱康对（2002）[③]、张敏、顾朝林（2002）[④]，应云进（2003）[⑤]，李炳炎、唐思航（2006）[⑥]，刘国良（2006）[⑦]等学者主要从外部条件分析了不同民营经济发展模式的形成原因。秦海林（2007）[⑧]从制度理论解释了苏南、温州和珠江模式，指出制度多样化是多种民营经济发展模式并存的原因。包亚钧（2009）[⑨]指出民营经济发展模式的形成是受到民营经济内外生因素的影响。潘学萍（2004）[⑩]比较分析国内五种民营经济发展模式的差异，结合吉林省特色的民营经济实际，提出应在支持民营企业参与国有企业改组改制、积极发展特色经济、大力培植民营骨干企业、推动民营企业加快体制创新与管理创新和技术创新、支持民营经济参与国际市场竞争等五个方面推动民营经济的发展。夏梁省（2012）[⑪]通过探讨民营经济内生发展的必要性、发展条件与发展路径，并结合相关案例来说明民营经济实现内生发展和转型升级的路径。

　　有部分学者对民营经济发展模式的经验借鉴及发展趋势进行了深入探讨。李平（2005）[⑫]分析了苏南模式的历史演进过程，并从中概括出可供其

---

　　①王缉慈. 关于北京中关村发展模式的深层思考[J]. 北京联合大学学报，2000（1）：54—57.

　　②向江林. 中关村模式质疑[J]. 信息产业报道，2001（1）：22—24.

　　③史晋川，朱康对. 温州模式研究：回顾与展望[J]. 浙江社会科学，2002（3）：5—17.

　　④张敏，顾朝林. 农村城市化："苏南模式"与"珠江模式"比较研究[J]. 经济地理，2002（4）：482—486.

　　⑤应云进. 论区域经济未来发展模式再创新——从市场经济的发展趋势看温州模式，苏南模式的演进[J]. 企业经济，2003（5）：116—118.

　　⑥李炳炎，唐思航. 苏南模式与浙江模式之异同[J]. 科学决策，2006（7）：24—25.

　　⑦刘国良. 苏南模式与温州模式、珠江模式的比较[J]. 浙江经济，2006（18）：36—37.

　　⑧秦海林. 中国民营经济发展模式研究：一个制度理论的解读[D]. 吉林大学，2007.

　　⑨包亚钧. 中国民营经济的制度特征及其发展模式选择[J]. 贵州财经学院学报，2009（4）：22—29.

　　⑩潘学萍. 在比较中寻求民营经济的发展模式[J]. 经济视角，2004（12）：63—64.

　　⑪夏梁省. 民营经济内生发展模式与转型升级研究——以吉利集团和台州大溪镇为例[J]. 唐山师范学院学报，2012（4）：70—76.

　　⑫李平. 新"苏南模式"给民营经济发展的启示[J]. 经济与管理研究，2005（10）：12—15.

他地区民营经济发展借鉴的成功经验。陈广胜（2007）[1]指出，处于转型时期的民营经济综合实力有所增强，应围绕增强民营经济核心竞争力和可持续发展能力，应着眼于走新型工业化道路，加快企业从主要依靠粗放经营、数量扩张向主要依靠集约经营、结构优化转变，创新民营经济发展模式，加快民营企业制度创新、科技创新、组织创新、管理创新、企业文化创新，营造民营经济发展模式创新的良好环境。潘忠志，李亚云，潘忠贤（2003）[2]从产业经济学视角分析，认为产业集聚式或群落式的发展格局逐渐成为理想发展模式；林思达（2001）[3]认为产业集群对于发展民营经济有着不可替代的优势。李松（2009）[4]针对新时期民营经济健康发展问题，提出未来民营经济创新发展的路径。赵亮（2013）[5]对比了国内五种民营经济的发展模式，提出要不断创新民营经济的发展模式，引导民营经济健康发展。徐维（2014）[6]从产业结构、驱动力量、企业制度、资源取向和融资创新等角度，提出了广东民营经济发展模式转型及创新发展的若干构想。

可以看出，不同学者从不同学术角度分析了民营经济发展模式的形成原因及形成过程，各区域经济的多样性决定民营经济发展模式的多样性。但不同学者对民营经济未来的发展趋势判断不一，出现较大的分歧，在对比国内主要的民营经济发展模式的形成差异并试图从中找寻出可供推广和借鉴的经验上的努力值得肯定。但目前的诸多研究更多的是从区域经济的视角展开，缺乏宏观视角上的审视。在经验推广和应用上，其说服力和推广性就会大受影响。

①陈广胜. 关于创新民营经济发展模式的思考[J]. 宏观经济研究, 2007（3）：58—63.

②潘忠志，李亚云，潘忠贤. 民营经济发展的新模式——产业集聚[J]. 东北电力学院学报, 2003（5）：16—19.

③林思达. 浙江省中小企业集群发展的主流模式研究[J]. 技术经济与管理研究, 2001（6）：30—32.

④李松. 试论中国民营经济的创新发展模式[J]. 科技经济市场, 2009（7）：64—65.

⑤赵亮. 我国民营经济发展模式研究[J]. 长春教育学院学报, 2013（6）：42—43.

⑥徐维. 推进广东民营经济发展模式转型创新的思考[J]. 南方金融, 2014（5）：27—31.

三、民营经济发展问题探索

改革开放40多年来，民营经济发展极为迅猛，在取得可喜的发展成就的同时，也暴露出一系列的问题，一些限制民营经济发展的制度性障碍亟待解决。

民营经济自身的制约因素（企业制度不规范，企业家素质不高等弱点），制约着民营经济的进一步发展（陈清泰，2003）[1]，产权问题也一直伴随着民营经济的发展（邹宏伟，2015）[2]。高尚全（2000）[3]指出，民营经济当时主要面临着产权保护制度、市场准入方面的歧视问题和融资渠道问题等三大障碍。成思危（2004）[4]指出，制约民营经济发展有四大体制性障碍，并提出发展建议。为了更好地发展民营经济，民营经济的制度体系，包括根本性制度、重大制度和一般性制度必须完善健全（王光花，2012）[5]。

龚晓菊（2005）[6]、史晋川（2006）[7]、钟丽丽（2006）[8]、张宗和（2006）[9]、高娜（2010）[10]、薛菁（2011）[11]、戴子刚（2011）[12]、代颖（2011）[13]、王光花（2012）[14]、李清亮（2102）[15]等直接研究了民营经济

①陈清泰. 积极促进民营经济健康发展[J]. 中国城市经济，2003（2）：4—8.
②邹宏伟. 改革开放以来民营经济发展研究[D]. 呼和浩特：内蒙古大学，2015.
③高尚全. 加快体制创新，促进西部大开发和民营经济发展[J]. 中国改革，2000（11）：5—6.
④成思危. 四大瓶颈制约民企发展. 新华网.2004-04-13.
⑤王光花. 我国民营经济发展的制度障碍及对策研究[D]. 延安：延安大学，2012.
⑥龚晓菊. 制度变迁与民营经济发展研究[M]. 武汉：武汉大学出版社，2005：11—12.
⑦史晋川. 民营经济科学发展过程中的政府与企业[J]. 浙江树人大学学报，2006（5）：39—40.
⑧钟丽丽. 制度障碍——当前我国民营经济发展的考察[D]. 南宁：广西师范大学，2006.
⑨张宗和. 政府对民营经济的引导和管理[J]. 经济管理，2006（5）：21—23.
⑩高娜. 制约我国民营经济发展的制度因素[J]. 长春市委学校学报，2010（4）：34—37.
⑪薛菁. 完善政府制度供给促进民营经济发展——基于民营经济发展与政府制度供给的适应性分析[J]. 福建行政学院学报，2011（2）：24—29.
⑫戴子刚. 进一步创新民营经济政策的路径研究[J]. 商业经济，2011（4）：43—45.
⑬代颖. 我国民营经济制度变迁、制度"锁定"及"解锁"研究[J]. 行政与法，2011（4）：50—53.
⑭高娜. 制约我国民营经济发展的制度因素[J]. 长春市委学校学报，2010（4）：34—37.
⑮李清亮. 中国民营经济发展研究——从制度变迁视角看合法性地位的确立和制度环境的改善[D]. 上海：复旦大学，2012.

的制度问题，重点是民营经济的产权制度、市场准入和融资问题。

邱亚栋（2019）①分析了在市场、融资、转型三方面困难严重阻碍民营经济进一步发展的大环境下，在民营企业由于规模小、资金少、自身资源禀赋较弱、抵御市场风险能力不强的大背景下，民营经济的进一步发展受到制约，究其原因是财税政策不合理，民营企业的税负过重所致。卢现祥（2019）②指出，我国经济高质量发展更要大力发展民营经济。在我国经济转型时期，民营经济发展的潜力远远没有发挥出来的原因不是政策或战略层面的，而是制度层面的。可从降低制度性交易成本、竞争中性及开放准入秩序三个制度维度探讨我国民营经济发展中的问题；消除制度障碍大力发展民营经济，是转换经济增长动力的重要举措。

以上研究者肯定了改革开放以来我国民营经济发展所取得的辉煌成就，也探讨了民营经济发展过程中存在着的一些阻碍以及进一步发展的限制因素，并从不同的角度提出克服制度障碍的一些举措，但相关研究也只是研究当时的民营经济发展所处阶段的一些制度安排，并未形成系统的体系，特别是近年来国内外形势发生了巨大变化，对民营经济在国家倡导的高质量发展进程中出现的一些新问题、新情况涉及较少，从宏观层面探讨民营经济发展的制度安排的研究也较为缺乏。自2017年12月中央经济工作会议指出"中国特色社会主义进入了新时代，我国经济发展也进入了新时代，基本特征就是我国经济已由高速增长阶段转向高质量发展阶段"以来，研究民营经济高质量发展及其制度安排的代表性文献尚未系统形成。这些现象不利于政策制度制定和执行的有效性和稳定性。所以，无论在理论上还是实践上，民营经济高质量发展的制度安排与制度创新问题都有待进行系统深入的研究。

---

① 邱亚栋. 财税政策对我国民营经济发展的影响研究[J]. 中国商论，2019（12）：64.
② 卢现祥. 从三个制度维度探讨我国民营经济发展[J]. 学术界，2019（8）：52—65.

四、民营经济发展的营商环境

为进一步营造民营企业公平竞争的营商环境，关系到国家治理体系和治理能力现代化的顺利推进。①

张慧一，杜磊（2019）②指出，创新是推动民营经济发展的重要因素，他们通过实证研究发现：创新驱动与民营经济发展之间存在政府作用双重门限效应，随着政府作用的扩大，创新驱动对民营经济发展的正向影响先增强后减弱，政府的作用是影响我国创新驱动与民营经济发展关系的一个重要因素。为了更有效地促进民营经济的快速发展，政府应适当转变其政策边界。

谢志强（2019）③认为民营经济和民营企业的健康发展，需要处理好招商引资与政府服务两者关系。林育芳（2013）④认为，平等参与是县域民营经济包容性增长的基石，并以晋江民营经济发展的经验为例，提出政府应构建有益于民营经济平等参与经济的制度框架，消除市场扭曲，提高平等参与经济的效率，增加弱势群体的知识与技术能力，改进对弱势群体的金融服务，培育社会资本，扩大民营经济参与、合作的渠道。

罗来军，石微巍（2019）⑤从宏观、企业微观、区域三个维度对民营经济的营商环境进行了评价，指出2018年我国民营经济的营商环境较2017年总体有了较大改善，特别是在创办企业、办理施工许可等方面，程序减少、时间缩短、花费减少，效率得到了较大提高；在对少数股东权益的保护方面有所改善。我国民营经济所面临的区域营商环境与区域经济的发展程度基本一致，东部城市的营商环境位居前列，部分中部城市依托"一带

①王忠明. 全面改善营商环境 促进民营经济健康发展[J]. 人民论坛，2019（3）：88.
②张慧一，杜磊. 创新驱动、政府作用与民营经济发展——基于全国30个省市数据的门限效应分析[J]. 河南师范大学学报（哲学社会科学版），2019（4）：39—45.
③谢志强. 平衡好五大关系 保障民营经济发展[J]. 人民论坛，2019（1）：127.
④林育芳. 平等参与：县域经济包容性增长的基石——基于"晋江经验"的一个新认识[J]. 中北大学学报（社会科学版），2013（6）：6—10.
⑤罗来军，石微巍. 我国民营经济发展营商环境评价与建设[J]. 统一战线学研究，2019（5）：87—94.

一路"建设而使营商环境得到优化，西部城市在基础设施、市场环境方面较差，但商务成本明显较低。在政策落实、融资方面，民营企业面临的营商环境较差。尽管我国民营经济发展的营商环境已有较大改善，但在政府效率及法治方面仍有较大提升空间。

朱康对（2019）①考察了温州民营企业的演化过程，分析温州民营经济发展模式的成功经验，发现温州模式的成功探索表明，社会产出、政府收入和官员升迁的多目标激励构成了地方改革的重要动力。指出民营经济不同阶段的发展需要政府创新。李家瑞（2019）②指出政府应学习践行习近平总书记关于构建亲清新型政商关系的重要论述，政府部门要履行监督职责，积极践行推动构建新型的政商关系。冯玥（2019）③提出政府有责任夯实民营经济发展的法治保障，打造优越的民营经济政务环境，强化产权保护，为民营经济的健康发展营造公平公正、以人为本的司法环境。

许仲梓，等（2019）④建议按照高质量发展的新要求，解放思想再出发，聚焦"堵点""痛点"，深度"问需于企"，通过解放思想再出发、强化改革担当和出台务实举措，促进县域营商环境再优化、更完善。中国财政科学研究院民营经济营商环境调研组2019年发布的民营经济营商环境发展报告指出，我国应突破狭义的行政管理能力提升，着重优化产业生态，实现优化民营经济营商环境重心的"四个转向"，并完善相关的体制机制建设，还提出了优化营商环境改革的具体建议。⑤刘茜（2019）⑥以黑龙江省民营经济的发展为例，提出了强化营商环境制度保障，加强立法优

---

①朱康对. 民营经济发展与政府创新——温州民营企业演化过程的实证考察[J]. 中共杭州市委党校学报，2019（1）：50—56.

②李家瑞. 护航民营经济稳定健康发展——学习践行习近平总书记关于构建亲清新型政商关系的重要论述[J]. 广东省社会主义学院学报，2019（2）：57—59.

③冯玥. 优化法治环境促进新民营经济发展[J]. 人民论坛，2019（9）：78—79.

④江苏省工商联课题组. 江苏省县域民营经济营商环境调查分析及对策建议——瞄准高质量发展新要求　积极营造更优县域营商环境[J]. 江苏省社会主义学院学报，2019（2）：63—68.

⑤中国财政科学研究院民营经济营商环境调研组. 民营经济营商环境发展报告——基于"降成本"调研[J]. 财政科学，2019（10）：38—55.

⑥刘茜. 黑龙江省优化营商环境、推进民营经济发展的对策建议[J]. 商业经济，2019（12）：14—15.

化法治环境，加强窗口单位管理，加大企业公共服务体系建设，营造优良的营商舆论氛围，加强对投资项目监督考评，以及积极推行信用监管和政务服务平台建设的对策建议。

有关民营经济营商环境的分析，学者们普遍认同营商环境的优劣直接影响区域内的民营经济的发展，良好的营商环境是一个国家或地区经济软实力的重要体现，也是综合竞争力的重要体现。[①]为民营企业进一步营造公平竞争的营商环境，关系到国家治理体系和治理能力现代化的顺利推进。[②]优化营商环境，对于激发市场主体活力，提升经济社会发展动力具有重要意义。国内理论界的研究主要集中在民营经济发展问题本身，主要聚焦研究政策自身问题及完善的内容。但对于营商环境的框架体系如何搭建，营商环境的指标构成等问题的研究相对较少，这对于了解民营经济营商环境的影响因素及把握与发达地区的差距程度极为不利，在这一领域上仍有较多的空间可待挖掘。

五、简要结论

综上所述，国内研究偏重于中国民营经济的概念、范畴、特征、作用及发展历程、模式、障碍、困难和对策等方面，少数学者运用制度经济学相关理论，研究了制约民营经济发展的制度因素。[③]总体来看，相关文献对民营经济发展及其制度方面的研究尚不完善、不系统，尤其结合经济高质量发展的时代背景，从制度层面研究民营经济发展问题远未得到应有的关注与研究。可以看出，无论是从理论层面还是实践层面，民营经济高质量发展的制度创新和路径方面的研究都有待于进一步提高。

---

①中国财政科学研究院民营经济营商环境调研组. 民营经济营商环境发展报告——基于"降成本"调研[J]. 财政科学，2019（10）：38—55.

②王忠明. 全面改善营商环境 促进民营经济健康发展[J]. 人民论坛，2019（3）：88.

③王磊. 推动民营经济高质量发展的制度创新研究[D]. 北京：中国社会科学院大学，2019.

第三节　研究视角和研究方法

一、研究视角

本书立足于民营经济高质量发展的制度创新和路径研究，从宏观制度视角去研究民营经济的高质量发展问题。中国民营经济发展的历程实质上是一种持续的制度创新过程。[①]在学界，民营经济的研究者们构建了一些理论框架来解释民营经济的制度变迁过程。有学者把中国经济分为两部分：一是存量经济，主要由传统的集体经济和国有经济构成；二是非国有经济，主要是由个体经济、民营经济和乡镇企业构成的增量经济。[②]并且认为中国经济是由增量改革开始，逐步完成市场化进程。[③]樊纲指出，经济改革带来利益关系的调整，从而实现"改革过程中的帕累托改进"。[④]周业安从制度变迁视角，用演化论解释民营经济发展的制度变迁问题，[⑤]政府逐渐退出制度创新领域，而民间创新内部规划的领地则逐步扩大。可见，中国民营经济的发展是由其自身制度创新推动。当前我国民营经济的制度创新对于其高质量发展将产生决定性的影响。改革开放以来，中国的民营经济从弱到强，由小到大，成为推动国民经济、促进生产力发展的重要力量。在民营经济发展的过程中，各种制度因素起到了重要作用。

因此，本书将从制度经济学的视角，厘清民营经济、民营企业的相关概念，梳理我国民营经济发展的制度变迁，分析和探讨我国民营经

---

① 李维安，等. 中国民营经济制度创新与发展[M]. 北京：经济科学出版社，2009：3—4.

② 王磊. 推动民营经济高质量发展的制度创新研究[D]. 北京：中国社会科学院大学，2019.

③ 林毅夫，蔡昉，李周. 中国的奇迹：发展战略与经济改革[M]. 上海：上海三联书店，1994：20—21.

④ 樊纲. 渐进改革的政治经济学分析[M]. 上海：远东出版社，1996：64.

⑤ 周业安. 中国制度变迁的演进论解释[J]. 经济研究，2000（5）：7—16.

济的发展历程和发展现状，解释民营经济发展与区域经济增长之间的互动关系，由此提出民营经济实现高质量发展应推进其内在的制度创新，并在此基础上总结和概括出推动我国民营经济高质量发展的路径。民营企业是我国经济发展的重要力量。在经济新常态下，我国民营经济发展呈现新的变化和特点，暴露了不少问题，遇到了不少困难与障碍，制约着民营经济的高质量发展，其深层次原因就是制度障碍。与生产力、经济发展水平相适应的、完整有效的制度体系，是民营经济高质量发展的根本保障。民营经济要实现高质量发展，必须基于五大新发展理念，建立健全与之相匹配的高质量的制度安排和切实有效的实施机制。适应性强、有效率的、高质量的制度创新，可以为民营经济高质量发展提供或强化激励机制、减少不确定性和外部性、提高经济效率，降低交易成本。破除不匹配的旧体制、旧制度，破除不利于民营经济高质量发展的各项制度瓶颈和制度壁垒；建立有利于保障民营经济提质增效的新的体制机制。

二、研究方法

本书坚持历史与逻辑相一致、理论与实践相统一、理想与现实相结合的原则，对民营经济高质量发展的若干问题进行综合性的、多学科的研究，力求在吸收国内外相关研究成果的基础上，拓展对民营经济高质量发展理论研究的视野和深度，深化对民营经济高质量发展的认识。根据本书研究的视角和实际，本书在研究中主要采用以下几种方法：

（一）文献研究法

借助单位的图书资料馆的藏书和CNKI平台，大量收集、阅读分析国内外有关民营经济研究的文献，梳理民营经济发展的研究脉络和研究动态，为本书的研究提供理论支撑和研究框架。

（二）归纳分析法

这一方法将有助于本书系统考察民营经济相关制度的变迁脉络，梳理出不同时期政府对民营经济的制度安排与政策举措，梳理出民营经济的发展路径。同时进行横向比较，对比分析当前我国民营经济发展较快的几个区域，例如温州、东莞、佛山、泉州等地民营经济快速发展的经验做法，总结其经验以待借鉴。

（三）访谈法

为深入了解区域民营经济发展现状，把握当前民营经济高质量发展中可能面临的困境，掌握第一手资料，本书将尝试运用访谈法，与福建省泉州市的民营企业家、政府和主管部门的相关人员及研究民营经济发展问题的专家学者等进行深度访谈，到温州、东莞、佛山、泉州等地进行实地考察，切实找准当前民营经济高质量发展面临的问题和困难，把握隐藏在其后的制度因素，为以后的研究工作打下坚实的基础。

（四）定性研究法与定量研究法相结合

改革开放40多年来，民营经济发展历经波折。一方面，运用定量分析法（如统计分析法）对民营经济的运行趋势以及由此表现出的数量特征进行客观统计和分析，刻画民营经济发展、演变的规律；另一方面，运用定性分析法，界定民营经济、经济高质量发展、民营经济高质量发展的要义等，探讨民营经济高质量发展所面临的现行制度障碍，找准本源，为后续提出民营经济高质量发展的路径奠定基础。

第四节　研究思路和研究结构

一、研究思路

本书研究将按"文献述评—理论依据—历史梳理—制度变迁—制度障碍—经验借鉴—对策建议"的思路，先理论后实际，先历史后现实，先问题再对策地展开分析。其一，以文献评述作为起点，确定课题的研究视角、研究方法与研究内容；其二，理论依据，包括民营经济、民营经济高质量发展、经济增长与经济发展理论以及民营经济高质量发展的制度需求与体系；其三，研究民营经济发展历程、民营经济与区域经济发展的现状分析、国内主要民营经济发展较快的地区的经验总结以及民营经济发展过程中宏观制度变迁的过程，新经济形态下民营经济发展面临的挑战；其四，分析民营经济实现高质量发展可能面临的各项制度障碍；其五，借鉴国内外经验，提出推动民营经济高质量发展制度创新和发展路径的建议。

二、研究结构

（一）研究对象

本书将从宏观制度层面来研究民营经济高质量发展问题，以我国民营经济较发达地区作为研究对象去研究民营经济高质量发展的制度创新和发展路径。目前，中国民营经济距离实现高质量发展的目标与要求还存在很大差距、面临很多困境，这些差距和困境的深层次原因是制度障碍。这些制度性障碍在民营经济高质量发展中产生什么样的影响，如何克服这些制度障碍，促进民营经济高质量发展。

（二）总体框架

本书的研究将按照图1-1的逻辑路线开展。将以制度经济学、比较制度分析、管理学等为理论基础，以民营经济高质量发展中的制度创新为主线，在构建民营经济高质量发展的制度创新与发展路径的整体框架基础上，通过对民营经济制度演进的历史过程和机制的分析、民营经济高质量发展中所面临的困境和制度障碍，去探索民营企业在法律制度、市场经济体制、融资渠道和方式的选择、所有权安排与治理机制的优化设计、国际化发展的途径等方面制度创新的机制，并总结出促进民营经济高质量发展的路径。从宏观层次上整体考察民营经济发展的质量问题，更好地指导民营经济高质量发展的相关实践。

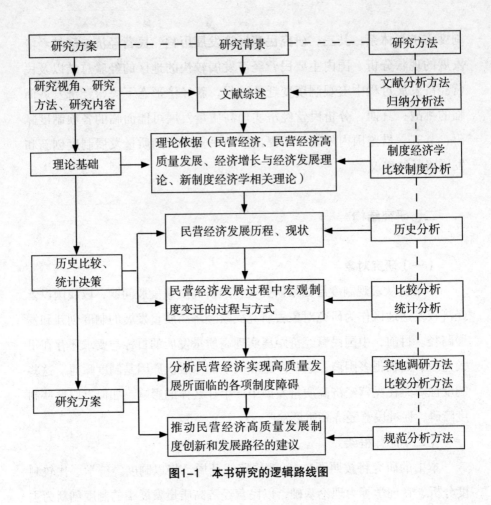

图1-1 本书研究的逻辑路线图

第五节 本章小结

本章主要分析本书选题的来源、背景和意义，说明民营经济的兴起有着时代的意义。在当前复杂的新经济形势下，民营经济在推动我国社会经济的跨时代发展中发挥着不可替代的作用。改革开放40多年，民营经济的发展取得了举世瞩目的成就，业已成长为推动我国社会经济发展的重要力量，在我国经济社会结构中占据了半壁江山。基于此，本书以民营经济高质量发展为题，去探讨新经济形势下，如何实现民营经济跨时代的高质量发展问题，从制度创新领域去分析如何克服阻碍民营经济的未来发展的制度障碍因素，从顶层制度设计、市场准入、财税金融、资本市场融资环境、产权保护、营商环境和政策保障等方面入手，提出推动民营经济高质量发展制度创新和发展路径的建议。

第二章　民营经济研究理论

第一节　民营经济相关概念界定

一、民营经济的基本内涵

（一）民营经济的概念

1. 民营经济的概念

民营经济是市场经济下企业形态的一般形式，也是西方发达国家的主流经济形态。1949年以后特别是改革开放以来，随着我国经济的快速增长和市场化进程的不断深入，民营经济在国民经济中的作用也越来越突出。[①]"民营经济"一词的使用频率很高。但到目前为止，有关民营经济的定义还没有学术上权威的解释，国内外的各个学者对于民营经济概念的解释众说纷纭。从目前所能看到的资料来看，专业学术用语"民营经济"一词，最早见于1931年王春圃的著作《经济救国论》，他把由民间经营的企业称为"民营"。[②]

正如第一章所述，关于民营经济的定义，目前尚未形成一致的观点。学界一种较为认可的定义是，民营经济是指除了国有及国有控股、集体经济、外商和港澳台商独资及控股的经济组织，它的主要成分是私营企业、个体工商户和农民专业合作社。其中，私营企业和个体工商户在民营经济中占据了绝大部分。在当前有关民营经济的统计资料和研究文献中，基本上也是按照以上的构成成分加以统计和分析研究的。

---

① 李维安. 中国民营经济制度创新与发展[M]. 北京：经济科学出版社，2009：3—7.
② 龚晓菊. 制度变迁与民营经济发展研究[M]. 武汉：武汉大学出版社，2005：11—12.

2. 民营经济的基本特征

民营经济是从经济管理角度进行划分的一种经济形式，是一种与资产经营有关的经济形式，[①]其基本特征主要表现在以下几个方面：

第一，从产权关系上看，具有产权主体多元化、产权明晰和利益分配明确等特征。民营企业多数为自筹资金、自由组合的经济实体，无论是个人投资、合伙投资或外商投资以及集体筹资创办的企业，其产权关系和利益关系都比较明确。

第二，从经营机制上看，"自主经营、自负盈亏、自我约束、自我发展"的机制比较健全。由于民营经济具有产权明晰、经济利益独立的特征，所以能够在市场竞争中自主决策，在生产经营活动中依靠科技，不断创新，不断开发新产品，开拓新市场，以求自身的发展壮大。

第三，从经营目的上看，民营经济是以营利为目标的经济。民营经济主要是由民间投资兴办的，民间投资民间所有，具有明确的产权关系，这决定了其完全自负盈亏的财产硬约束机制。[②]民营经济具有强烈的利润动机和增值资本的冲动，它的行为目标就是实现利润最大化，其行为的取舍都以利润最大化作为判断标准。为了实现利润最大化，它必须根据要素市场和产品市场的供求状况来优化要素组合，解决生产什么、如何生产的问题，实现在成本既定条件下产量最大，或在产量既定条件下成本最低的目标。

第四，从与市场的关系上看，民营经济是与市场经济高度结合的一种经济形式。民营经济是以市场为导向的经济，民营企业是"自主经营、自负盈亏、自我发展、自我约束"的独立商品生产者和经营者，拥有独立的经营自主权和决策权，能够适应市场供求情况的变化进行生产和经营的决策，向市场提供所需要的商品和服务。[③]企业的组织结构随产品结构的调

①崔明华. 民营经济：一个内涵不确定的概念[J]. 合肥工业大学学报（社会科学版），2006（5）：32—35.

②李国荣. "民营经济" 概念辨析[J]. 企业经济，2007（1）：5—9.

③李国荣. "民营经济" 概念辨析[J]. 企业经济，2007（1）：5—9.

整而及时调整，按市场需要调整企业结构，这样，就使得适应市场的企业发展壮大，不适应市场的企业最终被淘汰。

第五，从其自身的经营管理模式上看，我国民营经济经过40多年的发展，目前主要形成几种常见的管理模式：一是业主个人负责制，二是家族式管理制，三是厂长（经理）负责制。这三种管理模式是民营经济长期发展形成的，是根据其自身经营特点和实际状况选择和确定的，具有多样性的特征。

总之，民营企业是民有、民办、民享的经济实体，是自筹资金、自愿组合、自主经营、自负盈亏、自我发展、自我约束的商品生产者和经营者，因而是社会主义经济中最活跃最富有生命力的细胞，是社会主义市场经济体制的微观基础。但并不等于说民营企业上述机制都很健全，都很完善。实际上，不少民营企业在产权机制上、用人机制上、管理机制上、激励机制上、创新机制上都存在不少问题，有的民营企业存在的问题还很突出。因此，民营企业要按照社会主义市场经济的要求不断改革，使民营企业在体制上和机制上更加灵活，更加合理。①

3. 民营经济的分类

在我国现阶段，民营经济大致包括以下几个部分：

（1）个体经济（个体工商户）

个体经济指个人占有生产资料，主要依靠自己和家庭成员的劳动，从事商品生产和交换，并为城乡居民提供产品或劳务的经济形式。如家电维修铺、个体饮食服务业、个体运输业等。

（2）私营经济

所谓私营经济是指由个人、家庭以及少数人控制经营管理权的经济，它是相对于由官方或非官方社团、非官方社会群体、国家权力机构经营管理的公营经济而言的。私有经济是以私人资本为基础，产权归私人所有的企业的统称，主要包括以下三种类型：私人独资企业、私人合伙企业和私

---

①何金泉. 民营经济概论[M]. 成都：西南交通大学出版社，2005：138.

人有限公司。

（3）股份合作制企业

股份合作制企业是由三个以上投资主体按照协议将各自的生产要素作为股份，以按劳分配为主，同时又有一定的股金分红，能独立承担民事责任并依法批准建立的经济组织。它是20世纪80年代中后期首先在农村乡镇企业中萌生、发展起来的一种新的经济形式，目前在城市中也得到越来越广泛的推广。无论股份合作制企业是由原来的乡村集体企业改造而来，或者由原来的个体私营企业转化而成，或者是城镇中的其他股份合作形式，它们显然都采用民营的方式。

（4）民办科技企业

民办科技企业是指由科技人员个人、科研机构、大专院校以及其他集体合作组织兴办并控制经营管理权的科技型企业。显然，其中一部分属于私营企业，还有一部分属于集体合作和"三资"企业。之所以将民办科技企业作为一种类型单独列出，是由于这类企业的形成过程和经营管理有自己的特点，而且当前中央政府极力推进国内产业结构调整和产业升级，科技创新是重要推动力，因此这类民营企业需要特别加以研究。

（二）民营企业的概念

1. 民营企业的概念

本书所指的民营企业是指除国营（有）企业外的所有形式的企业，包括国有私营、集体私营、合伙经营、承包经营、租赁经营、委托经营和私有制经营等类型的企业。[①]从企业的经营权和控制权的角度看，含一小部分国有资产和（或）外商投资资产，但不具企业经营权和控制权的有限责任公司和股份有限公司亦可称之为"民营企业"。

从广义角度上看，民营企业只与国有独资企业相对，而与任何非国有独资企业是相容的，包括国有持股和控股企业。因此，归纳民营企业的概念就是：非国有独资企业均为民营企业。

---

①吴敏. 我国民营企业的现状及其发展模式[J]. 经济体制改革，2005（3）：62—64.

从狭义的角度上看，"民营企业"仅指私营企业和以私营企业为主体的联营企业。"私营企业"这个概念由于历史因素不易摆脱歧视色彩，无论是私营企业的投资者、经营者、雇员或者有意推动私营企业发展的社会工作者，都倾向于使用中性的"民营企业"这个名称，这就使"民营企业"在许多情况下成为私营企业的别称。

2. 民营企业的形式

在《中华人民共和国公司法》中，按照企业的资本组织形式来划分的企业类型主要有：国有独资、国有控股、有限责任公司、股份有限公司（又分上市公司和非上市公司）、合伙企业和个人独资企业等。按照前面对民营企业内涵的界定，除国有独资、国有控股外，其他类型的企业中只要没有国有资本，均属民营企业。

（三）民营企业与私营企业

1. 民营企业

民营企业，简称民企，公司或企业类别的名称，是指所有的非公有制企业。在中华人民共和国法律中没有"民营企业"的概念，"民营企业"是在中国经济体制改革过程中产生的。

从狭义说，民间资产特指中国公民的私有财产，不包括国有资产和国外资产（境外所有者所拥有的资产）。因此，民营企业可以定义为：在中国境内除国有企业、国有资产控股企业和外商投资企业以外的所有企业，包括个人独资企业、合伙制企业、有限责任公司和股份有限公司。从企业的经营权和控制权的角度看，含一小部分国有资产和（或）外商投资资产，但不具企业经营权和控制权的有限责任公司和股份有限公司亦可称之为"民营企业"。

经过40多年的发展，民营经济克服了基础薄弱和先天不足等劣势，已成为国民经济的重要组成部分，已成为国民经济中最为活跃的经济增长点。客观地说，民营企业正从发展初期向发展中期转变，向着更合理、更科学的方向发展。从我国民营企业的形成来看，目前主要有如下几种形式：一是从个体户起家，逐渐积累发展起来，或直接由家庭成员投资兴办的家族式企业；二是朋友、同事参股合资开办的合伙企业；三是国营或集体企业通过买断转型的企业等。其共同的特点是企业的所有权归一个或少数投资者所有，企业股份不断分散化、社会化。

2. 私营企业

私营企业是指由自然人投资设立或由自然人控股，以雇佣劳动为基础的营利性经济组织。包括按照《公司法》《合伙企业法》《私营企业暂行条例》规定登记注册的私营有限责任公司、私营股份有限公司、私营合伙企业和私营独资企业。[①]

私营企业是指生产资料属于私人所有，雇工八人以上的营利性的经济组织。私营企业有三种类型：一是独资企业，指一人投资经营的企业，独资企业投资者对企业债务承担无限责任；二是合伙企业，是指二人以上按照协议投资、共同经营、共负盈亏的企业，合伙人对企业债务负连带无限责任；三是有限责任公司，是指股东以其出资额为限对公司承担责任，公司以其全部资产对公司的债务承担责任的企业。

从以上分类可以看出，在私营企业的三种类型中，只有有限责任公司可以依法取得法人资格，而私营独资企业和私营合伙企业都不符合企业法人条件，不能取得法人资格。

二、民营经济与公有制

1949年的《中国人民政治协商会议共同纲领》指出："中华人民共和国经济建设的根本方针，是以公私兼顾、劳资两利、城乡互助、内外交流的政策，达到发展生产、繁荣经济的目的。……使各种社会经济成分在国有经济领导之下，分工合作，各得其所，以促进整个社会经济的发展。"[②]2013年《中共中央关于全面深化改革若干重大问题的决定》指

---

①国家市场监督管理总局. 关于划分企业登记注册类型的规定[EB/OL]. （2019-10-28）[2020-03-21]. http://www.samr.gov.cn/.

②胡鞍钢. 中国国家治理现代化[M]. 北京：中国人民大学出版社，2014：56—82.

出，公有制经济和非公有制经济都是社会主义市场经济的重要组成部分，都是我国经济社会发展的重要基础。

"民营经济的历史贡献不可磨灭，民营经济的地位作用不容置疑，任何否定、弱化民营经济的言论和做法都是错误的"。①习近平总书记指出，我们强调把公有制经济巩固好、发展好，同鼓励、支持、引导非公有制经济发展不是对立的，而是有机统一的。公有制经济、非公有制经济应该相辅相成、相得益彰，而不是相互排斥、相互抵消。民营经济是创造我国改革开放成就的社会经济主体之一，是我国社会主义现代化建设的社会经济主体之一。党中央始终强调坚持和完善社会主义基本经济制度，始终强调"两个毫不动摇"。在党的十九大报告中，关于我国基本经济制度的认识有一个重大的推进，即把公有制与多种经济成分共同发展从"社会主义初级阶段的基本经济制度"修改为"社会主义基本经济制度"。在我国"富起来""强起来"的现代化建设进程中，公有制经济和民营经济，都是社会经济主体，是积极的、建设性的力量。"在全面建成小康社会、进而全面建设社会主义现代化国家的新征程中，我国民营经济只能壮大、不能弱化，不仅不能'离场'，而且要走向更加广阔的舞台"。②

三、民营经济与非公有制

如前所述，民营经济是指除了国有和国有控股企业、外商和港澳台商独资及其控股企业以外的多种所有制经济的统称，包括国有民营经济、个体经济、私营经济、混合所有民营经济、民营科技企业、农民专业合作社等类型。民营经济是一种具有中国特色的经济概念和经济形式。民营经济曾一度在中国消失，在中国经济体制改革和社会主义市场经济渐进发展中，民营经济又得以复兴并迅速发展壮大，成为中国经济高速发展的主力军。随着产权的流动和重组，各种所有制企业的资产通过股份制等形式构

---

① 2018年10月20日，给"万企帮万村"行动中受表彰的民营企业家的回信。
② 2018年11月1日，习近平总书记在民营企业座谈会上的讲话。

建新的财产所有制结构的企业，由民间团体或者个人经营。

非公有制经济是相对于公有制经济而产生的一个名词。它是我国现阶段除了公有制经济形式以外的所有经济形式。它也是社会主义市场经济的重要组成部分。非公有制经济主要包括个体经济、私营经济、外资经济等。1998年10月，中共十五届三中全会通过了《中共中央关于农业和农村工作若干重大问题的决定》。全会强调，以公有制为主体、多种所有制经济共同发展的基本经济制度，以家庭承包经营为基础、统分结合的经营制度，以劳动所得为主和按生产要素分配相结合的分配制度必须长期坚持。1999年3月，全国人大九届二次会议通过的《中华人民共和国宪法修正案》明确规定："在法律规定范围内的个体经济、私营经济等非公有制经济，是社会主义市场经济的重要组成部分。"

2005年2月，国务院发出《关于鼓励支持和引导个体私营等非公有制经济发展的若干意见》（亦称"非公经济36条"，以下简称《意见》）。"非公经济36条"强调："应对非公有制企业和其他所有制企业一视同仁，实行同等待遇"。此《意见》的出台，意味着我国自计划经济时代沿袭下来的歧视非公有制经济的政策取向成为历史，非公有制经济主体可以与公有制经济主体一样，在同一起跑线上，成为我国市场经济的竞争主体。①

因此，无论按照宽泛的或严格的民营经济内涵，非公有制经济和民营经济区别在于，非公有制经济是指非国家和集体所有制经济成分，民营经济是指非国家经营的经济组织形式，非公有制经济不一定是民营经济，民营经济不完全是非公有制经济。经过协议由国家控制的内资非公有制单位和港、澳、台商、外商投资企业（单位），视为公有制单位，列为公有制经济成分，民营经济包含集体经济和由公民个人或非公有的经济主体经营的国有单位。两者在范围上有区别又有交叉。其交叉部分是非公有制经济中由公民个人或非国有的经济主体经营的单位。

①佚名. 民营经济发展历程 非公经济的三个春天[EB/OL]. （2009-03-03）[2019-11-14]. http://book.people.com.cn/GB/108221/8897647.html.

四、民营经济与私营经济

（一）民营经济

《中华人民共和国宪法》第一章总纲第十一条表述为"在法律规定范围内的个体经济、私营经济等非公有制经济，是社会主义市场经济的重要组成部分。……国家对个体经济、私营经济实行引导、监督和管理"。这是迄今对私营经济形态的社会位置最权威、最准确的界定，也是对其词义最清晰的表达。第六条规定"中华人民共和国的社会主义经济制度的基础是生产资料的社会主义公有制，即全民所有制和劳动群众集体所有制"。我国目前的所有制结构形式、企业的经济性质分为三种，即全民所有制（国营）、集体所有制（民营）、私人所有制（个体）。"民营"本质上分为大集体（省市办的企业）和小集体（公社、大队、工厂为解决家属就业的厂办小工厂、街道办小工厂）。

（二）私营经济

《中华人民共和国私营企业暂行条例》是我国现行私营企业的基本法规。该条例依据《宪法》原则，对"私营经济"做行政解释。第三条指出："私营经济是社会主义公有制经济的补充。"对私营经济的组织形式，第二条表述为"本条例所称私营企业是指企业资产属于私人所有、雇工八人以上的营利性的经济组织"。具体分为私营独资企业、私营合伙企业、有限责任公司、私营企业举办的中外合资（合作）企业以及外商独资企业等形式。

私营经济的基本特征有：一是企业资产属于私人所有，这是区别于公有制企业（国有企业）与集体所有制企业（民营企业）的根本标志；二是雇工八人以上，以雇佣劳动为基础；三是私营企业投资者对私营企业的收益享有分配权（国企和民企的厂长对企业的收益不享有分配权，分配方案需经厂委会讨论、工人代表大会通过执行）。

（三）民营经济与私营经济的联系

如上所述，私营经济与"民营"词义概念没有任何内在直接关联。民营企业和私营企业两者是完全不一样的概念，从经营机制上来说，私营是从产权上说的，后者受到相关法律保护，前者只是存在于学术理论中的说法而已，民营不等于私营，民营化也不能简单地等同于私有化。

私营经济是指有雇佣劳动关系的经济成分，即具有资本主义性质的私营企业。从法律上说，私营企业是指由自然人投资设立或由自然人控股，以雇佣劳动为基础的营利性经济组织。而私有经济，则是非公有制经济，现实中包括个体经济、私营经济、外资经济三部分。民营或民营经济，则不是一个所有制概念。从经营层次上来说，指的是以民为经营主体的经济。因此，只要不是国有国营的经济，全都是民营或民营经济。

第二节　民营经济高质量发展理论

一、经济发展与经济增长

美国经济学家约瑟夫·阿洛伊斯·熊彼特在1912年出版的《经济发展理论》一书中提出：经济发展是对现有经济格局的一种突破，突破力量来自创新。创新是生产要素的重新组合，其包含的内容有：引进一种新产品；采取一种新的生产方法；开辟一个新市场；获得一种原料或半成品的新的供给来源；实行一种新的企业组织形式。创新的主体不是资本家而是企业家。因此，发展的关键不在于储蓄，而在于企业家的创新。

（一）经济增长

一般的，经济增长是指表示经济产出额和劳务供给量的增加，它以更多地投入或更高的投资效率，使产出额和劳务供给量增加，以国民生产总值、国民收入或人均国民生产总值、人均国民收入的数量指标来衡量经济增长的快慢或高低。[①]

发展中国家要实现经济增长，需要有一系列的条件保障，特别是经

---

①黄景贵. 经济发展制度论 西方经济发展理论述评[M]. 海口：海南出版社，2001：15—18.

济增长的制度条件保证，也就是说经济增长是有条件的，如产权明确的现代企业制度、管理规范的法人治理结构、法制严格的市场经济制度、尊重人权的法律制度等。一般认为，国家工业化完成上述制度建设条件，接下来的任务是通过经济政策（主要是财政政策和货币政策）来保证经济的健康、持续、稳定增长。所以，国家所面临的任务主要是经济增长问题，即如何在既定的资源条件下增加更多的产出或劳务供给，经济增长是所有国家政府所追求的经济目标。

经济增长是针对发展中国家而言。因为大多数发达国家都已实现工业化，发展中国家却面临着从传统农业向现代工业转变、建立现代工业体系的过程。发展中国家不仅要实现经济增长，有更多的产品和劳务供给社会公众，还要对其社会结构和经济体制进行制度变革、制度创新和制度建设，经由经济增长而使发展中国家的贫困、失业、收入分配不公、权利被侵犯等问题有较为明显的改善。①

（二）经济发展

经济发展这一概念中除包含经济增长的内容之外，还包括由经济增长带来的其他种种经济、社会和政治方面的进展。经济发展理论是一个宽泛的定义，是对所有有关经济如何发展的理论和原理的统称。同时，它也是构成发展经济学的主导和核心理论，按照规范的理论划分，它属于发展经济学理论范畴。

发展经济学以经济发展为主题而形成一个相对独立的经济学科，这种学术演变意味着经济发展这一概念有着反映时代特点、内容丰富的特定含义。尽管众多的发展经济学家对经济发展一词给予不同的界定，但还是存在着被广泛接受的经济发展的概念。一般认为，经济发展是指国民收入的增长及其所带来的经济结构、分配状况、社会结构和政治状况的变化。

正因为经济发展与经济增长具有上述重要差别，所以，经济学家赫立克和金德尔伯格曾经做过这样的比喻：经济增长和经济发展犹如人的增长

---

①黄景贵. 经济发展制度论 西方经济发展理论述评[M]. 海口：海南出版社，2001：15—18.

与发展，增长只包括身高和体重这类指标的变化；发展则还包括体质协调能力的增加，个人对环境适应能力的增强以及个人向外界学习的能力的提高，等等。可见，相对于发展而言，增长是一个内容较狭窄的概念。它包容在发展之中，但决不等于发展。

（三）经济发展与经济增长的联系

经济增长虽然只是经济发展中的一部分，但却是最基本的，也是最重要的一部分。这是因为经济增长是实现经济发展的手段和前提，没有经济增长就不可能有经济发展。只有具备一定幅度的经济增长，才有可能获得经济发展。在肯定经济增长是经济发展的手段和前提的同时，还必须明确的是经济增长并非一定就有经济发展。或者说，经济增长并非经济发展的充分必要条件。例如，发展中国家在国民收入增长的同时，其经济结构、分配状况、社会结构和政治状况并无多少改善，那么，就不能说该国获得了经济发展，在发展经济学中，这种情形称为"无发展的增长"。[1]

经济发展要以经济增长为前提，因为发展中国家所面临的许多问题如贫困、失业等都是要通过经济增长来解决的。"以中国为例，它之所以能够在短时间内把十分庞大的贫困人口降低到目前的很小比例，其根本原因就是长期保持了高速的经济增长（改革开放以来我国的年均经济增长率在9.5%以上）"。解决贫困问题的根本途径，就是要开发自身的发展的能力，只有持续和快速的经济增长，才能起到釜底抽薪的作用。[2]即"发展是硬道理"。因此，国际组织和发达国家对发展中国家提供发展援助时，就该着眼于帮助这些国家培养自我发展的能力，即最好的方法不是向发展中国家输血，而是要提高其造血功能。

因此，对一个国家而言，经济发展比经济增长的含义要更为广泛。它不仅涉及经济增长，还包括：一国生产中投入产出的构成与分布、技术进步、组织管理、工农业结构、外贸结构、人口与就业等结构性变化；政治制度和经济制度的变革；收入分配状况的改善、人们生活水平的提高、基

①杨克镝. 经济发展理论应用尝试[M]. 石家庄：河北科学技术出版社，2008：1—8.

②邓小平. 邓小平文选：第一卷[M]. 北京：人民出版社，1995：25—30.

本生活必需品的满足；生产性（而不是非生产性）就业的情况、贫困问题的消除；广大民众参与政治、经济决策与发展的程度；从经济发展中获益情况等。在研究方法上，经济增长侧重于数量研究、实证分析，建立数量模型，而经济发展则侧重于规范分析、制度研究、宏观论述，重视"公平与效率"等伦理道德问题的研究，也特别关注制度变革、制度演进和制度建设等政治、经济体制方面的问题。

对我国这样的发展中国家而言，在实现经济增长的同时，应努力实现社会结构、政治制度、经济体制等方面的变革与改善。否则，即使有所谓较高的经济增长，也不会持久的，其后果可能会发生政治经济社会危机，可能会陷入所谓的"制度均衡"而进入长期性的停滞与萧条时期。这是我们应该设法避免的结局。

二、主要的经济发展理论

（一）马克思经济发展理论

马克思经济发展理论对人类社会经济发展进行了深入而系统的分析，从历史唯物主义视角揭示了人类历史发展的阶段，揭示了资本主义经济发展的规律、历程、增长方式和手段。

1. 经济增长阶段划分

马克思从唯物主义角度出发，将人类社会历史发展划分为五个发展阶段：原始社会、奴隶社会、封建社会、资本主义社会、社会主义和共产主义社会。马克思指出，生产力与生产关系的矛盾运动推动着社会前进，生产力的发展是一种社会形态演变为另一种更高级的社会形态的根本动力。马克思对社会形态及其变动原因的论证，表明了他对人类社会发展进程的一般看法。

2. 资本主义发展规律的揭示

马克思考察了资本主义经济发展过程，揭示了资本主义生产方式运动的规律。他指出，由于资本主义生产方式的固有矛盾，随着经济发展，发展的手段和目的之间的矛盾越来越尖锐化了，资本的利润率表现出下降趋势。利润率下降趋势使得资本家之间的竞争更为激烈，大资本吞噬弱小资本。同时，工人的实际工资由于资本家拼命追求利润、加重对工人剥削而不断相对降低，劳动群众有支付能力的需求与商品供给之间的差距加大了。

3. 经济增长的条件

马克思以社会资本扩大再生产模型描述了经济增长的条件。他把社会总产品在价值上分解为不变资本价值、可变资本价值和剩余价值三部分；又在物质形态上，把社会生产划分为生产生产资料的第Ⅰ部类和生产消费资料的第Ⅱ部类。马克思指出，只有当社会总产品各个组成部分之间保持一定的比例，国民经济才可能不断增长。

（二）西方经济发展理论

随着资本主义的产生与发展，经济学家们越来越重视研究如何提高生产力水平、增进社会财富和改善国民经济结构等问题，这些问题归结到一点，就是生产日益社会化过程中的经济发展问题。

1. 亚当·斯密的古典经济增长分析

亚当·斯密（1723—1790）是第一个系统地研究经济增长问题的经济学家。他认为国民财富的增长取决于两个条件：一是专业分工引起劳动生产率提高；二是人口和资本不断增加引起从事生产劳动的人数增加。因此，人口、分工和资本是经济增长的重要因素。

他进一步从经济增长需要各个因素适当配合的思路出发，论证了资本积累对增加劳动数量和提高劳动生产率的重要作用，从而得出储蓄和资本积累是经济增长最根本的决定因素。亚当·斯密的这种看法，为后来的发展经济学家强调资本的形成在经济发展过程中的作用播下了思想种子。[①]

2. 大卫·李嘉图对古典经济发展理论的贡献

大卫·李嘉图（1772—1823）对经济发展理论的第一个贡献是分析了人口增长、粮食生产和经济增长之间的关系。他认为，随着人口增长和相

---

①杨克崾. 经济发展理论应用尝试[M]. 石家庄：河北科学技术出版社，2008：1—8.

应的食物需求增加，人们将不得不对所耕种的土地追加投入并开垦新的较贫瘠的土地。这时每生产一单位谷物所需的劳动增加了，即收益递减规律开始发挥作用，因此粮食价格必然不断上升。粮食价格上升使得工人的货币工资相应提高。货币工资增加，一方面刺激人口增长，另一方面又减少了资本家的利润，使利润率趋于下降，从而抑制了资本积累的动机，经济增长速度便放慢了。当人口增长率超过资本增长率时，由于劳动供给大大超过对劳动的需求，货币工资将会回到劳动的"自然价格"水平。当代发展经济学家称之为"李嘉图粮食瓶颈现象"，是早期用来解释不发达现象的一个重要论点。

李嘉图对经济发展理论的第二个贡献是分析了国内经济政策和对外贸易政策与经济增长的关系。在国内经济政策方面，主张实行自由放任，在对外贸易政策方面，主张实行自由贸易。李嘉图进一步指出，随着各国间贸易的扩大，劳动者的食物和必需品就可以凭较低的价格进入市场，从而使货币工资持久跌落，利润率相应上升。利润率上升有利于扩大资本积累，最终有利于国民财富增长。李嘉图的这一思想，后来成为发展经济学家设计发展中国家对外贸易战略的理论基础。

3. 马尔萨斯的人口理论

马尔萨斯（1766—1834）着重研究了人口增长和经济增长的关系，在此基础上提出了他的人口理论。马尔萨斯认为，从长期看，人口将以几何级数增长，而食物产量因受农业生产收益递减规律的制约，只会以算术比率增长。因此，人口增加不可避免地会导致人均产量下降和人均消费减少，从而产生贫困化。当人均收入降低到最低生存信用水平之下时，便会出现一种自然的机制来抑制人口过度增加。这种机制包括饥饿、战争、瘟疫以及控制生育、堕胎等。这些机制强有力地抑制了人口增长，使人口增加与生活资料的生产保持平衡。在这种平衡状态中，人均收入处于最低生存费用水平。因而全部收入都被用于消费，没有能力进行储蓄。由此，马尔萨斯认为，不断增长的人口是经济发展的重要约束条件。当代发展经济学家在马尔萨斯人口论的基础上提出"人口陷阱"理论，这一理论认为人口过度增长是发展中国家难以摆脱贫困和落后的重要原因。

4. 李斯特对落后国家经济发展问题进行的专门研究

李斯特（1789—1846）是以研究德国经济发展为主旨的德国历史学派的代表人物。由于德国工业化起步比英国晚约一个世纪，当时的经济发展相当落后，所以李斯特也是第一个明确地以落后国家经济发展问题为研究主题的经济学家。他认为，落后国家的经济发展过程是从农业社会转变为工业化社会的过程。这个转变取决于两方面因素：劳动力质量、可利用的物质资源状况和社会制度。其中，劳动力质量是决定性的因素，社会制度则是经济发展的前提条件。李斯特强调，对落后国家而言，国家和政府在促进本国经济发展中的作用是非常重要的。

在对外贸易方面，李斯特站在落后国家的立场上，反对自由放任政策，竭力主张采取国家干预和贸易保护制度。他指出，一个农业国只靠用农产品交换别国工业品，是无法实现国家和民族的独立自主。一个无保护制度的国家也不可能成为新兴工业国。因此，他主张政府应用贸易保护政策扶持新兴工业的发展，直至这些工业强大到足以与外国工业竞争。但李斯特又注意到，实行保护制度要有步骤开展，不能完全排除国外竞争，以免与世界经济完全脱节而造成闭关锁国。李斯特的这些思想，对后来的发展经济学家的工业化和贸易保护战略思想的形成产生了一定影响。

5. 马歇尔与新古典经济发展理论

马歇尔（1842—1924）是新古典学派的代表。他的学说是西方经济理论的第二次大整合，其中也涉及经济发展问题。马歇尔对经济发展理论影响最大的是他的经济发展观。

马歇尔认为，经济发展是渐进的、连续的、平稳的过程。经济变化是通过边际调节来推进的。边际调节反映在社会产品的价格结构上。因此，市场价格机制是促进经济发展的最好机制。经济发展过程是和谐的、累积的，以自动均衡机制为基础的。因此，在发展过程中，冲突会产生秩序。自动均衡机制会保证各阶层收入主体从发展中普遍得到好处。马歇尔还认为，工业方面的报酬递增趋势会逐渐压倒农业方面的报酬递减趋势，从而不会出现对经济增长的降温，经济持续增长是可能的。经济发展的利益会自动地逐步扩散分布到社会全体。马歇尔的经济发展观成为新古典学派经济发展理论的主要旗帜。

6. 熊彼特的创新理论

熊彼特（1883—1950）认为经济发展是对现有经济关系格局的一种突破，而突破力量则来自企业家的创新。随着创新活动阵发地出现，新的投资领域不断被开拓，使经济发展具有周期波动的性质。经济在一次又一次的周期波动中前进，从而使国民收入水平和人均产出量在长期中逐步提高。因此，发展的关键，不在于储蓄是否充裕，而在于是否有做出决策的创新精神。由此可见，熊彼特把经济发展看作是来自内部自身创造的一种变动，强调发展的内因作用。熊彼特认为，技术创新带动的经济长期增长是没有限度的。

总而言之，经济增长理论的发展为经济增长的源泉以及不同经济体经济增长的差异提供了合理解释。梳理经济增长和经济发展理论，可以看出，经济增长与发展一是依靠生产要素投入的增加，包括生产要素投入数量、结构和质量及其开发利用程度；二是依靠要素生产率的提高，包括社会劳动生产率、增长率、投资效率，企业经营管理的水平，市场机制的完善程度，社会有效需求总量与结构以及社会经济制度，制度或体制（产权制度、市场制度、分配制度等）以及对外开放等，全要素生产率的提高。各种因素相互联系，共同对经济增长发挥作用，因此，应当通过实现各个因素的互相协调、彼此配合来促进经济增长。

三、民营经济高质量发展理论

改革开放40多年来，中国经济增长令世人瞩目，作为全球第二大经济体，GDP年均实际增长9.5%，对世界经济增长贡献率超过30%。但是，"唯GDP论"，注重数量、规模和速度的外延式、粗放式经济发展方式也让中国付出了沉重的代价，如效率低下、结构失衡、污染严重、差距拉大，发展不平衡、不充分等问题，严重影响着经济持续健康发展，不利于社会主义现代强国目标的顺利实现。[①]

党的十九大报告指出，我国社会主要矛盾已经转化为人民日益增长的美好生活需要和不平衡、不充分的发展之间的矛盾，并提出了"我国由高速增长阶段转向高质量发展阶段"的科学论断，明确了新时代我国经济发展的基本特征和发展方向。2018年政府工作报告指出："按照高质量发展的要求，统筹推进'五位一体'总体布局和协调推进'四个全面'战略布局，坚持以供给侧结构性改革为主线，统筹推进稳增长、促改革、调结构、惠民生、防风险各项工作""上述主要预期目标，考虑了决胜全面建成小康社会需要，符合我国经济已由高速增长阶段转向高质量发展阶段实际"。

高质量发展根本在于经济的活力、创新力和竞争力，供给侧结构性改革是根本途径。当前我国经济转向高质量发展具备很多有利的基础性条件，比如过去五年最终消费的上升、服务业占比的提高大大增强了经济运行的稳定性，中等收入群体规模的不断增大提供了强大的市场驱动力，供给侧结构性改革有效强化了市场功能，科技创新和技术扩散为高质量发展提供了技术支撑，全球价值链的变化为高质量发展提供机遇。

中国特色社会主义进入了新时代，我国经济发展也进入了新时代。推动高质量发展，既是保持经济持续健康发展的必然要求，也是适应我国社会主要矛盾变化和全面建成小康社会、全面建设社会主义现代化国家的必然要求，更是遵循经济规律发展的必然要求。

第一，高质量发展是适应经济发展新常态的主动选择。我国经济发展进入了新常态。在这一大背景下，我们要立足大局、抓住根本，看清长期趋势、遵循经济规律，主动适应把握引领经济发展新常态。要牢固树立正确的政绩观，不简单以GDP论英雄，不被短期经济指标的波动所左右，坚定不移地实施创新驱动发展战略，主动担当、积极作为，推动我国经济在

---

①王磊. 推动民营经济高质量发展的制度创新研究[D]. 北京：中国社会科学院大学，2019.

实现高质量发展的道路上不断取得新进展。

第二，高质量发展是贯彻新发展理念的根本体现。发展理念是否对头，从根本上决定着发展成效乃至成败。党的十八大以来，以习近平同志为核心的党中央直面我国经济发展的深层次矛盾和问题，提出创新、协调、绿色、开放、共享的新发展理念。只有贯彻新发展理念才能增强发展动力，推动高质量发展。应该说，高质量发展，就是能够很好地满足人民日益增长的美好生活需要的发展，是体现新发展理念的发展，是创新成为第一动力、协调成为内生特点、绿色成为普遍形态、开放成为必由之路、共享成为根本目的的发展。

第三，高质量发展是适应我国社会主要矛盾变化的必然要求。中国特色社会主义进入新时代，我国社会主要矛盾已经转化为人民日益增长的美好生活需要和不平衡、不充分的发展之间的矛盾。不平衡、不充分的发展就是发展质量不高的直接表现。更好地满足人民日益增长的美好生活需要，必须推动高质量发展。我们要重视量的发展，但更要解决质的问题，在质的大幅度提升中实现量的有效增长，给人民群众带来更多的获得感、幸福感、安全感。

第四，高质量发展是建设现代化经济体系的必由之路。建设现代化经济体系是跨越关口的迫切要求和我国发展的战略目标。实现这一战略目标，必须坚持质量第一、效益优先，推动经济发展质量变革、效率变革、动力变革，提高全要素生产率，不断增强我国经济创新力和竞争力。归根结底，就是要推动高质量发展。推动高质量发展是当前和今后一个时期确定发展思路、制定经济政策、实施宏观调控的根本要求。遵循这一根本要求，我们必须适应新时代、聚焦新目标、落实新部署，推动经济高质量发展，为全面建成小康社会、全面建成社会主义现代化强国奠定坚实物质基础。

推动高质量发展离不开辩证法的指导。经济发展是一个螺旋式上升的过程，上升不是线性的，量积累到一定阶段，必须转向质的提升，这是经济发展的规律使然，也合乎唯物辩证法的基本原理。我们要学好、用好辩证法，审时度势，科学设计，以辩证思维来处理推动高质量发展中遇到的各种矛盾关系。可见，经济高质量发展，作为中国特色社会主义经济发展进入新时代的最基本特征，其内涵、要义非常丰富，特征显著，要求高，涉及面广，关系到新时代我国经济社会发展的各个层面，是一项系统复杂的长期任务。

经济高质量发展是我国确定发展思路、制定经济政策、实施宏观调控的根本要求。作为中国经济重要构成要素、重要组成部分和市场主体，民营经济必然不可能脱离中国经济高质量发展的时代背景与必然要求。民营经济必须按照经济高质量发展的内涵和要求，坚持质量第一、效率优先，转变发展方式，优化结构，转型升级，创新驱动发展。政府和社会各界应关注关心民营经济发展中遇到的困难，出台行之有效的支持民营经济发展的各项政策和举措并积极落实好，加快创建和完善有利于民营经济的制度环境，推动民营经济实现高质量发展。[1]

第三节　1949年后民营经济发展的制度变迁

制度变迁是以体制改革为载体的演变路径，是推动社会进步的强大动力。改革开放之前，推动民营经济发展的各项制度是缺失的，无论从正式制度还是非正式制度来看，理论和实践上都是要消灭民营经济，认为民营经济体现了对无产阶级的剥削与压榨，是资本主义的根苗，在社会主义社会不允许民营经济产生，更不允许民营经济的存在和发展。[2]1978年改革开放以后我国开始了体制改革，使得民营经济的发展摆脱了体制上的羁绊，走上了健康发展的道路。因此，民营经济的发展贯穿于经济体制改革的实施路径。[3]本节将论述1949年后我国民营经济发展的制度变迁过程。

1949年至今，民营经济的制度变迁过程大体经历了三个发展阶段。1949—1956年，这一时期集中表现是以调整公私关系、完成对民营经济的

---

① 王磊. 推动民营经济高质量发展的制度创新研究[D]. 北京：中国社会科学院大学，2019.
② 王磊. 推动民营经济高质量发展的制度创新研究[D]. 北京：中国社会科学院大学，2019.
③ 江怡. 民营经济发展体制与机制研究[M]. 杭州：浙江大学出版社，2016：47—53.

改造作为主要导向的民营经济制度的建构。1957—1977年，这一时期是社会主义生产资料公有制的基本确立，社会主义公有制加速建立对民营经济发展的空间约束，在计划经济体制框架下逐步在实际工作中形成并采取对民营经济进行"限制、改造和消灭"的主要方针以及相应的制度安排，①民营经济在我国的经济结构中几近绝迹。全国实行高度集中、体制单一的计划经济体制，形成以工业为主导的产业发展路径。1978年至今，这一时期是以市场化改革、实现公平竞争为主要导向的民营经济制度重构和发展的阶段，民营经济发展进入创新和高质量发展时期。

一、1949—1956年民营经济发展的制度安排

中华人民共和国成立初期，民营工商业在当时国民经济体系中具有举足轻重的地位，是国民经济的构成之一。毛泽东同志指出："独立小工商业者的经济和小的、中等的私人资本主义经济是新民主主义国民经济的构成之一。"②

1949年9月29日，中国人民政治协商会议通过的《中国人民政治协商会议共同纲领》（以下简称《共同纲领》）确立了包括个体和私营经济在内的民营经济地位的合法性，明确了新民主主义时期经济基础上坚持"公私兼顾"的经济建设方针，为国民经济恢复时期所制定的民营经济政策与制度提供了基本原则和思想指导。③《共同纲领》重申保护个体农民、手工业者和私营工商业者的经济利益与私有财产；鼓励并扶助私营经济的发展，确立"公私兼顾"的政策思想，允许私有制在一定范围内存在，为新中国成立初期的多种经济成分并存发展提供了制度支持和政策指导。这一政策符合当时的社会现实，有利于发挥各种经济成分的优势，使得国民经

---

① 刘凝霜. 新中国民营经济思想研究（1949—2019）[M]. 北京：经济科学出版社，2019：107—112.

② 毛泽东. 毛泽东选集：第四卷[M]. 北京：人民出版社，1991：1255—1256.

③ 刘凝霜. 新中国民营经济思想研究（1949—2019）[M]. 北京：经济科学出版社，2019：64—65.

济能够在极短的时间内迅速恢复并发展。

1950年12月30日，政务院第六十五次会议颁布了《私营企业暂行条例》（以下简称《暂行条例》）及相关的实施办法，基本形成了对私营企业要"既团结又斗争"的思想方针，在国家计划的基础上鼓励和扶助有利于国计民生的资本主义工商业，通过加工、订货、收购等方式拉动私营工商业的发展。①《暂行条例》在诸多方面做了明确规定，以期达到保护私营企业合法权益不受侵害，促进其维持经营、发展生产的目的。《暂行条例》保障私营企业的私有财产权、经营管理权以及投资收益权，明确了私营企业的对内对外关系以及股东的责任范围，并给予了一些有利于国计民生的私营企业在税收、融资等方面的政策优惠。与此同时，《暂行条例》也在经营范围、产销关系、财政政策等方面对私营企业加以限制，力图通过国家计划的领导，杜绝不法私人资本的投机行为、克服私人投资的盲目性和无政府状态、引导私营经济朝着有利于国家经济建设需要的方向发展。②以达到不同经济成分的分工合作、各司其职、发展生产、繁荣经济的目的。《暂行条例》既体现了鼓励和保障私营企业进行自主经营发展生产的思想，也包含了利用国家计划合理调整私营工商企业以走上计划经济轨道的思想。

1953年6月，中共中央根据中央统战部的调查，起草了《关于利用、限制、改造资本主义工商业的意见》，在此基础上，1953年12月，毛泽东主席在《为动员一切力量把我国建设成为一个伟大的社会主义国家而斗争——关于党在过渡时期总路线的学习和宣传提纲》中正式提出过渡时期的总路线。③总路线指出对农业、手工业和资本主义工商业的社会主义改造过程同时也是社会主义公有制在中国逐步建立的过程。④三大改造促进了我国

①江怡. 民营经济发展体制与机制研究[M]. 杭州：浙江大学出版社，2019：274—285.

②刘凝霜. 新中国民营经济思想研究（1949—2019）[M]. 北京：经济科学出版社，2019：65—69.

③过渡时期的总路线：从中华人民共和国成立，到社会主义改造基本完成，这是一个过渡时期。党在这个过渡时期的总路线和总任务，是要在一个相当长的时期内，逐步实现国家的社会主义工业化，并逐步实现国家对农业、手工业和资本主义工商业的社会主义改造。

④刘凝霜. 新中国民营经济思想研究（1949—2019）[M]. 北京：经济科学出版社，2019：81—82.

生产资料所有制性质的变化，促进了主要矛盾的转变，三大改造完成后，国内的主要矛盾不再是工人阶级和资产阶级之间的矛盾，而是人民对于建立先进的工业国的要求同落后的农业国的现实之间的矛盾，是人民对于经济文化迅速发展的需要同当前经济文化不能满足人民需要的状况之间的矛盾。1954年3月，中共中央批准了中财委《关于1954年扩展公私合营工业计划会议的报告》《关于有步骤地将有十个工人以上的资本主义工业基本上改造为公私合营企业的意见》，确定了对资本主义工商业改造的方向。9月，政务院根据近年来有关公私合营的指导方针和工作经验，制定颁布了《公私合营工业企业暂行条例》并实施，公私合营企业规模不断扩大，公私合营企业成为这一阶段民营经济存在的具体表现形式。在三大改造完成以后，宏观政策导向也从"利用与限制"阶段向"利用、限制与改造"阶段转变，包括民营经济在内的非公有制经济推动了存在的合法性和现实基础。1957年我国私营经济在国民经济中的比重直线下降。[①]

二、1957—1977年民营经济发展的制度安排

1957—1977年，全国实行高度集中且体制单一的计划经济体制，形成了以工业为主导的产业发展路径，私有制经济备受冲击。从以"一化三改"为核心的过渡时期总路线实施开始，消灭私有制、建立社会主义公有制、完善计划经济体制、"以阶级斗争为纲""割资本主义尾巴"等一系列旨在限制、改造、肃清民营经济的政策和运动相继展开，使得在1952年年底尚占我国国民经济比重约51%的民营经济在短短20年的时间内基本消失殆尽。[②]

受到当时国内外经济、政治形势激烈变化的影响，这一时期有关民营经济发展的政策体制和制度安排，基本参照并借鉴了苏联社会主义经济建

---

①苏星，杨秋宝. 新中国经济史资料选编[M]. 北京：中共中央党校出版社，2000：277.
②刘凝霜. 新中国民营经济思想研究（1949—2019）[M]. 北京：经济科学出版社，2019：107—109.

设模式，对私营经济、民营经济相关的政策主导思想从"鼓励、扶持与限制"转向"限制、改造与消灭"，导致民营经济在我国的发展空间急剧缩小乃至消亡。国民经济结构基本上以国有经济和集体经济为主。虽然在50年代末至60年代初，曾出现在社会主义社会中保留一定程度的民营经济及其经营管理方式的思想探索，但最终并没有扭转或改变以改造为主导的民营经济的发展命运，民营经济整体的生存空间被严重挤压，直至退出国民经济领域。

三、1978年至今

1978年伴随着思想领域的拨乱反正，党的十一届三中全会做出了重大的历史性转变，明确将工作重心从"文化大革命"时期的以阶级斗争为纲转向经济建设上来，使原本计划经济体制时期在我国国民经济中基本消失的民营经济得以重现。中共中央、国务院适时提出了改革计划经济管理体制和社会主义生产关系的宏观战略方针，对城乡个体经济、私营经济的恢复与发展采取了由"不加限制"到"允许试点"再到"政策支持"的渐进策略，为这一时期民营经济的恢复与发展奠定了坚实的政策基础。

1979年十一届四中全会通过的《中共中央关于加快农业发展若干问题的决定》，1980年发布的《关于进一步加强和完善农业生产责任制的几个问题》，1984年国务院发布的《关于农村个体工商业的若干规定》等系列文件，为农村个体经济的恢复打开了制度禁区。[①]1980年国务院体制改革办公室印发《关于经济体制改革的初步意见》，随后国务院发布了《关于开展和保护社会主义竞争的暂行规定》，1981年的十一届六中全会审议通过的《关于建国以来党的若干历史问题的决议》，就个体经济的发展问题指出："一定范围的劳动者个体经济是公有制经济的必要补充"，解决了个体经济的合法地位问题。1982年修订的《中华人民共和国宪法》进一

---

① 刘凝霜. 新中国民营经济思想研究（1949—2019）[M]. 北京：经济科学出版社，2019：120—122.

步将城乡劳动者个体经济正式作为社会主义公有制经济的补充成分纳入体制之内。1984年十二届三中全会通过的《中共中央关于经济体制改革的决定》，鼓励为城乡个体经济的恢复和发展扫清障碍，提出应大力发展个体经济、私营经济。1987年国务院颁布《城乡个体工商户管理暂行条例》为个体工商业的合法权益提供法律保护，个体经济在国民经济中的地位进一步得到确认。1988年6月，国务院以"鼓励、引导私营企业健康发展，保障私营企业的合法权益，加强监督管理，繁荣社会主义有计划商品经济"为立法宗旨颁布了《中华人民共和国私营企业暂行条例》，鼓励私营企业的健康发展，引导私人资本成为公有制经济的补充，放宽了对私营企业经营管理自主性的约束，初步形成了一套在弱化国家计划、强化自主经营基础上的引导私营经济健康发展的新模式和制度安排。

随之展开的经济体制改革，更是为民营经济营造了良好的发展环境。党的十二大、十三大、十四大都针对我国所有制的结构改革提出了总体设想和战略部署，重新引入民营经济作为国民经济的补充成分的经济格局基本形成。党的十五大做出了坚定不移地沿着十一届三中全会以来的正确路线前进的重要决策，赋予了民营经济的平等市场地位与公平公正的市场环境。党的十六大对非公有制经济在我国社会、经济领域的地位和作用予以了充分肯定，将改革过程中出现的民营企业从业者等社会阶层称之为中国特色社会主义事业的建设者，并首次提出"两个毫不动摇"方针，民营经济获得了应有的合法地位，也为以后有关民营经济发展的政策机制奠定了坚实的理论基础。党的十七大首次提出"两个平等"的思想，确定和强调了以公有制为主体、多种所有制经济共同发展的基本经济制度，营造民营经济与公有制经济平等竞争的环境，将发展和保障民营经济与发展和保障国有经济的重视程度提升到了同一层面。党的十八大允许公有制的多种实现形式，强调民营经济与公有制在资源要素配置和市场竞争中享有同等地位，保证各种所有制经济依法平等使用生产要素、公平参与市场竞争、同等受到法律保护。党的十九大报告把"两个毫不动摇"写入新时代坚持和发展中国特色社会主义的基本方略，作为党和国家的大政方针政策进一步确认下来，提出要构建"亲""清"新型政商关系，促进非公有制经济健康发展和非公有制经济人士健康成长。全面实施市场准入负面清单制度，清理废除妨碍统一市场和公平竞争的各种规定和做法，支持民营企业发展，激发各类市场主体的活力。①这也是改革开放以来，中国共产党全国代表大会上正式使用"民营企业"概念，并明确提出支持民营企业发展。2018年11月，习近平总书记指出："非公有制经济在我国经济社会发展中的地位和作用没有变，我们毫不动摇鼓励、支持、引导非公有制经济发展的方针政策没有变，我们致力于为非公有制经济发展营造良好环境和提供更多机会的方针政策没有变。"②为民营经济在未来的高质量发展指明了方向，扫清了障碍。

1978年至今是民营经济在国民经济中的地位和作用恢复的重要阶段，党和政府从理论和制度层面制定并执行的一系列方针、政策，从官方、法律层面对民营经济、民营企业的合法地位予以了进一步的确认，民营经济跃升为我国社会主义市场经济的"重要组成部分"和"重要的推动力"，从坚持"两个毫不动摇"到"两个平等"再到"三个没有改变"的原则，共同构筑了民营经济发展的制度基础。

第四节　本章小结

本章首先对民营经济发展的相关概念进行了界定，厘清民营经济的基本概念、特征以及我国现阶段民营经济的一些主要类型、民营企业与私营企业的联系。辨析了民营经济与公有制、非公有制、私营经济的关系。综述经济增长与经济发展相关理论，辨析经济增长与经济发展的区别与联系，系统地梳理了马克思经济发展理论和现代西方主流的经济发展理论，为本书涉及的民营经济发展理论奠定坚实的理论基础，进一步探讨了经济

①习近平. 决胜全面建成小康社会 夺取新时代中国特色社会主义伟大胜利——在中国共产党第十九次全国代表大会上的报告[M]. 北京：人民出版社，2017：33—34.
②2018年11月1日，习近平总书记在民营企业座谈会上的重要讲话。

高质量发展、民营经济高质量发展的要义、特征、要求等基础理论与民营经济高质量发展理论体系。回顾了1949年以来民营经济发展制度变迁的过程，指出与我国民营经济发展相对应的制度变迁过程，实际上也是有关民营经济发展的政策体系形成和变化的过程，国家和政府对待民营经济的社会地位认同上的变化过程，特别是改革开放以来我国民营经济社会地位的变化与我国经济体制领域的改革密不可分，民营经济的发展历史实际也是我国的一部经济体制改革历史。

第三章　我国民营经济的发展历程

我国民营企业的发展经历了一个漫长而曲折的历程。为了较为客观和全面地分析民营企业的生存环境，有必要梳理我国民营企业的发展历程。

第一节　中国民营经济的发展历程

1949年后各个历史时期中央对民营经济采取了不同政策，可将中国民营经济的发展历程划分为以下五个阶段：接受改造阶段（1949—1956年）；私人经济恢复发展与乡镇企业快速发展阶段（1978—1992年）；大力发展阶段（1992—2002年）；相对稳定发展阶段（2003—2011年），弱稳定发展阶段（2011—2017年）；高质量发展阶段（2017年至今）。

一、接受改造阶段（1949—1956年）

1949—1956年是民营经济的接受改造阶段。由于长年的战争，国内的生产力遭到了严重的破坏。中华人民共和国初期，首要任务便是经济建设。由于民营经济对恢复国民经济的作用不言而喻，政府的态度是鼓励大力发展民营经济。当时民营经济在整个国民经济中占有相当大的比例，1949年年底，全国有民营工业企业12.3万余家，职工164万余人，占全国工业职工的54.6%，生产总值占全部工业总值的48.7%，在当时的社会经济中占有相当重要的地位。[①]

---

① 丛树海，张行. 新中国经济发展史[M]. 上海：上海财经大学出版社，1999：35—37.

　　1952年，恢复国民经济的任务基本完成。我国的经济管理体制受苏联影响，开始走上了高度集中的计划经济体制和单一的公有制经济道路。随即政府实行了"三大改造"。即逐步由私营向全行业的公私合营方向转变，对农业和手工业实行具有鼓励性质的社会主义改造，对资本主义工商业实行具有强制性的社会主义改造。1954年中国的第一部宪法明确规定："国家对资本主义工商业采取利用、限制和改造的政策。"根据《中华人民共和国发展国民经济的第一个五年计划》的要求，五年内"基本上把资本主义工商业分别地纳入各种形式的国家资本主义的轨道建立对私营工商业的社会主义改造的基础"。而且，"国家对资本主义工业的改造，第一步是把资本主义转变为各种不同形式的国家资本主义；第二步是把国家资本主义转变为社会主义"。对私营资本主义商业要"逐步地改造成为各种形式的国家资本主义"。历经了个别企业的公司合营和全行业的公司合营两个阶段，1956年年底，三大改造基本完成。私营工商业几乎全部变为公私合营企业。据统计，1956年年底尚未改造的私营工业企业870户，职工人数1400人，总产值2900万元；尚未改造的私营商业企业43.2万户，从业人员49.4万人，总资本额5600万元。[①]

　　1956年，在党的八大上，陈云同志提出"三个主体，三个补充"的构想。在工商业经营方面，国家经济和集体经济是工商业的主体，一定数量的个体经济是国家经济和集体经济的补充；在生产计划方面，计划生产是工农业生产的主体，按照市场变化在国家计划许可范围内的自由生产是计划生产的补充；在社会主义的统一市场里，国家市场是它的主体，一定范围内的国家领导的自由市场是国家市场的补充。陈云这个设想，不仅突破了苏联的高度集中统一的计划经济模式，而且涉及非公有制经济成分合法存在并充分发挥其作用的问题。这个设想为中共八大决议所采纳。国家又开始注意恢复和发展个体经济，个体工商业又有一定程度的发展。到1957年年底，全国城镇个体工商业从业人员发展到104

---

①冯兴元，何广文. 中国民营企业生存环境报告2012[M]. 北京：中国经济出版社，2013：6.

万人。[①]

二、私人经济恢复发展与乡镇企业快速发展阶段（1978—1992年）

党的十一届三中全会召开后，改革开放在我国沿海地区首先铺开，个体私人经济开始恢复发展，但此时民营经济的发展受到政策的抑制较为严重。同时，乡镇企业由于其集体经济性质，也得到了快速发展。

（一）个体经济的恢复发展

1978年党的十一届三中全会以后，我国进入改革开放的新时期，民营经济得以复苏并逐步发展。我国经济制度的改革是从农村开始的。1980年9月国务院通过了《中共中央关于进一步加强和完善农业生产责任制的几个问题的通知》，农村联产承包责任制自此在农村全面推广开来。这次改革为我国广大农村地区的发展带来了极大的促进力量，同时也孕育了农村民营经济的萌芽。与此同时，城市的就业问题也凸显出来。1979年，我国面临大批知青返城和大量的待业人员，城市的改革迫在眉睫。1981年10月17日，中共中央、国务院做出《关于广开就业门路，搞活经济，解决城乡就业问题的若干决定》，指出："在社会主义公有制经济占优势的根本前提下，实行多种经济形式和多种经营方式长期并存，是我党的一项战略决策，绝不是一种权宜之计。"文件还规定，"对个体工商户，应当先允许经营者请两个以内的帮手，有特殊技艺的可以带五个以内的学徒"。这个规定实际上允许个体工商户雇工，雇工可以在七人以内。这也是后来规定雇工在八人以上叫作私营企业的由来。

1979年年底，全国个体工商户由1978年的14万户增长到31万户，到了1981年年底发展到185万户，从业人员227万人，比1980年的从业人员翻了一番多。1982年，党的十二大和第五届全国人民代表大会第五次会议均承认了个体经济的合法地位，并将发展和保护个体经济写入了宪法，明确规

---

①冯兴元，何广文. 中国民营企业生存环境报告2012[M]. 北京：中国经济出版社，2013：6—7.

定："在法律规定范围内的城乡个体劳动者经济，是社会主义公有制经济的补充。国家保护个体经济的合法的权利和利益。国家通过行政管理，指导、帮助和监督个体经济。"1983年党和国家领导人在中南海接见了300多名集体经济和个体经济的先进代表，个体经济逐步得到认可。1982—1988年个体经济从261万户发展到1453万户，约增加5倍。①至此，个体经济初具规模，为后来民营经济的快速腾飞奠定了坚实的基础。

（二）私营企业的恢复发展

就在个体经济蓬勃发展的同时，私营企业的发展却停滞不前。根据国家统计局相关统计数据显示，1979年年底，全国的私营企业的统计数字为零，国家也未制定出鼓励私营企业发展的政策框架。1983年中共中央出台《当前农村政策的若干问题》，文件对私营企业的态度仍然是不提倡、不阻止，而且要引导其向合作经济发展。

1986年党的十二届六中全会召开，会议首次提到了多种经济成分，指出要在公有制为前提的基础下发展多种经济成分。这为后来私营经济概念的提出做了铺垫。1987年中央政治局在《把农村改革引向深入》文件中首次提出了允许私营经济存在的方针，肯定了农村私营经济对实现资金、技术、劳动力的结合并转化为生产力和促进农村就业的积极作用。1987年10月党的十三大指出："私营经济一定程度的发展，有利于促进生产、活跃市场、扩大就业，更好地满足人民多方面的生活需求，是公有制经济必要的和有益的补充。"这是党的历史上第一次肯定了在社会主义初级阶段存在着私营经济的所有制结构，并且采取鼓励其发展的政策，允许在不同行业、不同地区，各种所有制经济所占比重可以有所不同。这是全党认识上的一个质的飞跃。1988年4月，第七届全国人民代表大会第一次会议通过宪法修正案，第11条增加规定："国家允许私营经济在法律规定的范围内存在和发展。私营经济是社会主义所有制的补充。国家保护私营经济的合法权利和利益；对私营经济实行引导、监督和管理。"同年6月，国务院

---

①冯兴元，何广文. 中国民营企业生存环境报告2012[M]. 北京：中国经济出版社，2013：6—8.

颁布了《私营企业暂行条例》，明确规定私营企业是指企业资产属于私人所有、雇八人以上的，营利性的经济组织；规定了三种私有制结构，即独资、合伙和有限责任制。在党的十三大精神的指引下，国家对私营经济基本上采取单一的鼓励政策。1988年全国私营企业达90581户，从业人员164万人，注册资本84亿元。

虽然私营经济的补充作用得到了承认，但是私营经济的发展在政策层面上还是受到了很大的局限，并且在实际经济活动中受到一定的阻碍。1989年，由于国家经济政策紧缩，受到相关影响的私营经济的发展甚至出现了一定的回落。由于中央坚持多种经济成分共同发展的战略思想，对私营企业仍坚持加强引导、监督、管理、兴利抑弊，并保护其合法权益的政策，我国私营经济能够得到缓慢发展，从全国范围来看，这期间私营企业总数一直稳定在10万左右。

（三）乡镇企业的快速发展

乡镇企业开辟了一条颇具中国特色的工业化道路。[①]"大跃进"和人民公社化运动后，全国各地纷纷办起了农业机械维修、小炼铁厂、小化肥厂、小矿山等，在没有国家投入的背景下，让农村实现工业品的自给自足。这些社队企业就是乡镇企业的前身。在那个"赶英超美"的年代，广大农村劳动力被调动起来，各地社队企业如春笋般成长起来。尽管中央对社队企业进行了整顿，社队企业的发展一度缓慢。截至1977年年底，全国社队企业数量已达到139.2万个，2327万农村劳动力在社队企业就业。社队企业创造的工业产值，占到全国的十分之一。[②]

1978年，《中共中央关于加快农业发展的若干问题的决议》明确指出，社队企业要有一个大的发展，并且还规定要分不同情况对社队企业实行低税或免税政策。社队企业的发展迎来了一个新的起点。1978—1983年，社队企业总产值由493.07亿元增加到1016.83亿元，年均增长率为

---

①1997年，江泽民在各地视察乡镇企业时做出该评价。

②徐亚平. 有中国特色的工业化道路：乡镇企业30年（2008年）.http：//www.china.corn.cn/economic/zhuan. ti/ggkl30/2008—12—23/content—16993691.hun.

15.6%；上缴税金从21.96亿元增加到59亿元，年均增长率为25.5%；但社队企业数量未能得到相应的增加，实际上企业数量从154.2万个减少到134.63万个，年均减少2.4%；企业职工人数从2827万人增加到3235万人，年均增长率为2.75%。[①]

1983年，中央取消人民公社制度，建立乡镇政府。1984年，中央出台了4号文件，同意将社队企业改名为乡镇企业。同时指出：乡镇企业已成为国民经济的一支重要力量，是国有企业的重要补充。1985年9月，《中共中央关于制定国民经济和社会发展第七个五年计划的建议》指出：发展乡镇企业是振兴我国农村经济的必由之路，同时鼓励农民兴办乡镇企业。

中央在政策、资金和税收等各方面都为乡镇企业的发展予以大力支持。1984—1988年，乡镇企业进入发展的黄金期，总产值从1769.87亿元增加到6495.66亿元，年均增幅为39.9%；企业个数从606.52万个增加到1888.16万个，年均增幅为37.2%；企业职工人数从5208万人增加到9545万人，年均增幅为16.77%；利润总额从188亿元增加到550.02亿元，年均增幅为32.4%。[②]

1988年9月，十三届三中全会提出治理经济环境、整顿经济秩序、全面深化改革的方针。治理整顿的政策对乡镇企业的影响较大。针对前一阶段乡镇企业发展过程中显现的一些弊端，国家采取"调整、整顿、改造、提高"的方针集中治理经济秩序，压缩了基建规模，关、停、并、转了一批经济效益差、浪费原材料、污染严重的乡镇企业。乡镇企业普遍开工不足亏损上升，发展势头放缓，1989—1990年，乡镇企业总产值的年增长率下降到14%，企业职工人数出现负增长。[③]这一时期乡镇企业的发展速度虽有所减缓，1989—1991年，其总产值的年均增长率还是达到了25.14%，[④]保持了较高的增长速度。1991年乡镇企业的总产值为11621.7亿

---

①姜春海. 中国乡镇企业发展历史回顾[J]. 乡镇企业历史研究，2002（2）：16—19.
②姜春海. 中国乡镇企业发展历史回顾[J]. 乡镇企业历史研究，2002（2）：16—19.
③王宝文. 中国乡镇企业发展历程及转型研究[J]. 经济视角，2012（2）：16—22.
④姜春海. 中国乡镇企业发展历史回顾[J]. 乡镇企业历史研究，2002（2）：16—19.

元，首次突破了1万亿元大关。治理整顿虽然造成银根紧缩、国内市场疲软，但很多乡镇企业积极引进新技术，改善管理，并大力开拓国外市场，出口交货值由1989年的371.4亿元增加到1991年的789.1亿元，比1988年增长近2倍。[①]1991年11月，《中共中央关于进一步加强农业和农村工作的决定》，再次强调了持续发展乡镇企业政策。党的十四大以后，乡镇企业迎来了更为宽松的宏观经济条件。1992年，乡镇企业总产值达到18051亿元，比1991年的总产值增长了55%。

三、大力发展阶段（1992—2002年）

1992—2002年是民营经济大力发展阶段。除了民营经济的自组织发展之外，民营化为民营经济的大力发展提供了推动力。

从1992年改革开放总设计师邓小平南方谈话开始，民营经济真正进入了发展时期。邓小平在视察南方时指出："改革开放迈不开步子，不敢闯，说来说去就是怕资本主义的东西多了，走了资本主义道路。要害是姓'社'还是姓'资'的问题。""中国要警惕右，但主要是防止'左'。认为和平演变的主要危险来自经济领域，这些就是'左'。"邓小平的南方谈话回答了中国前进中遇到的一些犹疑和困惑，民营经济迎来了一个新的春天。同年，党的十四大顺利召开，明确了建立社会主义市场经济体制的改革目标，重申了私营经济的补充地位，明确指出不同所有制企业可以联合经营，这为民营企业进入下一个快速发展时期做好了充分的准备。这期间民营企业迅速发展，民营经济的力量得到空前膨胀，实达、华为等一大批高科技企业的兴起，改变了民营企业劳动密集型加工厂的形象。1993年私营企业的数量比1992年增长70.4%，达到237919户，远远超过1956年公私合营时期的17万户；1994年又比1993年增长81.7%，达到432240户。

党的十三届四中全会以后，党的第三代领导集体，继承和发展了邓小

---

①刘仲藜. 奠基——新中国经济五十年[M]. 北京：中国财政经济出版社，1999：256.

平关于发展民营经济的理论。1995年《中共中央、国务院关于加强科学技术进步的决定》指出："民营科技企业是我国高新技术产业的一支有生力量，要继续引导和鼓励其健康发展。"1996年《国务院关于"九五"期间深化科学技术体制改革的决定》又指出："要继续鼓励民营科技企业的发展。"党的十五大报告指出："个体、私营等非公有制经济是社会主义市场经济的重要组成部分，应当继续鼓励、引导，使其健康发展。"从此，民营经济从社会主义经济的补充地位上升到社会主义市场经济的组成部分。

1997年党的十五大召开。这次会议对民营经济做了新的社会定位，确认它们是社会主义市场经济的重要组成部分，并且明确了公有制为主体多种所有制经济共同发展的基本经济制度。从"必要补充"到"重要组成部分"，民营经济从体制外的补充，进入体制内，成为市场经济条件下平等竞争的组成部分。从此，民营经济进入了一个新的发展阶段，也体现了政府对民营经济的认识在改革实践中不断深化，是所有制理论的重要飞跃。1999年3月，第九届全国人民代表大会第二次会议对宪法进行第三次修正，修正后的宪法再次强调了个体私营经济的地位。宪法第6条修改为："国家在社会主义初级阶段，坚持公有制为主体、多种所有制经济共同发展的基本经济制度，坚持按劳分配为主体、多种分配形式并存的分配制度。"第11条修改为："在法律规定范围内的个体经济、私营经济等非公有制经济，是社会主义市场经济主要组成部分。""国家保护个体经济、私营经济的合法权利和利益。国家对个体经济、私营经济实行引导、监督和管理"。到2001年，我国私营企业已达到202.82万户，比2000年增加15.54%，从业人员2713.86万人，比2000年增加16.56%。

2001年，中国经过艰苦的八年谈判，成功加入世界贸易组织，对外开放程度进一步加深。民营企业面临的挑战不仅仅来自国内，还来自国外，伴随挑战而来的还有机遇，国外巨大的市场还有待开发，但总体来说机遇大于挑战。新时期党的基本方针、基本政策、基本制度都已确定，也为民营经济的发展打下了基础。1992—2002年，全国个体工商户由1543万户发展到2378万户，资金数额由601亿元增加到3782亿元，从业人员由2468万人增加到4748万人；1992—2002年，私营企业从14万户增加到243万多户，增长了17倍，年增长33%。同时相比较于2001年，在2002年私营企业净增40.67万户，从业人员净增695.44万人，这意味着平均每天新增私营企业1100户，每天新增就业人口19000多个。个体经济和私营经济发展速度如此之快，足以说明其在市场条件下旺盛的生命力。

2002年，党的十六大对非公有制经济做了进一步规定，提出了"两个必须"和"一个统一"。"两个必须"是指：必须毫不动摇地巩固和发展公有制经济；必须毫不动摇地鼓励、支持和引导非公有制经济发展。"一个统一"是指：坚持公有制为主体，促进非公有制经济发展，统一于社会主义现代化建设的进程中，不能把这两者对立起来。

四、相对稳定发展阶段（2003—2011年）

2003—2011年属于民营经济相对稳定发展阶段。在该阶段，政府只强调改善民生的原则，而没有强调遵循经济原则。在这段时间，对民营企业的产权保护总体上没有实质性的提升，相反，由于政府从2008年以来推出各种提高工资和福利的法规政策、人民币汇率的提升、环保措施的强化、政府的各种限购限价政策、行政垄断企业的大幅度扩张，民营企业的发展空间受到较大的限制。伴随着外部需求的收缩，在东部沿海地区大量民营企业从制造业退出，不过民营企业所创造的增加值在该阶段总体上保持了较高的增长率。

党的十六大对非公有制经济的理论政策又有了新的发展，指出"充分发挥个体、私营等非公有制经济在促进经济增长，扩大就业和活跃市场等方面的重要作用"。进一步明确了民营经济是市场经济的主体之一，是中国经济长远发展的重要增长点，是实现中国长期充分就业、全面进入小康社会的重要基础。党的十六大指出，要完善保护私人财产的法律制度。2004年3月，第十届全国人民代表大会第二次会议通过了第四次宪法修正案。通过再次修宪，明确"公民合法的私人财产受法律保护"。不过宪法对公有制财产的保护仍然优先于私人财产。尽管如此，根据2004年通过的宪法修正案，在社会变革中出现的民营科技企业的创业人员和技术人员、受聘于外资企业的管理技术人员、个体户、私营企业主、中介组织的从业人员、自由职业人员等，都是中国特色社会主义事业的建设者，他们的合法权益都受到宪法保护。因此，民营企业和民营企业家从此取得了更为公正的社会地位。

党的十六大之后，中共中央在所有制理论、非公有制经济理论等方面的突破和创新逐步转化为具体的政策、法规和实际操作。尤其引人关注的是一批优秀的民营企业家在政治上的待遇。2002年年底全国工商联换届，有11位民营企业家当选为全国工商联副主席。之后重庆力帆集团董事长尹明善、浙江传化集团董事长徐冠巨、贵州神奇集团董事局主席张芝庭先后当选重庆市、浙江省政协副主席和贵州工商联会长。

2005年2月24日，《国务院关于鼓励支持和引导个体私营等非公有制经济发展的若干意见》正式颁布（该意见被广泛称为"非公经济36条"），这是共和国成立56年来第一次以中央政府的名义发布的鼓励支持和引导非公有制经济发展的政策性文件。"非公经济36条"的近三分之一集中在放宽非公有制经济市场准入和加大对非公有制经济的财税金融支持上，其着重点则在于"消除影响非公有制经济发展的体制性障碍，确立平等的市场主体地位"。文件明确规定，国家将在电力、电信、铁路、民航、石油等行业和领域引入竞争机制，允许民间资本进入这些垄断行业和领域并放宽股权比例等方面的限制；支持、引导和规范民间资本投资教育、科研、卫生、文化、体育等社会事业，包括营利性和非营利性领域；在加强立法、严格监管、有效防范金融风险的前提下，允许民间资本进入金融行业，允许符合条件的非公有制企业参与银行、证券、保险等金融机构的改组改制；鼓励非公有制经济参与经济结构调整和国有企业重组。在金融支持方面，加大税收和信贷支持力度、拓宽直接融资渠道、鼓励金融服务创新、建立健全信用担保体系。在法律准则和道德准则方面，民营企业要维护企业职工的合法权益，建立健全企业工会组织、保障职工依法参加和组建工会的权利，注重企业自身素质的提高。"非公经济36条"的颁布被视为中国市场经济改革的又一个里程碑，它不仅将为非公经济提供更为广阔的发展空间，同时也将进一步完善市场经济机制、广泛化解经济快速增长时期面临的各种不平衡问题，为确保中国经济可持续增长、构建和谐社会奠定了坚实的基石。"非公经济36条"颁布后，中央各部委纷纷响应，2005年6月15日，国防科工委发布《武器装备科研生产许可实施办法》，允许非公经济企业申请第二类许可，从事武器、装备的一般分系统和其他专用配套产品；支持非公有制企业按有关规定参与军工科研生产任务的竞争以及军工企业的改组改制，鼓励非公有制企业参与军民两用高技术开发及其产业化。2005年7月22日，铁道部出台政策允许民间资本进入铁路建设、铁路运输、铁路运输装备制造、铁路多元经营四大领域。2005年7月29日，中国民用航空局正式对外公布《国内投资民用航空业规定（试行）》，从2005年8月15日开始，民航业向民营资本全面开放。2005年8月，国务院下发了《关于非公有资本进入文化产业的若干规定》。银监会、国家外汇管理局、国家发改委为贯彻"非公经济36条"出台很多相应政策。

2007年10月，中共十七大召开，十七大报告指出："坚持和完善公有制为主体、多种所有制经济共同发展的基本经济制度，毫不动摇地巩固和发展公有制经济，毫不动摇地鼓励、支持、引导非公有制经济发展，坚持平等保护物权，形成各种所有制经济平等竞争、相互促进新格局。"这里出现了"两个平等"。一个是法律上的"平等"保护，另一个是经济上的"平等"竞争。"两个平等"是党的十七大报告有关所有制理论论述的亮点，是非公有制经济理论的又一次飞跃，为民营经济的发展创造了更加广阔的空间。党的十七大报告同时提出了"推进公平准入，改善融资条件，破除体制障碍，促进个体、私营经济和中小企业发展"的新要求。

从2003年开始，中国GDP增速连续5年超过10%，这里面离不开民营企业的巨大贡献。在"以经济建设为中心"的基本政策主导下，中国经济的高速发展让整个世界为之侧目。但是，繁荣经济的背后，民生问题也逐渐显现。诸如收入分配不公、地域差异拉大、环境污染严重、食品安全问题频发等无一不在考验着中国的未来发展。民营经济与民生问题的紧密联系不言而喻，民间投资是中国投资持续发展的动力所在。①然而，2008年之后，受金融危机影响，民营企业资金链吃紧，与此同时中央推进新一轮的宏观调控，民营企业几乎举步维艰。仅仅2009年一年，许多民营经济中的领军企业纷纷被改换旗帜。航空领域，民营航空公司鹰联航空被国有企业四川航空公司重组，失去控制权；钢铁领域，央企宝钢入主民营钢铁企业宁波钢铁；此外，在机械、地产等多个行业，国企收购民企还在持续。甚至同年，在一向市场化程度较高的乳制品业，知名民营企业蒙牛公司也被中粮集团收购。在2200亿元的京沪高铁的巨额投资中，也只有安侨集团因投资7200万元参股建设枣庄西站而成为众多投资者中唯一的民企。国有企业的垄断地位不仅未被打破，反而进一步开拓了新的领地，民营资本的出路何在？"非公经济新36条"的出台给了民营资本希望。

鉴于2010年我国经济转向通货紧缩，为了刺激经济发展，国务院于2010年5月13日再次发布《国务院关于鼓励和引导民间投资健康发展的若干意见》（国发〔2010〕13号文件）。由于该意见共计有36条，为了与"非公经济36条"相区别，故被简称为"非公经济新36条"。"非公经济新36条"规定要进一步拓宽民间投资的领域和范围，鼓励和引导民间资本进入基础产业和基础设施、市政公用事业和政策性住房建设、社会事业、金融服务、商贸流通领域、国防科技工业等领域，鼓励和引导民间资本重组联合和参与国有企业改革，推动民营企业加强自主创新和转型升级，积极参与国际竞争，为民间投资创造良好环境，加强对民间投资的服务、指导和规范管理。直到2012年年初，"非公经济新36条"在其出台后几乎一直被束之高阁。

与此同时，在十七届五中全会上，会议通过的"十二五"规划不再提

①富民和民生问题与民营经济紧密联系．新浪网.http://news.sina.corn.cn/o/2011-07-06/041022763419.shtml.

及"以经济建设为中心"，保障和发展民生问题则成为亮点。这并非表示弃经济建设于不顾，一门心思改善社会建设。经济建设为社会建设奠定了良好的基石，应该恰当地加以利用。社会这个系统由很多子系统构成，其中既包括经济系统，也包括社会系统和政治系统。[①]这些子系统之间应该是相辅相成，良性互动的。单纯强调社会发展或单纯强调经济发展一样不可取，如何兼顾发展经济与民生才是我们要关注的焦点。推动民营经济的转型和升级，对民生问题的解决意义重大。加强对产权的保护，打破国有企业垄断的现状，为民营资本争取投资渠道，才能有一个好的投资结构。

五、弱稳定发展阶段（2011—2017年）

2012年，我国民营企业进入弱稳定发展的新阶段。据统计，在2012年第二季度，我国GDP增速首次"破八"，从8.1%降至7.6%。更多的经济放缓的信号相继传来。如用电量增速大幅下滑甚至用电量减少就是一个核心指标。据统计，2012年1至5月，全社会用电量同比增长5.8%，增幅回落6.25个百分点。同年1月至5月用电增速低于3%的有辽宁、吉林、浙江、重庆、甘肃等省市，5月当月用电负增长的有三个省市：上海、湖北和江西。

以上数据突显我国经济放缓已成事实。伴随而来的是东部地区制造业大量民企停工倒闭。形势的严重性已到了引起政府高度警觉的程度。中央银行在2012年6月8日和7月6日两度降息，也反映了形势的严峻性。但是，我国中央银行最近的两次降息是为了刺激经济增长。大量民营企业融资难是一大问题，但降息并不能解决这一问题。降息不能激励银行向缺钱的民营企业提供更多的贷款，反而会让银行对民营企业更为惜贷。这是因为经济转向不景气的时候，信贷风险总体上会提升，提高利率反而有利于银行对民营企业实行风险定价，从而强化银行对其放贷的意愿。不过，降息不妨碍一些实力雄厚的企业向银行借入资金，然后通过一定的渠道向民企

---

①冯兴元. 如何看以经济建设为中心[EB/OL]. （2011-09-15）[2019-11-24]. http://www.china-review.com/eao. asp?id=26669.

"转贷"信贷资金。降息有利于减轻那些本来就能获得贷款的民企的贷款成本，从而改善那些民企的生存和发展能力。降息的综合效应总体上会刺激经济增长，这是经济学上的一个铁律。但是这种刺激会有时滞效应。这种效应可能要半年，甚至1—2年才能显现。这样看来，如果政府单靠降息方式调整货币政策，无法对2012年的GDP做出实质性的拉动。

不难理解，为什么我国政府2012年中期开始启动了众多财政刺激政策，加快启动一批事关全局、带动性强的重大基建项目。每一轮增长趋缓，扩大财政投资成了政府屡试不爽的撒手铜，成为常例。值得注意的是，政府同时提出改善民企生存与发展环境的政策，也成了常例。这两种常例的差别在于：扩大财政投资是政府偏爱之举，得到了不折不扣的，甚至扩大化的推行；而改善民企生存与发展的政策出台之后往往被束之高阁，其执行举步维艰。这样也就容易理解，政府在2010年提出上述"非公经济新36条"，规定全方位开放民企市场准入，但一直未能落实。

六、高质量发展阶段（2017年至今）

高质量发展理念是2017年中国共产党第十九次全国代表大会首次提出的新表述，表明中国经济由高速增长阶段转向高质量发展阶段。2017年，习近平总书记在民营企业座谈会上强调指出："民营经济是我国经济制度的内在要素，民营企业和民营企业家是我们自己人。民营经济是社会主义市场经济发展的重要成果，是推动社会主义市场经济发展的重要力量，是推进供给侧结构性改革、推动高质量发展、建设现代化经济体系的重要主体，也是我们党长期执政、团结带领全国人民实现'两个一百年'奋斗目标和中华民族伟大复兴中国梦的重要力量。"

"在全面建成小康社会、进而全面建设社会主义现代化国家的新征程中，我国民营经济只能壮大、不能弱化，不仅不能'离场'，而且要走向更加广阔的舞台"。习近平总书记同时也指出，"非公有制经济在我国经济社会发展中的地位和作用没有变！我们毫不动摇鼓励、支持、引导非公有制经济发展的方针政策没有变！我们致力于为非公有制经济发展营造良好环境和提供更多机会的方针政策没有变！"

2018年政府工作报告指出："按照高质量发展的要求，统筹推进'五位一体'总体布局和协调推进'四个全面'战略布局，坚持以供给侧结构性改革为主线，统筹推进稳增长、促改革、调结构、惠民生、防风险各项工作""上述主要预期目标，考虑了决胜全面建成小康社会需要，符合我国经济已由高速增长阶段转向高质量发展阶段实际。"

党的十九大报告进一步强调，要毫不动摇巩固和发展公有制经济，毫不动摇鼓励、支持、引导非公有制经济发展；要支持民营企业发展，激发各类市场主体活力；要努力实现更高质量、更有效率、更加公平、更可持续的发展。[1]

为适应时代发展要求，党中央、国务院出台了《中共中央国务院关于营造更好发展环境支持民营企业改革发展的意见》（以下简称《意见》）、《关于推进民营经济高质量发展的实施方案》（以下简称《实施方案》），为民企发展释放了更大改革红利和政策空间。当前，民营企业正处于爬坡过坎的关键阶段，发展面临诸多问题，而切实抓好各项支持政策落地，推动民企健康发展，成为摆在各级政府、各部门面前的重要任务。《意见》和《实施方案》指出：

第一，要在思想上明确民企定位，高度重视民企发展。《意见》明确提出，"民营经济已经成为我国公有制为主体、多种所有制经济共同发展的基本经济制度的重要组成部分"，这充分肯定了民企在中国特色社会主义经济体系和经济发展中的重要地位。

第二，要贯彻依法治国理念，切实依法保护民营经济产权。《意见》明确要求要"健全执法司法对民营企业的平等保护机制""保护民营企业和企业家合法财产"。保障民营经济财产权，要按照党中央的战略部署，建设法治中国、法治社会、法治政府，推动政府治理法治化。要加大对民

---

[1]盘和林. 民营经济，我国经济系统至关重要的增长动力[EB/OL]. （2019-09-19）[2019-12-23]. http://views.ce.cn/view/ent/201909/19/t20190919_33178837.shtml.

营企业的刑事保护力度，保护民营企业和企业家合法财产。

第三，践行竞争中性原则，优化公平竞争的市场环境。《意见》明确要求要全面落实放宽民营企业市场准入的政策措施，实施公平统一的市场监管制度，强化公平竞争审查制度刚性约束，持续清理和废除妨碍统一市场和公平竞争的各种规定和做法，推进产业政策由差异化、选择性向普惠化、功能性转变，强化竞争性政策的基础地位。

第四，要切实落实支持民企发展的一系列政策。改革开放以来，特别是党的十八大以来，党中央、国务院高度重视民营经济发展，出台了一系列促进民间投资和民营经济发展的政策措施，但政策落实不到位问题仍普遍存在。因此，要按照《意见》要求，认真落实各项政策措施，进一步深化"放管服"改革，减轻企业税费负担；完善金融服务业对民企、中小企业的支持机制，解决民企、中小企业融资难、融资贵的问题；引导民营企业参与国有企业改革，推动国企民企融合发展、互利共赢。同时，政府部门要创新民企服务方式，积极主动倾听响应民营企业自身经营诉求和政策诉求，帮助民企解决实际困难。2019年3月5日，第十三届全国人大第二次会议上，李克强总理在会上做《2019年国务院政府工作报告》，在2019年政府工作任务中也特别强调要"下大气力优化民营经济发展环境"。

纵观中国经济发展全局，民营经济至关重要。一方面，在规模上，民营经济是推动我国经济高速发展的主力军。它贡献了全中国50%以上的税收，60%以上的国内生产总值，70%以上的技术创新成果，80%以上的城镇劳动就业和90%以上的企业数量。另一方面，在创新上，民营经济更是实现建设创新型国家战略目标的生力军。它对市场变化及其敏感，不进则退的生存机制和更加灵活的决策机制，使它们对出现在本产业领域的创新保有最敏锐的嗅觉和捕捉能力。民营经济正在以最积极的姿态参与全球新兴市场的竞争，用市场属性引领未来民营经济发展的产业走向。

第二节　民营经济思想的演进历程

1949年至今，民营经济在实践中经历了一系列迂回曲折的发展过程。从经济史的视角来看，呈现出相当显著的消长起伏的阶段性特征。1949—1956年是民营经济的限制与改造时期，1957—1977年是民营经济的退潮与消失时期，1978年至今是民营经济的恢复与发展时期。[①]不同阶段民营经济的发展实践无疑为民营经济思想的产生奠定了物质基础和经验积累，从而使民营经济思想也呈现出阶段式的演进特征。

一、新民主主义混合经济阶段（1949—1956年）

民营经济思想发展的第一个阶段是新民主主义混合经济阶段。这是第一次重大制度创新，即从传统的半封建、半殖民经济转变为新民主主义经济。刘少奇同志曾明确提出，在中华人民共和国成立初期的经济条件下，中国不要学苏联搞单一的公有制，还是要利用私人资本主义，要允许多元化经济成分存在。当时毛泽东充分肯定了刘少奇的观点，并希望提到党的七届二中全会上讨论。[②]

中华人民共和国成立之初，存在五种不同的经济成分：社会主义国有经济、私人资本主义经济、农民和手工业者的个体经济、合作社经济、国家资本主义经济。这是我国最早的混合经济成分共存的时期，其经济类型表现为一种以私有经济为主、国有经济主导、多种经济成分共存的多样化混合经济类型。

---

①刘凝霜. 新中国民营经济思想研究（1949—2019）[M]. 北京：经济科学出版社，2019：206—208.

②薄一波. 若干重大决策与事件的回顾：上卷[M]. 北京：中共中央党校出版社，1991：47—49.

当时的第一次土地改革和国有化都是相当成功的。其中，国有化也是相当有限的，新政府只是强制性地没收了官僚资本，将其立即转变为国有经济，并没有限制和消灭私人经济和资本主义经济。《共同纲领》第二十六条规定："中华人民共和国经济建设的根本方针，是以公私兼顾、劳资两利、城乡互助、内外交流的政策，达到发展生产、繁荣经济的目的。国家应在经营范围、原料供给、销售市场、劳动条件、技术设备、财政政策、金融政策等方面，调剂国有经济、合作社经济、农民和手工业者的个体经济、私人资本主义经济和国家资本主义经济，使各种社会经济成分在国有经济领导之下，分工合作，各得其所，以促进整个社会经济的发展。"第三十条还明文规定："凡有利于国计民生的私营经济事业，人民政府应鼓励其经营的积极性，并扶助其发展。"

《共同纲领》还提出"有步骤地将封建半封建的土地所有制改变为农民的土地所有制""保护工人、农民、小资产阶级和民族资产阶级的经济利益及其私有财产"。毛泽东称这是"统筹兼顾"的方针精神。对私营经济，他还提出"有所不同，一视同仁"的方针。所谓"有所不同"，就是国有经济是社会主义性质的，处在主导地位，它和私人资本主义经济、合作经济却不同，要加以区别。但在其他问题上要按《共同纲领》办事，公私一样发展，有公无私是不对的，这就是"一视同仁"。刘少奇还提出巩固新民主主义制度的构想，认为新民主主义经济是一种过渡性质的经济，需要10—20年的时间，应当使新民主主义的五种经济成分各得其所，都有发展。

这些方针是符合中国国情和经济发展阶段的，既不同于西方资本主义的私有制，也不同于苏联社会主义的公有制。建立前所未有的新民主主义经济制度，是中国现代历史上最大的制度变迁。

1956年党中央制定了"一化三改"过渡时期的总路线，提出"就是要扩大社会主义的全民所有制和合作社社员的集体所有制，把农民和手工业者以自己劳动为基础的私人所有制改造为合作社社员的集体所有制，把以剥削工人阶级的剩余劳动为基础的资本主义私人所有制改造为全民所有制"。也就是在城市地区实行第二次国有化和集体化，消灭城市私有经济，削减城市个体经济，在农村地区实行集体化，消灭农村个体经济和土地私有制。这在很大程度上是受到苏联理论的影响。

三大改造在1956年基本完成，仅从就业角度看，城镇个体劳动者从1949年的724万人，到1953年达到高峰，为898万人，占城镇就业总数（2754万人）的32.6%，到1956年急剧降至16万人，占城镇就业总数（3205万人）的0.5%；私营企业就业人数也从1953年的367万人急剧减少至1956年的3万人。此后，社会主义全民所有制和社会主义集体所有制成了我国国民经济的基础。

二、社会主义公有经济阶段（1957—1977年）

从1956年的三大改造基本完成到1978年改革开放之间是民营经济思想演进的第二个阶段。在这一阶段我国的经济主要以社会主义全民所有制和社会主义集体所有制两种公有制经济为主，并视之为社会主义的基本经济制度，把个体工商户、私营企业视为资本主义的。公有经济占到国民经济总量的接近百分之百，非公有制经济几乎已经销声匿迹。

这一时期，在苏联社会主义政治经济学理论体系的理念约束和民营经济有限的发展空间内，民营经济思想研究大体上沿着两个路径发展。一是效仿和沿袭苏联社会主义政治经济学的理论体系及其进行社会主义经济建设的实践经验，并运用其原理来分析和指导我国的社会主义经济问题。[1]具体表现为以国家资本主义模式为和平过渡的私营经济改造思想，推动农业合作化递进以推动思想的发展，建立社会主义公有制经济的宏观发展格局思想、生产资料公有制思想、公私合营企业国营化等经济思想。二是鉴于我国社会主义改造过程中出现的一系列社会经济矛盾，主张立足本国经验，探索出一条符

---

①刘凝霜. 新中国民营经济思想研究（1949—2019）[M]. 北京：经济科学出版社，2019：103—107.

合中国国情的社会主义建设道路。[1]具体表现为关于过早过快限制并消灭农民自留地、家庭副业以及"一刀切"实行全行业公私合营的理论反思，"消灭了资本主义，再搞资本主义"的民营经济部分保留思想，以"三个主体、三个补充"为核心的中国社会主义经济建设模式构想的思想。这两条路径虽有背离，但也殊途同归，共同丰富了这一时期的民营经济思想。

三、社会主义混合经济阶段（1978年至今）

从1978年改革开放开始，中国的基本经济制度就发生了渐进的重大的转变，从两种公有制经济成分向多种经济成分并存转变。伴随着思想领域的拨乱反正，理论领域积极探索马克思主义经济学中国化的同时，吸收、借鉴西方的经济理论，民营经济思想实现复归。这一阶段的民营经济思想呈现出紧密围绕民营经济的人才部署、性质界定、地位确认、概念探讨、制度供给几个层面进行重构民营经济生产要素的思想特征。[2]

特别是1997年以后，我国进入全面深化经济体制改革的攻坚阶段，国有经济布局的战略性调整以及中国特色社会主义经济理论的不断完善和发展，为当代民营经济的成长提供了优良的发展机遇和理论支撑。随着经济体制改革进程的深化，针对民营经济的意识形态上的歧视和阻碍民营经济发展的制度性障碍的凸显，形成了民营经济高质量发展和产业转型的巨大挑战。这些难题不仅在客观上对民营经济发展提出了理论创新的诉求，而且在实践中也对政府和民营企业本身提出了更高、更灵活、更有效率的宏观调控职能和微观经营管理能力的要求。

在当前经济发展的新常态背景下，党和政府以及民营经济的理论界和实业界也在不断地尝试，试图在理论层面、制度层面、舆论领域、实践环

---

①刘凝霜. 新中国民营经济思想研究（1949—2019）[M]. 北京：经济科学出版社，2019：103—107.

②刘凝霜. 新中国民营经济思想研究（1949—2019）[M]. 北京：经济科学出版社，2019：114—125.

节方面进行调整、适应，探索民营经济在新形势下的发展路径，为该时期民营经济思想的产生提供了丰富的理论素材和经验积累，形成了以增强各类市场主体经济活力与竞争力为主要目标，以落实市场在资本配置中的决定性作用为主要途径，以全面实现理论创新、制度创新、发展模式创新为主要内容的民营经济思想。

实际上，1949年以来，中国民营经济的崛起和高速发展是一段曲折的发展过程。整个过程可以看作经济思想与经济制度在长期中双向互动演进的动态过程，其中既包含着经济制度对经济思想的约束力，又蕴含着经济思想对经济制度的反馈机制以及思想制度化的演变过程。

第三节　民营经济发展模式的类型

改革开放40多年来，以民营企业为主体的民营经济砥砺前行，始终走在我国现代化进程的前沿，成为推动我国改革开放及工业化、城镇化的重要推手。回顾民营经济的发展历程，可以清晰地看到，在地域、经济、政治、文化等多种因素综合作用下，以浙江、江苏、广东珠三角、闽南金三角地区为代表的中国民营经济，从不同起点出发，各自走出了一条独具特色、颇具影响力的区域发展模式。[1]

一、温州模式

（一）温州模式的由来

温州模式是指浙江省东南部的温州地区以家庭工业和专业化市场的方式发展非农产业，从而形成小商品、大市场的发展格局。由中国社会学家费孝通先生于20世纪80年代中期率先提出。[2]从1986年开始，费孝通三次

---

①史晋川. 中国民营经济发展报告（2019）[M]. 北京：经济科学出版社，2019：3—26.
②赖小科，刘晓东. 追思费孝通先生与"温州模式"[J]. 杭州金融研修学院学报，2018，259（10）：78—80.

前往温州调查，并三次撰文解读温州经济发展情况，这也是学术界和经济界广泛探讨的"温州模式"的由来。[①]小商品是指生产规模、技术含量和运输成本都较低的商品。大市场是指温州人在全国建立的市场网络。20世纪80年代中期，"温州模式"与同时期的"吴川模式"并驾齐驱，在当时便以"北有温州，南有吴川"享誉全国，引起全社会的普遍关注。温州，是我国改革开放中民营经济的"代名词"。改革开放以来，温州市坚持一切从实际出发，大胆进行市场取向改革，率先发展多种所有制经济，大力推进工业化和城市化，走出一条具有鲜明区域特色的发展路子，创造了生机勃勃的"温州模式"，取得了举世瞩目的巨大成就。[②]

（二）温州模式的发展特点

温州模式是我国民营经济发展的一大尝试。其在发展进程中形成了自己独特的特点。温州的民营经济形式家庭化，小商品大都是以家庭为单位进行的；经营方式专业化，有家庭生产过程的工艺分工、产品的门类分工和区域分工；专业生产系列化；生产要素市场化，按市场的供需要求组织生产与流通，资金、技术、劳动力等生产要素均可自由流动；服务环节社会化。"温州模式"相比"苏南模式"的集体经济形式有较大的差异，"苏南模式"的民营企业所生产的产品主要为大工业配套服务，和"广东模式"注重利用外资发展的形式亦有所不同。政府在经济发展的过程之中，扮演了"无为"者的角色。更多的时候，政府对民间的经济行为采取睁一只眼闭一只眼的态度。

（三）发展特色与缺陷

家庭、联户企业是温州农村非农经营的主要方式。在改革开放之初，温州的民营经济主要是以乡镇企业的形式存在。乡镇企业通过市场体系来配置生产要素，温州的乡镇企业尤其是其中的家庭、联户企业

---

①王孔瑞. 费孝通的"温州三部曲"[EB/OL]. （2005-04-27）[2019-12-25]. http://money.163.com/economy2003/editor_2003/050427/050427_342973.html.

②佚名. 解读"温州模式"[EB/OL]. （2008-09-13）[2019-12-25]. http://news.sohu.com/20080913/n259541484.shtml.

是在包括消费品市场、生产资料市场、资金市场、劳务市场、技术市场等在内的区域性民间市场体系中孕育成长的。要素市场的形成为乡镇企业乃至整个温州农村商品经济运行提供了可靠的保证。同时，以日用小商品为主导产业和门类齐全的社会服务业，逐步形成交通运输、饮食服务、民间信贷等门类齐全的社会化服务体系。要素自由流动并向小城镇相对集中。生产要素的市场组合，使得民营企业为了取得外部经济效益，都选取信息较多、交通运输便利、社会化服务较发达的地方设厂，从而使企业大都向小城镇及周边地区聚集。这样不仅在社会化协作中提高了专业化水平，形成有分工又有协作的商品生产企业群体，而且随着乡镇企业的发展，也带动小城镇相应地发展，最终又使发展乡镇企业的外部环境得到改善。

但由于缺乏必要的监管和引导，温州模式也导致了假冒伪劣横行。在曾经的一段时间里，温州产品几乎等同于劣质假冒货的代名词。温州经济在飞速发展的同时，也暴露了许多弊端。20世纪80年代中后期，一些温州商人急功近利，大量制造伪劣产品，欺骗市场。其结果就是失去市场。温州的民营企业家们此刻也清醒地意识到，如果不引以为戒，温州人的全民创业就有可能转变为"全民待业""全民失业"，必须重塑温州形象。为此，温州市委、市政府积极加强市场调控，规范市场行为，引导市场经济向健康的方向发展。另外，早期温州模式粗放型的发展方式，对当地的自然环境造成了比较大的破坏，曾经的一段时间里，当地遍布的河流水道大多受到了污染，生态环境严重失衡，为此付出了巨大的代价。

（四）新时代下温州模式的转型

进入新世纪，浙江省温州市提出了"以民引外，民外合璧"的口号，积极引导、鼓励私营企业加强同国际知名企业开展技术与品牌合作，走国际化道路，区域合作、跨国合作风生水起。在进一步扩大对外开放的大背景下，作为私营经济发展的代表性模式——温州模式呈现出四大新特点。

第一，资本流动的跨区域化。温州民间资本总体规模庞大，这笔民间资本在全国各地进行各种工业投资、商业投资和股权投资。一些私营企业还进军国际市场，如康奈集团进军俄罗斯远东地区；在北美、中东、南美等地区，也活跃着众多温州私营企业家。大量民间资本对外投资，形成了行业性的温州市场和跨区域的温州经济。

第二，家族企业的现代化。从"地下工厂""前店后厂"起步的温州传统私营企业，基本上都是采取家族式管理。但随着企业的发展，家族式管理的弊病越来越多地显露出来，大批私企纷纷转而建立现代企业制度，逐步发展成为现代化的股份制企业或上市公司。据相关统计资料，温州市近年来上市的企业数量呈现成倍增长趋势。在我国资本市场上市的温州籍民营企业已达数十家之多，产值超亿元的800多家企业和上百家股份制有限公司，均为优质的上市后备资源，上市企业梯队基本形成，一批优质私营企业营造出温州私企"想上市、敢上市、争上市"的浓厚氛围。

第三，企业发展的国际化。温州的一些优质私营企业逐步跨入国际市场，销售网络遍及世界各地，轻工产品如打火机、皮鞋等占据了国际市场的主要份额，温州商人开始在海外建立鞋革、服装、工业电器、五金机电等产业的专业市场、研发中心和生产基地。随着经济全球化进程的加快，温州的私营企业充分利用市场与资源，加强与国际市场的融合与接轨，充分利用比较优势和后发优势，加快引进国外资金、人才和先进的技术，提高管理水平，增强企业综合实力，形成企业的核心竞争优势。

第四，经济发展自律化。在温州私营企业起步和发展壮大的阶段，政府部门坚持"无为而治"，推行企业自律，放手发展私营经济。20世纪90年代以来，温州企业的自律性组织快速发展壮大。共有市级行业协会（商会）80多家，其他地区的温州商会超过200家，形成了温州区域经济发展的行业自治机制。

二、苏南模式

苏南模式，由费孝通在20世纪80年代初率先提出，通常是指苏州、无锡、常州和南通等地通过发展乡镇企业实现非农化发展的方式。[①]苏南模式的主要特征是：农民依靠自己的力量发展乡镇企业；乡镇企业的所有制结构以集体经济为主；乡镇政府主导乡镇企业的发展；市场调节为主要手段，它是中国县域经济发展的主要经验模式之一。[②]

（一）苏南模式的形成

苏南地区位于太湖之滨、长江三角洲中部，人多地少，但农业生产条件得天独厚。苏南地区毗邻上海等发达的大中工业城市和市场，水陆交通便利。苏南地区的农民与这些大中城市的产业工人有密切的联系，接受经济、技术辐射能力较强。同时，苏南地区还是近代中国民族资本主义工商业的发祥地。计划经济时期，苏南地区就有搞集体经济的传统和基础，为发展乡镇企业积累了宝贵的经验和必要的资金。

人民公社时期，苏南各地在集体副业基础上办起了一批社队企业，主要为本地农民提供简单的生产资料和生活资料。到20世纪70年代，这些小型社队企业逐渐发展成为农机具厂，为集体制造一些农机具。党的十一届三中全会对社队企业发展的明确支持，促使社队企业步入了一个大发展的阶段。它们利用这一地区工业基础比较薄弱的特点，抓住市场空隙，迅速壮大起来。改革开放初期，上海大量技术工人节假日到苏州、无锡等地，给苏南带来了信息、技术和管理经验。因此，历史上的积累和接受上海的辐射为苏南地区工业化的起步创造了良好的条件，而当时的短缺经济，以及一些偶然因素，如80年代中期的信用扩张，对工业化的发展也起了推动作用。1989年，苏南乡镇企业创造的价值在农村社会总产值中已经占到了60%。

费孝通教授对"苏南模式"的研究，有10个字的坐标，这就是"类别，层次，兴衰，布局，发展"。费孝通适时提出"苏南模式"，并联系到了国家的发展大计。由此"苏南模式"正式形成。

---

①费孝通. 小城镇四记[M]. 北京：新华出版社，1986：37—42.

②闫恩虎. 中国县域经济发展的经验模式思考[EB/OL]. （2019-12-28）[2019-12-28].
http://rcccd.ccnu. edu.cn/info/1035/1663.htm.

（二）"苏南模式"的发展路径

苏南地区通过发展乡镇企业，走的是一条先工业化、再市场化的发展路径。其民营经济的发展与城市经济辐射密切相关，并逐步形成城乡经济一体化。苏南的乡镇企业一开始就是立足为城市经济配套。与城市各种形式联合创造的产值占苏南乡镇工业总产值的1/3，与城市形成各种形式的企业群体和企业集团，与科研机构形成科研—生产联合体，形成依托城市、依托大企业和科研单位的互相渗透的城乡经济一体化。

苏南模式是在传统的社队企业基础上发展起来的，在所有制形式上仍沿用公社时代社办、队办两级社队企业。形成以乡、村两级集体所有制为主和户办、联户办等多种层次。当时的苏南乡镇企业的发展主要是以工业尤其是以非农副产品加工为主。这是因为苏南农业尽管发达，但农副产品上交任务重，除口粮外，能留下自己加工的少，加上较普及的商品经济观念，突破了就地取材、加工、销售的格局，走以非农副产品加工为主的产业道路。其发展立足于农村，辐射农业。苏南乡镇企业的原始积累来自农业，其所有者和职工大多是农村村民，并且大多是兼业农民，企业也是建在农村，从而形成苏南乡镇企业在农村经济中产生，反过来又繁荣农村经济的良性互动局面。

这种独特的发展模式，使得苏南的乡镇企业可以从当时为数不多的社区积累中获取原始资本，并依靠"政府信用"从银行取得贷款，无偿或低成本占用社区内的土地资源，廉价使用社区内的劳动力，从而带来创业成本的节约。政府组织资源助推民营企业发展，企业规模一般比较大，可以生产一些资本密集型的产品。而且，在乡镇企业发展初期，人们的产权意识、竞争观念比较淡薄，平均主义思想严重。此时兴办社区成员名义所有、地方政府实际控制的集体所有制企业，社会比较容易接受。此外，政企关系不明、社区成员共担风险的特性，客观上也使社区政府和企业决策者敢于大规模举债，上马一些技术含量高但风险大的项目，使苏南地区在产业结构高级化、企业组织规模化方面领先温州地区。

在"苏南模式"的形成和演化过程中，三次机遇把握起了关键性作用：一是20世纪80年代初经济体制改革促成苏南乡镇企业崛起；二是1992年后浦东大开发带动外资涌进苏南，推动了企业转制和县域工业化进程；1998年，随着我国市场性质发生变化，市场进入买方市场以及国际经济环境的变化，经济空隙的数量、形式和分布发生了本质变化，使在同一个空隙中生存的民营企业遇到前所未有的竞争，苏南的乡镇企业经历了第一次改制。当时的做法大多是把乡镇企业改成集体控股的企业股份制或股份合作制。三是20世纪末乡镇企业民营化改制，促进苏南经济向健康轨道发展。[①]

（三）苏南模式的特点

总体上看，苏南的民营企业发展主要是依靠农民，自力更生发展商品经济。具体表现在其发展过程中的"六自"即：资金自筹、劳力自招、原料自找、产品自销、决策自主、风险自担。面向市场，参与竞争。苏南的民营企业注意从市场需要出发，优化乡镇企业的产品结构和企业组织结构。在企业组织结构上，一方面通过小而专、拾遗补阙，另一方面又通过上规模上水平取得规模经济的优势。发挥地理优势，依托城市，充分接收城市经济的辐射，实现城乡经济一体化。协调农村发展中的工业与农业关系，使乡镇企业的发展与农业的发展相互促进。

"苏南模式"的特点是通过大力发展乡村集体企业而使县域经济社会全面进步，是一种重点探索农村工业化道路的县域经济发展模式。"苏南模式"是以混合型经济为主体，以规模经济和外向型经济为支撑，以鲜明特色和优势产业为主要特征的发展模式。[②]

（四）苏南模式的新发展

进入新世纪，江苏省委、省政府全面启动新一轮沿江开发，与国际产业资本加速向我国转移的大潮适时对接，苏南在基本完成乡镇集体企业改制的基础上，加大对外招商引资、招才引智力度，依靠先进制造业和现代服务业"双轮驱动"，新型工业化、城市现代化和经济国际化"三化互

---

①新望. 苏南模式的终结[M]. 北京：生活·读书·新知三联书店，2005：221.
②新望. 苏南模式的终结[M]. 北京：生活·读书·新知三联书店，2005：157.

动"，吸引国际先进产业资本纷纷向沿江聚集，带动投资结构优化和产业技术升级，推动苏南经济开始由低向高转变。每一次机遇的成功把握，都给苏南的发展带来新的重大突破和持久的后续效应，由此实现了苏南模式的历史性嬗变。[①]

新苏南模式的发展，尽管孕育萌发于苏南模式，却是在制度框架内的一种有方向、有目标的实践，主要表现为经济体制和增长方式的根本性转变，体制方面的突破让苏南成功地与市场和国际接轨，增长方式向又好又快转型，让苏南的国际竞争力有了大幅跃升。在苏南人均GDP由5000美元向1万美元攀升的重要发展阶段，面对粗放式增长带来的资源环境压力，他们积极主动贯彻中央的大政方针和江苏省委、省政府的决策部署，按照立足于好、服从于优、好中求快、优中求进的理念，坚持率先发展、科学发展、和谐发展不动摇，创造性地落实富民优先、科教优先、环保优先、节约优先方针，加快实现投资驱动向创新驱动转变，推动"江苏制造"向"江苏创造"攀升，自觉地走促进经济社会又好又快发展的科学发展道路。

近年来，苏南地区产业结构升级的步伐明显加快，产业链逐步拉长，并向研发和营销以及加工制造高端环节延伸，改造提升了大型石化、冶金机械、汽车造船、轻工纺织等制造业，形成了电子信息、生物医药、新材料、新能源和软件开发等高新技术产业集群；供应链得到有效整合，实现资源的全球配置，融入跨国公司的营销网络，基本形成了从采购、研发到产品营销和售后服务的比较完善的生产体系，生态链在循环经济带动下进行整合重构，日益呈现经济增长与环境质量同步发展的良好态势。国资民资外资三足鼎立、比翼齐飞的混合互补型经济格局，成为苏南发展的强劲动力。

三、珠三角模式

珠江三角洲模式，即珠三角模式，是学者们对广东省珠江流域以广

---

①扬子晚报. 新苏南模式的内涵与特征[EB/OL]. （2007-02-14）[2019-12-26]. http://news.sina.com.cn/c/2007-02-14/085911239642s.shtml.

州、深圳等为中心的14个市县，自改革开放以来向市场经济转轨过程中社会经济发展道路的概括和总结。①由中国社会学家费孝通先生首先提出。他认为珠江三角洲不同于苏南的城市群地区（苏南模式），也不同于温州的农业区域（温州模式），珠三角地处大陆南端，毗邻香港、澳门，可以借助港澳资金、技术、设备和市场，走外向型经济发展道路。②改革开放以来，珠江三角洲在从计划经济向市场经济转轨的过程中，利用国家赋予的优惠政策，以其独特的地理区位、土地和劳动力等优势，与外来资源相结合，创造了由地方政府主导的外向型快速工业化经济发展模式，走出一条具有中国特色的沿海地区新工业化发展道路。

珠三角模式得力于大规模引进香港等地的资金，以外资企业和中外合资企业为主体的出口导向型经济模式。

第一，珠江三角洲模式存在和发展的基本前提是毗邻香港的地理位置。珠江三角洲模式以深圳经济特区的建立为发展起点。党中央把深圳特区作为改革开放的窗口、体制改革试验场和衔接香港的桥梁，给予特殊经济政策，使得深圳毗邻香港的地理位置优势迅速转变为一种巨大的经济势能，在较短时间里发展成为实力最雄厚的经济特区。随着深圳特区经济的快速发展和深圳市的迅速崛起、产业链的延伸，整个珠江三角洲地区便成为香港和深圳两市的生产基地。

第二，珠江三角洲模式的基本动力是以深圳为龙头的区域极化效应和扩展效应。改革开放40多年来，深圳的发展具有三种功能：一是接受高经济势能地区的资金、技术、管理等方面的辐射和扩展功能；二是吸引国内其他低经济势能地区的资金、技术、人才等要素的极化功能；三是迅速向珠江三角洲地区扩展、扩散的功能。这三种功能和效应在较短时期内相互发生作用的结果，便出现了"珠江三角洲的奇迹"。

①费孝通. 穷经皓首 志在富民[EB/OL]. （2008-10-13）[2019-12-25]. http://finance.people.com.cn/nc/GB/61878/8164829.html.

②陈德宁，刘豪兴，张书琛. 费孝通"珠江模式"的转型路向研究[J]. 广东商学院学报，2007，92（3）：77—81.

第三，以出口导向和发展外向型经济为主是珠江三角洲模式的基本战略。珠江三角洲模式充分利用了毗邻香港的优越地理位置，以出口导向和发展外向型经济为主，充分利用外来直接投资和国际市场，使珠江三角洲地区成为我国开放度最高的地区。

相比较前两种模式，从工业化的发动者来看，"温州模式"是私人发动型，"苏南模式"属于政府（社区）发动型，"珠江模式"则兼而有之；从筹资途径看，前两种模式倾向于资本自给型，而"珠江模式"是依靠外资型；从体制变迁的路径看，"苏南模式"是典型的自上而下的体制内供给型强制性制度变迁，"温州模式"则是自下而上的体制外需求型诱致性制度变迁，"珠江模式"是兼而有之，由于地缘因素，"珠江模式"更具有"外来冲击——内部回应"的制度演化特征。

四、晋江模式（晋江经验）

晋江模式、苏南模式、温州模式与珠三角模式共同构成我国县域经济发展的四大模式。福建晋江是唯一以县域经济形成的模式。

1986年，著名社会学家费孝通认为应该将"以市场调节为主，以外向型经济为主，以股份合作制为主，多种经济成分共同发展"的"晋江模式"与当时的苏南模式、温州模式、珠二角模式并列为中国农村经济发展的四大模式。1988年，费孝通与罗涵先合著的《乡镇经济比较模式》写道，"晋江模式"概括地说就是内涵于广大晋江侨属中的蕴蓄深厚的拓外传统和强烈要求改变贫穷现状的致富愿望。1994年12月，在中国农村发展道路（晋江）研讨会上，专家学者把晋江模式概括为：一种"以市场调节为主、以外向型经济为主、以股份合作制为主，多种经济成分共同发展"的经济发展道路。

晋江模式的概念并不是一成不变的，它随着晋江经济的发展在不同时期具有不同特征。从1995年开始，晋江全面启动质量立市工程，在产品质量全面提高的基础上推进品牌立市、打造"品牌之都"，大力扶持民营企业创立民族品牌。2002年后，晋江市积极推行"双翼计划"，使晋江企业资本运营与品牌经营比翼双飞，努力打造证券市场上的"晋江板块"，引导晋江民企由家庭管理向现代企业转变。

2002年6月，时任福建省省长的习近平同志带着思考专程到晋江市调研。下企业、进社区、访农村、走基层，在调研中，习近平总结提出"六个始终坚持"和"处理好五大关系"的思路，即：始终坚持以发展社会生产力为改革和发展的根本方向，始终坚持以市场为导向发展经济，始终坚持在顽强拼搏中取胜，始终坚持以诚信促进市场经济的健康发展，始终坚持立足本地优势和选择符合自身条件的最佳方式加快经济发展，始终坚持加强政府对市场经济的引导和服务；处理好有形通道和无形通道的关系，处理好发展中小企业和大企业之间的关系，处理好发展高新技术产业和传统产业的关系，处理好工业化和城市化的关系，处理好发展市场经济与建设新型服务型政府之间的关系。"晋江经验"，由此提出。①今天，当初创造了著名晋江模式的大地上正在积淀出我国县域经济与社会科学发展、跨越发展的"晋江经验"。晋江经验是晋江民营经济发展对中国特色社会主义发展道路的大胆探索和成功实践。

发展实体经济是晋江经验最鲜明的特色。无论是改革开放初期的"乡镇企业一枝花"、产业集群化，还是近年来围绕"先进制造业立市、高新产业强市、现代服务业兴市"推进的创新驱动和产业转型升级，晋江市始终坚持以实业为本，每年将一半以上的用地指标和新增信贷投入实体企业，形成浓厚的实体经济创新创业氛围。②

坚守实业为根本是晋江民营经济发展的根基。晋江民营经济经过多年的发展，已经培育形成了若干配套完善的企业群体，构筑起完整的产业供应链体系。以改革开放为动力，以政企互动为法宝。坚持加强政府对市场

---

①蒋升阳，赵鹏.晋江之路——"晋江经验"15年发展传承综述[EB/OL].（2017-03-18）[2019-12-26]. http://politics. people.com.cn/n1/2017/0318/c1001-29152814.html.

②李强.习近平新时代中国特色社会主义经济思想的晋江实践[J].中国发展观察，2018（10）：108—109.

经济的引导和服务，发挥好"引路人"角色作用，努力构建"亲""清"新型政商关系，为企业发展良好的营商营造环境，为晋江民营企业的快速发展奠定了坚实的基础。晋江经验和晋江民营经济的实践过程，实质上就是不断满足人民日益增长的美好生活需要，体现创新、协调、绿色、开放、共享新发展理念的深刻内涵，为习近平新时代中国特色社会主义思想积累了实践基础，也为其他地区民营经验的高质量转型发展提供了重要的借鉴。

第四节　本章小结

我国民营经济的发展经历了一个漫长而曲折的历程。本章主要分析民营企业的生存环境，梳理了我国民营企业的发展历程。根据新中国成立后各个历史时期对民营经济采取的不同政策，中国民营经济的发展历程大体经历了五个不同的阶段，即接受改造阶段（1949—1956年）、私人经济恢复发展与乡镇企业快速发展阶段（1978—1992年）、大力发展阶段（1992—2002年）、相对稳定发展阶段（2003—2011年）、弱稳定发展阶段（2011—2017年）及高质量发展阶段（2017年至今）。不同发展阶段民营经济的发展实践，无疑为民营经济思想的产生奠定了物质基础和经验积累，从而推动民营经济思想呈现出阶段式的演进特征，大体上经历了新民主主义混合经济阶段（1949—1956年）、社会主义公有经济阶段（1957—1977年）和社会主义混合经济阶段（1978年至今）。进一步分析了民营经济自1949年以来最具特色和影响力的四种发展模式：温州模式、苏南模式、珠三角模式和晋江模式。

第四章 民营经济与区域经济发展

第一节 区域民营经济发展经验

改革开放40多年来，以民营企业为主体的民营经济在曲折的发展道路中前进，始终走在中国现代化进程的前沿，成为推动我国改革开放及工业化和城镇化进程的重要力量。[①]回顾民营经济的发展历程，可以清晰地看到，在地域、经济、政治、文化等多种力量的综合作用下，以浙江温州地区、广东珠三角地区、闽南泉州地区为代表的中国民营经济，从不同的起点出发，各自走出了一条独具特色的区域发展道路，并通过"市场秩序"的扩展，对我国的区域经济发展产生了巨大的示范效应。

一、温州市民营经济的发展经验

（一）温州市民营经济及主导产业发展概况

温州是中国民营经济发展的先发地区与改革开放的前沿阵地。2019年年底，全市在册市场主体96.7万户，其中企业22.3万户，民营占比达99.5%。2019年，温州民营经济产值占比创下历史新高，达84.2%。民营经济多个指标增速远高整体增速，比如民间投资增速比全部投资增速高4.3%，民企出口增速比全市出口增速高2%。税收方面，2019年民企贡献度占88.2%，较上一年增加1.5%。全市民营经济税收收入727.1亿元，同比增长12.4%，高于全市税收增幅2.0个百分点，占全市税收比重达88.2%，比上

[①] 史晋川. 中国民营经济发展报告[M]. 北京：经济科学出版社，2018：3—4.

年提升1.5个百分点。出口方面，民营企业出口1190亿元，增长14.5%，占全市出口总额的比重达91.4%，比上年提高1.6个百分点。

在温州民营经济中，制造业是其发展的主要推动力量，温州的特色产业包括鞋革工业、服装工业、塑料制品工业、电器工业、印刷工业、泵阀工业、打火机工业、眼镜工业、汽摩配工业、制笔工业、金融设备工业、剃须刀工业、家具工业、锁具工业、拉链工业、纽扣工业、合成革工业等，基本形成以区域为轴心，以市场为依托，以品牌产品或强势产品为龙头，众多中小民营企业为降低生产成本和交易成本而实行分工和专业化协作的发展格局。2019年全市国内生产总值（GDP）6606.1亿元，按可比价计算（下同），比上年增长8.2%。从产业看，第一产业增加值151.7亿元，增长2.1%；第二产业增加值2811.9亿元，增长6.1%；第三产业增加值3642.5亿元，增长10.1%。国民经济三次产业结构为2.3：42.6：55.1，第三产业比重比上年提高1.1个百分点。按常住人口计算，人均地区生产总值71225元（按年平均汇率折算为10325美元），增长7.7%。[①]其中，温州市传统制造业高质量发展动力增强，2019年全市十七大重点传统制造业增加值达681.86亿元，完成利润总额202.45亿元，同比增长21.5%，拉动规上工业利润增长14.7个百分点。其中，服装、泵阀、非金属矿物制品等行业利润增速分别达到40.2%、58.3%和68.8%。在创新动力方面，2019年，全市十七大重点传统制造业技术（研究）开发费支出83.95亿元，占到规上工业总研发支出的七成以上，同比增长29.6%。

2019年全年实现工业增加值2311.0亿元，比上年增长7.8%。规模以上工业企业5336家，实现工业增加值1109.3亿元，增长7.6%，其中轻、重工业增加值分别为398.7亿元和710.6亿元，增长4.9%和9.1%。规模以上工业销售产值5070.8亿元，增长6.5%，其中出口交货值694.1亿元，增长3.3%。[②]在规模以上工业中，高新技术产业、装备制造业、战略性新兴产业增加值分别比上年增长7.7%、8.8%、6.8%，占规模以上工业的56.8%、50.3%、

---

①资料来源：温州市统计局官网。
②资料来源：温州市统计局官网。

18.5%。数字经济核心产业制造业、高端装备、环保、健康、时尚制造业增加值分别增长9.0%、8.9%、7.9%、7.8%、6.6%。规模以上工业新产品产值增长29.1%；新产品产值率为36.9%，比上年提高6.1个百分点。如表4-1所示。

表4-1　2019年规模以上工业增加值

指　标	单位数（家）	规上工业增加值	
		实绩（亿元）	比重（%）
总计	5336	1109.3	100.0
其中：轻工业	2439	398.7	35.9
重工业	2897	710.6	64.1
其中：国有企业	11	35.2	3.2
集体企业	12	2.3	0.2
股份合作制企业	102	7.5	0.7
有限责任公司	988	253.2	22.8
股份有限公司	116	133.7	12.1
私营企业	3989	597.2	53.8
港澳台投资企业	49	21.0	1.9
外商投资企业	69	59.3	5.3

（二）温州市民营经济发展的主要举措

1. 扶持企业做优做强

深入实施"三名"工程，坚持企业主体与政府引导、联动推进与分级培育、动态管理与优胜劣汰相结合的原则，支持开展兼并重组，鼓励企业创新投入，推动全产业链发展，加快培育一批核心竞争力强、质量效益好、带动作用明显的领军企业（集团）。大力培育发展"四新"企业，加快形成以龙头企业为引领、高成长型企业协同发展的企业梯队。深入实施小微企业成长计划，构建小微企业成长的工作机制、服务平台和政策体系，继续推进"个转企""小升规"，推动企业上规升级。

2. 积极引导对接资本市场

围绕实体经济转型升级，加快构建以市场经济为基础的现代企业制度，努力推动区域资本市场全面建设。多渠道做好资本市场后备资源的发掘和培育工作，加大政策和服务支持力度，探索企业创新与资本市场的对接机制。鼓励和引导实体企业对接多层次资本市场各板块，重点支持发展潜力大、产业带动力强、有利于加快区域转型升级的企业在资本市场各板块挂牌上市。强化上市公司区域经济发展主力军作用，推动上市公司开展并购重组整合各类资源。

3. 强化行业联盟导向作用

鼓励行业建立同业联盟、异业联盟、产业链联盟，推动行业协会（商会）参与产业技术标准和产业政策制定。加快推进行业协会（商会）体制改革，逐步将政府事务性、辅助性等职能，以适当方式依法转移给行业协会（商会）承担。充分发挥行业协会、社会组织、高校和科研机构等在行业自律、第三方公共服务等方面作用，形成产业组织结构和产业经济结构相互适应、相互促进的局面。

4. 推进企业减负增效

加大力度淘汰落后产能，狠抓重污染高耗能行业整治提升，分类有序化解过剩产能，严格控制增量。创新破产案件审理方式，有效处置僵尸企业，促进企业兼并重整，盘活存量资产，有效解决设施和土地等要素资源闲置浪费问题。全面落实企业税费减免政策，引导企业用好用足优惠政策，千方百计降低制度性交易成本和工业用地成本，有效降低企业商务成本，努力提高企业效益。加强对企业的帮扶，化解企业金融风险，营造扶商、安商、惠商的良好市场环境。

5. 促进"互联网+"跨界融合

实施"互联网+"行动计划，构建网络化、智能化、服务化、协同化的新产业新业态新模式，努力发展信息经济。积极推动新一代信息技术发展，加快物联网、云计算、大数据的研发和在全社会各领域的示范应用，推进重要基础设施智能化改造，提升软件服务、网络增值服务等信息服务能力。积极做大做强电商经济，加快电子信息产业园区建设，培育发展一批综合性电商街区，率先培育发展微商经济，促进线下与线上融合、实体与网络联动。支持基于互联网的各类创新，推进产业组织、商业模式创新。

6. 以新供给创造新需求

创新产品和服务供给，全面提升企业制造力、品牌优势和产品质量，促进个性化、多样化消费回流。牢牢把握消费升级的新变化和新市场，积极拓展服务消费、信息消费、绿色消费、时尚消费等发展新空间，培育教育、健康、文化、体育、家政服务等新的消费热点，加快潜在消费需求向现实消费的转化，促进消费稳定增长和结构升级。

7. 实施产业人才联动

着眼于温州实体经济提质增效，全力推进产业转型升级和人才引进培育。着力打造高端产业平台，加大对领军企业、高成长型企业扶持力度，形成大企业"顶天立地"和小企业"铺天盖地"的生动局面；完善人才政策，形成能吸引人、留住人、成就人的良好环境，加大招才引智力度，促进产业人才联动发展，推进产业由中低端向中高端迈进。

8. 大力发展众创平台

鼓励企业盘活存量资源，改造建设形式多样、主题鲜明的众创空间，加快一批众创社区、街区建设，推进小微企业创业创新基地、专业孵化器建设。围绕市场化、专业化、集成化、网络化的发展方向，加快众创、众包、众扶、众筹"四众"等新模式新业态发展。鼓励行业领军企业、创业投资机构、投资人、社会组织等社会力量积极参与众创空间建设。

二、东莞市民营经济的发展经验

（一）东莞市民营经济与主导产业概况

近年来，东莞市民营经济发展体量不断增大。截至2019年第二季度，东莞市民营企业登记注册户数突破116万户，贡献了全市五成的生产总值、六成的固定资产投资、七成的税收、八成的技术创新成果和九成的企业总数，已经成为推动东莞经济社会发展不可或缺的重要力量。其中，工商登记注册户数123.86万户，比上年年末增长8.0%。其中约92%为民营工业企业。2019年，全市完成规上工业增加值4465.31亿元，同比增长8.5%，增速排名珠三角第一，比全国、全省水平分别高1.5、2.7个百分点。其中，民营工业完成规上工业增加值937.3亿元，同比增长15.5%，对规上工业的增长贡献率为107.3%。

2019年东莞实现地区生产总值9482.50亿元，按可比价格计算，比上年增长7.4%，增速高于同期全国（6.6%）、全省（6.8%）平均水平，总量在全省21个地级以上城市中排第4位，增速排第5位。从产业来看，第一产业增加值28.48亿元，增长5.5%；第二产业增加值5361.50亿元，增长7.6%；第三产业增加值4092.52亿元，增长7.2%。三次产业比例为0.3：56.5：43.2。在第三产业中，交通运输、仓储和邮政业增长5.3%，批发和零售业增长4.9%，住宿和餐饮业增长5.1%，金融业增长12.7%，房地产业增长6.6%。人均地区生产总值112507元，增长6.6%，按平均汇率（6.8985）折算为16309美元。[①]

在现代产业中，规模以上先进制造业增加值2420.01亿元，比上年增长12.7%；高技术制造业增加值1883.32亿元，增长20.6%。中高端电子信息制造业增长21.3%，先进装备制造业下降1.4%，石油化工产业增长11.6%，先进轻纺制造业下降1.8%，新材料制造业增长5.1%，生物医药及高性能医疗器械业增长15.2%。现代服务业增加值2523.52亿元，增长8.5%。

东莞民营经济以制造业为主，以电子资讯产业为支柱的外向型经济结构是国际性的制造业基地和中国重要的外资出口基地，世界上大多数工业产品都可以在东莞企业群体的"工业生物链"中找到与其相配套的行业和产品。目前东莞市已形成五大支柱产业、四大特色产业集群，先进制造业发达，特别是高技术制造业。[②]并且这些领域基本上是以民营企业为主。2019年全年机电产品出口6513.85亿元，比上年增长8.4%，占出口总额的75.5%；

---

① 资料来源：东莞市统计调查信息局官网。

② 东莞市的五大支柱产业包括电子信息制造业；电气机械及设备制造业（包括电气机械及器材制造业，仪器仪表制造业，通用设备制造业，专用设备制造业，铁路、船舶、航空航天和其他运输设备制造业以及汽车制造业）；纺织服装鞋帽制造业（包括纺织业，纺织服装、服饰制造业，皮革、毛皮、羽毛及其制品和制鞋业）；食品饮料加工制造业（包括食品制造业，酒、饮料和精制茶制造业，农副产品加工业）；造纸及纸制品业。四个特色产业包括玩具及文体用品制造业；家具制造业；化工制造业（包括化学原料和化学制品制造业，石油煤炭及其他燃料加工业）；包装印刷业。先进制造业包括高端电子信息制造业、先进装备制造业、石油化工产业、先进轻纺制造业、新材料制造业、生物医药及高性能医疗器械。高技术制造业包括医药制造业、航空、航天器及设备制造业、电子及通信设备制造业、计算机及办公设备制造业、医疗仪器设备及仪器仪表制造业、信息化学品制造业。

高新技术产品出口3855.12亿元，增长12.1%，占出口总额的44.7%。

2019年，东莞实体经济发展稳健，服务业带动效应增强，新兴服务业发展迅猛，经济结构持续优化，质量效益持续提升。但东莞全市经济增长的不确定因素明显增多，工业增速放缓、投资增长乏力、消费缺乏亮点等，全市经济下行压力仍然很大。

（二）东莞市民营经济发展的主要举措

1. 培育壮大企业群体

大力发展总部经济，重点引进500强企业、跨国公司、国内大企业等设立地区总部或职能型总部机构。扶持培育本土企业做大做强，鼓励大型骨干企业、优势企业通过兼并重组、改制上市、参与境外投资合作等方式实现跨越发展。全面实施中小微企业上规模培育计划、成长型中小企业培育计划、民营企业上市梯度培育工程，培养一大批"专精特"高成长型中小企业群。完善和优化产业链，鼓励供应链整合与协作，形成以大企业为龙头、中小微企业专业化配套的协作体系。

大力培育优质企业，企业数量明显增加。2019年，东莞市规模以上工业企业10069家，连续两年保持1万家以上并排名全省第一。超额完成"小升规"1200家任务，新增规上企业超过1500家。东莞入选2019年广东制造业500强企业比2018年增加36家，入选企业达到73家，跃升至全省第三位，进入广东省第一梯队，仅次于深圳（115家）和广州（81家）。

2. 切实降低实体经济成本

优化企业发展环境，开展减轻企业负担、降低制造业成本行动，增强企业营利能力。完善公平竞争、促进企业健康发展的政策和制度，落实中小微企业优惠政策和政府采购倾斜政策，用好扶持中小微工业企业发展资金，促进企业提档升级。

3. 推动制造业"扩链强链"

2019年，全市坚持以制造业为中心，以创新驱动和改革开放为着力点，在供给侧结构性改革上持续发力，产业结构不断优化。同时，出台产业升级配套政策，引导企业以价值链延伸与再造为重点，向前端设计和后端服务延伸，围绕生产制造、研发设计、市场开拓、物流配送等方面，拓展面向产品生命周期的增值服务，提高服务性销售收入比重，增强传统产业全链条竞争优势。

4. 推进发展新业态和新模式

推进信息化与工业化深度融合，引导企业大力发展电子商务，实现线上线下融合发展。支持直接面向消费者行业企业建立柔性、快速响应、定制化生产模式。进一步拓宽社会资本投资实体经济的渠道，推动各类企业加强自主创新和技术提升，加快发展以新技术、新产品、新业态、新模式为标志的"四新经济"。

深化商事制度改革，以跨境电商、供应链、冷链物流、服务外包等试点为契机，积极培育新兴产业，市场主体总量全省居前。2019年年末，全市市场主体数量突破120万大关，工商登记注册户数123.86万户，比上年增长8.0%；其中登记新兴产业4.57万户，增长23.9%。市场主体总量位居全省地级市第一位。境内上市企业数量超30家，实现五年倍增。

新产品新业态蓬勃发展。高技术产品保持较快增长，全年智能手机产量达到4.06亿台，增长11.9%，产量历史性超过4亿台关口，占全国比重达到33.1%；微型计算机设备增长54.7%，电光源增长12.8%，化学试剂增长10.5%。跨境电商全国领先，全市电子商务交易额达到5377亿元，比上年增长12.0%；其中跨境电商进出口419.2亿元，增长13.3%，总量全国第一。东莞邮政业务总量（含快递）409.39亿元，增长40.1%；快递业务量累计16.3亿件，增长21.8%。

5. 深化投融资体制改革

深化企业投资管理体制改革，实行准入负面清单、行政审批清单、政府监管清单"三单"管理，构建企业投资管理新体制。加强和改善政府投资项目体制，出台政府投资项目管理办法，创新政府投资方式，强化政府投资规划调控，建立基本建设投资项目库，探索完善政府投资集中建设管理模式。完善政府投融资管理及风险处置机制，有效化解各类风险。构建政府创业投资引导基金撬动机制、政策扶持机制和市场规范机制，吸引各类股权投资基金在本地集聚发展。鼓励优质企业发债融资。

6. 创新加工贸易模式支撑体系

不断优化市场结构和贸易结构，精简加工贸易内销审批，完善内销审价体系，扩大内销"集中申报"覆盖面，建立支持外贸综合服务业、跨境电子商务等新业态发展的体制机制和促进货物贸易与服务贸易一体联动展机制，完善进口贸易扶持政策，积极参与电子口岸建设，推进加工贸易管理服务平台。开展内外贸一体化改革，促进内贸和外贸产品无障碍流通和运转，逐步在全市形成大贸易、大流通、大市场的格局。

7. 深化贸易投资便利化体制改革

全面深化区域通关、检验检疫通关一体化改革，完善关检合作快速通关模式创新，推进检验监管模式改革，营造良好通关环境。推动口岸"三互"大通关改革，推广完善陆运、水运、跨境电商园区"三互"大通关体系。加快国际贸易"单一窗口"建设，搭建涵盖投资、贸易、通关服务及监管的"一站式"开放型经济综合服务平台。探索构建符合跨境电子商务特点的通关、检验检疫、出口退税、信用保险等服务体系。推动外商投资管理服务改革，建立一套覆盖项目准入、工程建设和运营监管的便利化管理服务机制。

8. 构建宽进严管的市场准入和监管制度

积极探索开展市场准入负面清单制度改革，各类市场主体可依法平等进入清单之外领域。深入推进商事登记制度改革，全面推开"多证合一""一证一码"、企业集群注册、住所登记管理、全程电子化网上登记等改革。推广应用协同监管信息化系统，加强市场大数据建设，推动部门协同监管、信用约束监管和基层网格化监管，建设现代市场监管体系。

三、佛山市民营经济的发展经验

（一）佛山市民营经济与主导产业概况

截至2018年年底，佛山有民营企业26.1万户，占全市企业总数的近

90.4%，是名副其实的民营经济大市。民营经济发展直接关系到佛山经济发展，民营经济稳，佛山经济就稳；民营经济活，佛山经济就活。2018年，佛山民营经济总产值为6209.95亿元，占全市生产总值的比重为62.5%，规模以上民营工业增加值增长7.1%，对全市工业贡献率达80.1%。佛山市政府出台了促进民营经济高质量发展"1+3"政策文件，为企业减负425亿元，成为省积极贯彻落实国家重大政策措施5个典型之一。民间投资意愿强烈，增长18%，占固定资产投资比重75.1%。

以制造业为主导是佛山产业结构的典型特点，制造业是佛山经济、产业发展的根基。自2011年开始，佛山在产业结构转型优化的过程中，虽然第二产业占比逐年下降，但仍保持在60%左右，2018年第二产业占比为56.5%，且在珠三角各市中，第二产业占比最高。而在持续地产业升级中，"佛山制造"正逐步转变为"佛山智造"，成为带动佛山经济发展的强劲动力。

2019 年佛山市地区生产总值为10751.02 亿元，比上年增长6.9%。其中第一产业增加值156.92 亿元，增长3.0%；第二产业增加值6044.62亿元，增长6.3%；第三产业增加值4549.48 亿元，增长8.1%。在第三产业中，交通运输、仓储和邮政业增长7.4%，批发和零售业增长4.8%，住宿和餐饮业增长1.8%，金融业增长10.5%，房地产业增长5.5%，其他服务业增长10.5%。三次产业结构为1.5：56.2：42.3。现代服务业增加值2734.64 亿元，增长8.3%。民营经济增加值 6748.31 亿元，占全市生产总值的比重为62.8%。[①]其中，佛山高技术制造业、先进制造业始终保持快速增长势头，2019年，高技术制造业增加值比上年增长5.6%（医药制造业增长15.7%，计算机及办公设备制造业增长11.8%，医疗仪器设备及仪器仪表制造业增长10.0%）、先进制造业增加值比上年增长8.7%（高端电子信息制造业增长3.5%，先进装备制造业增长9.5%，石油化工产业增长12.8%，先进轻纺制造业增长8.4%，新材料制造业增长4.3%，

---

①资料来源：佛山市统计信息局官网。

生物医药及高性能医疗器械增长18.7%）、优势传统工业增加值比上年增长8.8%（纺织服装业增长3.2%，食品饮料业增长6.0%，家具制造业增长7.9%，建筑材料增长10.5%，金属制品业增长13.1%，家用电力器具制造业增长12.2%）。规模以上工业增加值增长7.0%，高于去年同期0.7个百分点。支柱行业对全市工业的支撑作用大，汽车制造业增长9.9%，通用设备制造业增长12.2%，金属制品业增长13.1%，电气机械和器材制造业增长11.9%。先进制造业完成工业增加值2423.58亿元，增长8.7%；高技术制造业完成工业增加值293.12亿元，增长5.6%。

当前，佛山家用电器、陶瓷建材、金属制品、纺织服装等优势传统产业加快转型，装备制造业成为经济发展的支柱产业，高端新型电子信息、半导体照明（LED）、节能环保、新能源汽车等战略性新兴产业发展迅速，配套能力日趋完善的现代工业体系初步建立。

（二）佛山市民营经济发展的主要举措

1. 完善民营经济发展的政策

以佛山市政府"1号文件"印发实施《佛山市促进科技创新推动高质量发展若干政策措施》，围绕区域协同、人才集聚、基础研究、企业创新等8个方面，提出35条重大举措，每年至少投入1亿元攻关核心技术。出台《佛山市建设国家创新型城市实施方案》，在创新资源、创新机构、创新机制、创新环境上聚焦发力，推动佛山高质量建设创新型城市。修订完善《佛山市推进大院大所合作三年行动计划》，为推进大院大所优化合作提供政策支撑。

围绕打造民营经济强市，进一步强化政府规划引领和政策服务，完善鼓励民营经济发展政策，稳定企业政策预期。落实税收优惠政策，取消、免（停）征、降低部分行政事业性收费，清理规范行政审批中介服务，降低企业生产经营成本。加快垄断性行业改革，着力消除民营企业发展隐性壁垒，为民营经济健康发展营造公平环境，提升民营经济在更大范围内配置资源的能力，增强长远发展的信心。

2. 破除民营企业融资障碍

健全多层次资本市场体系，创新企业信贷业务，鼓励民间资本发起设立产业投资基金和创业投资基金，支持重点项目采取发行企业债、中期票据、集合债等方式筹措建设资金。鼓励具备条件的企业上市融资和开展资产证券化业务。完善中小微企业融资服务体系，扩大信用担保基金规模，开发适合小微企业的信贷产品与服务。建立健全金融风险预警系统，规范民间融资行为。

3. 实施高新技术企业倍增计划

建立高新技术企业储备库，鼓励科技园区、孵化器制定高新技术企业培育计划，推动符合条件的科技型企业申报高新技术企业。完善高新技术企业政策扶持体系，支持科技服务中介机构对企业提供培训、指导和全方位辅导，建立高新技术企业绿色服务通道。发挥大型企业创新骨干作用，通过并购、收购、重组、战略合作等形式，培育若干具有国际竞争力的创新型跨国企业。

4. 加快制造业智能化发展

推进装备智能化，重点发展智能数控系统、工业机器人、3D打印、伺服控制、智能检测以及精密传动装置等智能制造装备；完善智能制造产业链条，重点培育提升陶瓷机械、塑料机械、木工机械、金属压力成型机械、纺织机械等行业装备。推进生产智能化，加快企业生产过程中数字化、智能化技术的应用，推广云制造平台，促进企业生产模式向个性化定制、服务型制造、协同制造等方向延伸。推进产品智能化，依托物联网、大数据等技术，引导佛山市装备制造、家电、家具等优势工业产品数字化网络化智能化，发展智能终端、可穿戴设备、智能汽车等消费类智能产品。推进管理智能化，推广企业两化融合管理体系标准，运用产业链精益管理、排程管理等协同生产技术，引导鼓励企业将信息技术与现代管理理念融入企业管理。推进服务智能化，推动传统生产企业与互联网企业合作，支持企业通过互联网高效、准确、及时挖掘客户的潜在需求，提供产品交付后线上线下（O2O）服务。

5. 制造业品质革命深入推进

积极创建"全国质量强市示范城市"，大力实施工业产品质量提升三年行动计划，全市累计4家企业获得"中国质量奖提名奖"、11家企业获得"省政府质量奖"，数量均居全省第一。实施"品牌带动"战略，全市马德里体系国际注册商标767件，集体商标97件，地理标志商标7件，地理标志产品5个，数量均位居全省前列。加快推进标准化改革创新，积极构建政府主导制定标准和市场自主制定标准协同发展的新型标准体系，全市主导或参与42项国家/行业标准制修订，制定发布35项团体标准、27项联盟标准，731家企业自我声明公开2257项企业标准，数量位居全省前列。

四、泉州市民营经济的发展经验

（一）泉州市民营经济及主导产业发展概况

泉州市作为福建省第一经济大市，连续20年GDP位居全省首位，各项主要经济指标完成额约占福建省的25%。2019年泉州市实现地区生产总值9946.66亿元，按可比价格计算，比上年增长8.0%，经济总量连续21年保持全省第一，占福建省全省经济总量四分之一强。其中，第一产业增加值218.61亿元，增长2.4%；第二产业增加值5855.27亿元，增长8.3%；第三产业增加值3872.78亿元，增长7.8%。第一、二、三产业对GDP增长的贡献率分别为0.7%、63.0%和36.3%，分别拉动GDP增长0.1个、5.0个和2.9个百分点。三次产业比例为2.2∶58.9∶38.9。[①]

其中，传统产业仍保持持续较快发展，纺织鞋服产业增长9.7%，建材家居产业增长11.7%，食品饮料产业增长8.5%，纸业印刷产业增长7.2%。全市工业实现增加值5167.98亿元，增长8.6%，工业对经济增长的贡献率达59.0%。其中规模以上工业增加值4501.41亿元，增长8.6%。

---

①资料来源：泉州市统计局官网。

全年规模以上工业实现销售产值 17594.35亿元，其中出口交货值 2936.51 亿元，增长12.6 %。拥有超亿元企业2809家，比上年增加117家，其中超10亿元企业328家，比上年增加47家。全市拥有中国驰名商标159件，上市企业103家，均位居全国地级市前列。

民营经济是泉州市经济社会可持续发展的重中之重，全市超过八成以上的税收、八成以上的地区生产总值、九成以上的研发创新、九成以上的城镇劳动就业、九成以上的企业数量来自民营经济，呈现出"八八九九九"的特征。2020年，全市地区生产总值将超10000亿元，年均增长8.5%左右。其中，民营经济生产总值年均增长8.5%以上，规模以上民营工业企业增加值年均增长8.5%以上，民间资本投资年均增长20%以上。①在纺织服装、鞋业、石油化工、机械装备、建材家居、食品饮料、工艺制品等七大千亿产业集群中，除石油化工外，民营经济规模以上工业产值占比均超过96%，民营经济已然是支撑泉州持续健康发展的脊梁。

（二）泉州市民营经济发展的主要举措

1. 推动产业转型升级

继续实施"机器换工"，大规模推进传统制造业数控化、智能化改造；培育发展新一代信息技术、半导体、新材料、生物医药四大新兴产业，结合泉州产业基础和特色优势，提前布局类脑智能、混合智能、微波毫米波射频集成电路、量子通信、无人机、新型海洋装备、区块链等新兴业态；着力发展科技服务、电子商务、智能物流服务、文化创意四大高端服务产业，积极培育现代服务产业领域的新技术、新服务、新业态和新模式，着力打造具有泉州特色的现代服务业产业集群。

---

①根据泉州市统计局数据，2016—2018年泉州民营经济增加值分别为7.8%、8.5%和9.5%，因此取平均值，2019—2020年泉州民营经济生产总值年均增长率定为8.5%左右；2016—2018年泉州规模以上民营工业企业增加值分别为2816.24亿元、3025.71亿元、3911.97亿元，增长率分别为7.8%、8.8%、9.1%，因此取平均值，2019—2020年泉州规模以上民营工业企业增加值年均增长率定为8.5%左右；2016—2018年泉州民间资本投资增长率分别为19%、20.3%、18.6%，因此取平均值，2019—2020年泉州民间资本投资年均增长率定为20%左右。

民营企业和中小微企业利润快速增长，受益于减税降费、金融支持等政策，2019年，全市规模以上工业企业实现利润总额1347.58亿元，同比增长4.7%；民营企业、中型和小微型企业利润比上年分别增长7.1%、10.3%和9.5%，增速均高于规上工业平均水平。

2. 打造创新型企业集群

坚持"分类培养、精准支持"原则，着力打造创新型龙头企业（平台企业或独角兽企业）、高成长企业（瞪羚企业、科技小巨人企业、高新技术企业）、科技型初创企业共生发展的产业生态群落。进一步促进中小企业融通发展，支持大中小企业共建行业协同创新平台或创新合作联盟；鼓励大企业已有人才采取多元化的形式支持中小企业开展技术、产品、管理创新等。

3. 培育平台经济新业态

支持工业互联网平台发展，重点在纺织鞋服、机械装备等优势产业领域，打造一批快速定制工业互联网平台，培育若干个总部在泉州、辐射全国行业的柔性制造工业云平台；打造产业链协同平台，促进产业链上下游资源整合和业务合作，实现全产业链、全价值链信息交互和智能协作；支持平台型企业发展，重点支持智能装备、纺织鞋服、时尚设计等领域龙头企业整合全产业链资源，建设面向行业生产要素配置及供应链管理的综合交易和服务平台，逐步实现平台化发展；提升创新创业平台服务能力。

4. 树立新民营经济标杆

引导民营资本参与创新创业，包括支持民营企业加大研发投入和引导民营资本建立创新创业平台，围绕新一代信息技术、半导体、工业设计等重点领域，通过联合高校院所设立研发中心，重点加大对国家级、省级企业技术中心的奖励和扶持力度；拓宽民营企业融资渠道，加速金融平台建设，健全产业投资基金体系，支持融资租赁业发展，发展产业链金融，支持金融产品和服务创新；优化民营企业发展环境，大力发扬"晋江经验"，降低民营企业经营成本，营造公平竞争环境，构建清新型政商关系，培育新一代民营企业家；加快推动军民融合，打造特色军民融合产业集群。

5. 促进开放协同创新新局面

紧抓建设21世纪海上丝绸之路先行区的战略机遇和对台合作交流示范区建设机遇，深入贯彻省委、省政府关于闽西南协同发展区发展规划的决策部署，充分发挥区位优势，大力对接厦门、漳州、龙岩、三明等地区，积极链接整合国际高端创新资源，全力打造互联互通新格局和竞争合作新优势。

6. 培育人才发展新动力

坚持引培并重的原则，以集聚和用好各类人才为首要，深入实施人才"港湾计划""创客引育工程"，不断优化人才发展环境，围绕产业发展需要发展新型教育和培训，汇聚一批站在行业科技前沿、具有国际视野和产业化能力的领军人才，着力破除阻碍人才发展的机制体制障碍，在人才培养引进、评价使用、分配激励、服务保障等方面进行创新试点，打造民营企业人才发展高地。

第二节　区域民营经济发展呈现的新特征

民营企业作为逐利性最强的市场主体，不仅创造了社会财富，繁荣了市场，而且积累了投资的能力和经验。当前我国经济发展已进入经济新常态，新经济形态的产生、新技术的应用、新产业政策的出台，给民营经济带来了前所未有的发展机遇，必将极大地调动民营资本新的创业激情，同时也必将促使区域经济形成新的发展格局和发展特征。

一、互联网新经济的探索

"新经济"是相对于传统经济而言的，主要是指在经济全球化背景下，由信息技术革命带动的、以高新技术产业为龙头的经济，包括"互联网+"、先进制造业、新能源、新材料、新业态等重要内容。加快发展新经济是我国供给侧结构性改革的重要内容，对于引领新常态，实现经济向上突围具有重要的战略意义。

早在2016年的国务院常务会议上，李克强总理指出："我们已经进入互联网时代，跟不上这个浪潮，就可能被永远甩在后面。""互联网+"[①]作为一种新型经济形态，其本质上指的是"互联网+各个传统行业"，即在互联网平台上与各个传统行业进行高度融合，进而出现新的经济业态。在"互联网+"的背景下，要求民营经济变革管理理念、创新营销模式和变革管理技术，企业价值链中传统的以供给为主导的商业模式将逐步让位于以需求为导向的价值创造的互联网商业模式。[②]

要做优做强做大民营经济，就必须充分发挥新经济的引领作用，进一步完善创新环境，弘扬创新精神，培育创新主体，拓展创新空间，加强创新服务，鼓励开展各种类型的创新活动，激发全社会的创新活力。强化资金、技术及人才支撑，充分发挥创新基地的资源集聚和扩散带动的作用，引导建立民营经济创新的重要集聚区。具体而言，做优做大做强民营经济，应大力鼓励民营企业进入以"互联网+"、物联网、云计算、智能机器人、大规模定制化生产、3D打印、可穿戴设备等为主体的新经济的产业链增值环节、关键领域或细分行业，寻求发展空间。民营企业应牢牢抓住当前互联网时代下的产业变革大机遇，加快推动在线新经济大发展，全力

①"互联网+"是指在创新2.0（信息时代、知识社会的创新形态）推动下由互联网发展的新业态，也是在知识社会创新2.0推动下由互联网形态演进、催生的经济社会发展新形态。"互联网+"简单地说就是"互联网+传统行业"，随着科学技术的发展，利用信息和互联网平台，使得互联网与传统行业进行融合，利用互联网具备的优势特点，创造新的发展机会。"互联网+"通过其自身的优势，对传统行业进行优化升级转型，使得传统行业能够适应当下的新发展，从而最终推动社会不断地向前发展。"互联网+"是互联网思维的进一步实践成果，推动经济形态不断地发生演变，从而带动社会经济实体的生命力，为改革、创新、发展提供广阔的网络平台。通俗地说，"互联网+"就是"互联网+各个传统行业"，但这并不是简单的两者相加，而是利用信息通信技术以及互联网平台，让互联网与传统行业进行深度融合，创造新的发展生态。它代表一种新的社会形态，即充分发挥互联网在社会资源配置中的优化和集成作用，将互联网的创新成果深度融合于经济、社会各域之中，提升全社会的创新力和生产力，形成更广泛的以互联网为基础设施和实现工具的经济发展新形态。

②周琪．"互联网+"、创新驱动发展助推镇江民营经济转型升级路径研究[J]．江苏商论，2019（7）：23—25．

打响新生代互联网经济品牌，全力支持新生代互联网企业发展壮大，推动在线新经济成为民营经济发展的强劲动能。

互联网引发的产业变革浪潮正在向纵深推进，特别是这次新冠疫情的防控，催化加速了在线新经济的发展进程。在线新经济是生产服务消费深度融合、线上线下应用场景深度融合、传统产业和新兴产业深度融合的新重构，不仅是生产和消费的模式创新，更是生产关系、生活方式的深刻变化；不仅是行业和领域的拓展创新，更是生产能力、生产效率的革命性提升。这对于民营经济未来发展意味着广阔的发展空间，在线新经济是当下和未来发展的战略必争领域，民营经济应充分发挥其机制上的灵活性，利用其对市场先机的敏感性和独特优势，要进一步增强紧迫感，因势利导、顺势而为、乘势而上、加快发展。民营企业应发挥自身优势，顺应在线新经济发展潮流，推动新技术、新业态、新模式率先应用，不断提高服务效能、提升用户体验，在服务经济社会中更好地逆势飞扬、实现更大的发展。要提升"硬科技"含量，在科技研发和创新上下更大功夫，力争拿出更多"撒手锏"。要集聚高端人才，瞄准世界前沿，加快吸引培养行业领军人才，厚植创新发展根基。要强化品牌建设，做好品牌规划，打响自身品牌，以一流产品和服务在全国乃至全球市场上展现影响力、体现竞争力，努力实现高质量发展。

二、高新技术产业快速发展

民营经济发展体现着一个地区的经济活力。高新技术是衡量一个地区经济发展水平和发展潜力的重要指标，是促进现代经济社会发展的第一生产力。高新技术产业[①]的发展为民营经济的高质量发展提供了新的

---

①高新技术产业是以高新技术为基础，从事一种或多种高新技术及其产品的研究、开发、生产和技术服务的企业集合。这种产业所拥有的关键技术往往开发难度很大，但一旦开发成功，却具有高于一般产业的经济效益和社会效益。高新技术产业是知识密集、技术密集的产业类型。产品的主导技术必须属于已确定的高新技术领域，而且包括高新技术领域中处于技术前沿的工艺或技术突破。

发展契机。民营经济作为推动质量变革的重要主体，推动效率变革的积极力量，推动动力变革的重要力量，有了高新技术产业的发展，为未来民营经济的高质量成长打开了新的发展空间。各级地方政府均从实施重点科技发展计划，培育高技术龙头骨干企业，营造局部优化的创新创业环境，建立和完善创新创业服务体系等方面多点发力，引领和带动本地产业转型升级，不断向高端化、智能化迈进。充分发挥高新技术产业的辐射带动作用，用高新技术改造、提升民营经济的传统产业，培育新兴产业。

高新技术产业是以智力密集和开放环境条件为依托，主要依靠国内的科技和经济实力，充分吸收和借鉴国外先进科技资源、资金和管理手段，通过实施高新技术产业的优惠政策和各项改革措施，实现软硬环境的局部优化，最大限度地把科技成果转化为现实生产力，从整体上优化民营经济的产业结构。高新技术产业已成为推动区域经济发展的重要增长极，为"十三五"期间战略性新兴产业的培育和发展提供强大支撑，也可为未来民营经济和民营企业的高质量发展奠定坚实的市场基础。

三、自主创新驱动民营经济产业升级

2018年11月1日，习近平总书记主持召开民营企业座谈会并发表重要讲话，强调在我国经济发展进程中，我们要不断为民营经济营造更好的发展环境，帮助民营经济解决发展中的困难，支持民营企业改革发展，变压力为动力，让民营经济创新源泉充分涌流，让民营经济创造活力充分迸发。同时鼓励民营企业增强创新能力和核心竞争力，形成更多具有全球竞争力的世界一流企业。创新是民营企业实现转型升级的关键，进入新时代，我国民营企业必须加大创新能力建设，以创新驱动实现自身的转型升级。[1]

---

[1]胡金焱，孙继国. 创新驱动民营企业转型升级[N]. 光明日报，2018-12-27（7）.

党的十九大报告指出，"创新是引领发展的第一动力，是建设现代化经济体系的战略支撑"。当前我国经济已经到了由依靠要素驱动向依靠创新驱动转变的发展阶段。面对新一轮科技革命和产业变革，民营企业必须把创新驱动摆在突出位置，通过技术创新带动产品创新、市场创新、资源配置创新和组织创新，不断吸收和开发新技术、涉足新领域、推出新产品，形成新产业、新业态和新模式，增强发展内生动力，提高市场竞争力。

民营企业转型升级实现高质量发展的关键在于经济增长方式的转变，就是要变过去高投入、高耗能、低产出的生产模式，为低投入、低耗能、高产出的生产模式。我们必须紧紧抓住经济转型升级的重要契机，坚持创新驱动发展战略，建立以企业为主体、市场为导向、产学研协同创新机制，加速科技成果转化和产业化，提升传统产业，发展新兴产业。

四、各级政府、相关机构在政策上的全力扶持

产业政策一直是我国各级政府参与经济运行的重要方式。近年来，我国各级政府制定出台并执行了各种各样的产业政策，试图实现民营经济的产业升级、结构转型、经济发展等目标。

近年来，国务院、各级地方政府都高度重视民营经济的发展。国务院先后在2005年和2010年出台了《关于鼓励支持和引导个体私营等非公有制经济发展的若干意见》（简称"非公有经济36条"）、《关于鼓励和引导民间投资健康发展的若干意见》（简称"非公经济新36条"）为代表的促进民营经济发展的系列政策文件，进一步放宽了市场准入，并具体地指出了准入放宽的行业及鼓励民间资本进入的领域，推动民营企业向原来被国有企业垄断的产业进军。有效地扶持了民营经济的发展，消除了部分体制性障碍，为民营经济在更宽的领域发展提供了理论和政策依据。各级地方政府也陆续出台了《关于加快民营经济发展的决定》《关

于促进民营经济发展上水平的意见》《关于促进民营经济大发展若干政策措施的意见（征求意见稿）》等一系列政策文件，为民营经济发展提供了强有力的政策支持。

2016年，全国工商联出台《关于引导服务民营企业参与"一带一路"建设的若干意见》。近几年，全国工商联会同有关部委联合制定下发了《民营企业境外投资经营行为规范》《企业境外经营合规管理指引》，这两个文件对于规范民营企业境外投资经营行为具有重要意义。同时还与外交部联合举办"我驻外使领馆与民营企业面对面"交流活动。与国家发改委、商务部联合举办民营企业参与"一带一路"建设培训班，针对民营企业在走出去和参与"一带一路"建设过程中遇到的政策、信息等方面的问题进行有针对性的培训。为民营经济的发展、民营企业参与"一带一路"建设提供了支持。

国家开始放宽市场准入范围、打破国企垄断，为民营经济发展提供了法律上的保护、经济上平等竞争的制度环境。为民营经济未来的高质量发展创造了极为有利的市场条件。特别是随着管理理念的不断更新，各级政府对民营经济进行政策扶持的针对性越来越强，对民营企业的政策优惠渐趋公平。

第三节 区域民营经济发展的未来展望

一、供给侧结构改革带来新的发展机遇

制度经济学代表人物之一、美国著名经济学家舒尔茨说，"任何制度都是对实际生活中已经存在的需求的响应"。随着中国经济进入转型升级的新阶段，一些制度体系已严重滞后，进而提出了创新制度供给的迫切需求。所有这些需求加起来，可以概括为一句话：发挥市场配置资源的决定性作用和更好地发挥政府作用。近年来，我国推进供给侧结构

性改革，①是适应和引领经济发展新常态的重大创新，是适应我国经济发展新常态的必然要求。供给侧改革的关键是释放新需求，创造新供给，就是要以理性的供给管理，释放和引领市场需求潜力。②我们国家已经成为名副其实的世界第二大经济体，也是重要的消费大国之一，而且中等收入人群位居世界之首，这些收入人群每年增长20%以上，这本身在我们国内就有一个巨大的市场潜力。③

长期以来我国民营企业增长主要是依靠要素驱动和投资驱动来拉动，导致企业发展质量不高，效益不好，产品大多在中低端水平上参与竞争，赚的都是"苦力钱"，关键核心技术却被跨国公司垄断。国家在这个时期提出供给侧结构性改革，为民营企业降成本、去库存、提效率及实现有效供给，尤其是给民企培育壮大"新动能"，下大决心提升改造"旧动能"，开出了发展"良方"。④

民营企业要舍得在传统产业技术改造和技术原创性上加大投入，在适应市场的高品质产品上加大有效供给。同时，国家要研究、探索、制定一些更有突破性、创新性和实效性的政策，释放供给侧结构性改革的红利，进一步减轻企业税负，降低企业社会综合成本费用，让企业有更多的利润去支撑提质增效和创新发展，化解企业背负的压力，让企业能轻装上阵参

①供给侧结构性改革旨在调整经济结构，使要素实现最优配置，提升经济增长的质量和数量。"供给侧结构性改革"的核心要义在于通过新供给创造新需求，通过新需求推进新消费，通过新消费倒逼新产业。目前民营企业迎来了新的发展机遇和挑战。如何在新常态、新政策、新环境下稳步发展，成为民营企业共同思考的命题。供给侧结构性改革就是用增量改革促存量调整，在增加投资过程中优化投资结构、产业结构开源疏流，在经济可持续高速增长的基础上实现经济可持续发展与人民生活水平不断提高；就是优化产权结构，国民共进、政府宏观调控与民间活力相互促进；就是优化投融资结构，促进资源整合，实现资源优化配置与优化再生；就是优化产业结构、提高产业质量，优化产品结构、提升产品质量；就是优化分配结构，实现公平分配，使消费成为生产力；就是优化流通结构，节省交易成本，提高有效经济总量；就是优化消费结构，实现消费品不断升级，不断提高人民生活品质，实现创新—协调—绿色—开放—共享的发展。
②张燕. 供给侧结构性改革下的民营经济机遇[J]. 中国经济周刊，2016（34）：80—87.
③王文彪. 习近平书记讲话给中国民营经济和非公有制经济带来光明前景[EB/OL]. 中国日报中文网，（2016-03-11）[2019-12-28]. http://cn.chinadaily.com.cn/2016lianghu/2016-03/11/content_23829402.htm.
④孔丽频. 民营企业应抓住供给侧改革所带来的机遇[N]. 中国改革报，2016-03-14（3-4）.

与国际市场竞争。

　　要有效利用各项政策，以实现民营企业的转型升级、协调发展。要加快推进政策衔接和配套，形成科学合理产业政策体系，从中央到地方，从各级部门到地方，行政审批的削减需高度一致。同时，避免相互矛盾、相互推诿和空白点，让改革政策能真正形成合力，营造出宽松的政策、政务、执法环境。要密切关注全面深化的国有企业改革，结合"去产能、去库存"等任务要求，在国企改革中与国企共谋发展，通过资本运营，更好地提升民企的竞争力和成长力。此外，民营企业自身也应提高市场竞争力，民企也要坚持以市场为导向，坚决淘汰落后过剩产能，注重创新转型升级，积极发展新兴产业，努力使企业在专业化市场竞争中独占一席。

二、产业转型升级和技术创新驱动带来新的发展机遇

　　产业的升级和技术的快速发展，为民营企业寻找自身的利基市场，促进技术创新成果转化，向价值链和产业链的中高端迈进提供了新的发展机遇。

　　我国的民营经济是从计划经济向市场经济的转轨发展过程中悄然兴起并逐步发展壮大。[1]近年来我国体制改革进程的推进、制度约束的放松和营商环境的进一步改善，促使民营经济不断进行组织变革与创新，开发新产品、进入新领域，成为平等的市场竞争主体。

　　从近年来党中央关于民营经济高质量发展的政策文件精神来看，随着国家继续加大对民营经济的扶持力度，对民营经济的准入范围进一步放宽。民营经济必将迎来蓬勃发展的新高潮。在产业结构上，民营经济将在战略新兴产业领域迅速发展，先进制造业、现代服务业等新兴第二、第三产业所占比重将明显提升。在经营模式上，众多民营企业将陆续完成两权分离的产权制度改革，加速利用股权进行深度融资。在技术实力上，民营

---

①史晋川：中国民营经济发展报告（2018年）[M]．北京：经济科学出版社，2019：53—77.

企业将逐渐从传统的劳动密集型向技术密集型转型，一批批民营高科技企业将进一步涌现，企业的自主创新能力和比重将增大，研发实力显著增强，开始向全球价值链高端发起冲击。

三、城镇化进程加速带来新的发展机遇

城镇化与区域协调发展，为新经济时代的民营经济高质量发展创造了巨大的消费市场和投资空间。城镇化是伴随着工业化的进程，非农产业在城镇的集聚，农村人口向城镇转移的自然历史过程。[①]发达国家的经济发展经验表明，城镇化是一国成功实现现代化的重要保障。我国经济发展实现的现代化是工业化、城镇化、民营化和市场化共同发展的结果。市场化作为民营化的前提和保障，为民营经济发展提供了良好的发展环境。民营化是工业化和城镇化的重要动力，促进非农产业尤其是工业的发展，使更多农业人口转为非农人口，加快劳动力从农村向城镇转移。城镇化通过创新要素的集聚和消费结构的升级，反过来会促进民营化水平的进一步提高。

2008年以来，我国城镇发展逐渐由注重数量转向注重质量，由注重外延的扩张转向注重内涵的建设。在城市面积扩大的同时，更加注重城市基础设施的建设和基本公共服务的提供，在城市人口增加的同时，更加注重农村转移人口的市民化进程，并且形成了以特大城市为中心的多层次区域经济圈。新时期的城镇化进程，由于特大城市和大城市拥有更加健全的基础设施和完善的基本公共服务，在教育和医疗等社会保障和就业机遇、薪资福利等方面拥有着巨大的优势，吸引了更多的人群聚集。

2008—2019年，我国城镇人口比例从46.99%提高至60.6%，城镇人口在2011年已超过了农村人口，这意味着我国的社会经济发展开始进入以城镇为主的阶段，城镇化成为继工业化和市场化之后我国经济发展

---

①史晋川. 中国民营经济发展报告（2018年）[M]. 北京：经济科学出版社，2019：27—52.

的又一巨大引擎。同时，随着大量人口进一步流入城镇，城镇的消费群体扩大，消费能力进一步增强，全社会的消费结构实现了升级，消费潜力得到释放，增强了我国的商品内需，对服务型行业的需求也进一步增加，带来了生活性服务和生产性服务行业的繁荣。消费规模的扩张与需求的升级为养老、医疗、互联网、绿色低碳等相关产业的民营经济增长提供了机会。服务业的需求扩大，吸引了大量的民营企业加入，直接带动了民营经济的发展。同时也带来创新要素的集聚和知识的传播扩散，增强了大众和企业的创新能力。创新能力的提高又进一步驱动传统产业的升级和新兴产业的发展，打造全新的产业链和经济增长点，逐渐打破国有经济在部分行业的垄断，增强了全民的创新创业精神，诞生了一批有活力的民营企业。

同时也应该看到，截至2019年年末，我国的城镇化率为60.6%，与美国等发达国家超过90%的城镇化率相比仍存在着比较大的差距。从各省的城市首位度（该省首位城市与第二位城市的人口规模之比）的动态变化看，我国各省的城市首位度在十几年期间始终处于不断上升的趋势。以京、沪、深为中心的三大城市群，以及以省会城市、计划单列市为中心的次级区域性城市群亦快速形成、发展，这将成为未来十几年中国经济发展的基本动力。

在这一趋势下，民营经济有望参与到基础设施建设当中，进入商贸流通、金融服务、社会事业等领域。另外，随着国家不断推进"一带一路"建设，民营企业在"走出去"战略引导下，开拓海外市场、并购高端要素的过程中得到国家支持将会大幅增强，获取更好的成长空间。随着上海、广东、福建、天津等自贸区的建设，都将为民营经济"走出去"提供桥头堡的作用。可以说，民营经济迎来了第二轮高速发展的黄金时期。

四、营商环境的改善带来新的发展机遇

自上而下的体制改革和制度建设，为民营经济实现高质量发展创造了良好的生存环境。党的十九大报告提出"我国经济由高速增长向高质量发展转变"这一科学论断以来，各级地方政府均从各地实际和产业现实情况出发，陆续出台了一系列鼓励民营经济自主创新、实现高质量发展的政策。

近年来，中央政府加大了政治体制改革的推进力度，政府加快简政放权的实施，按照市场经济体制的要求真正转变政府职能，推进供给侧结构性改革，推动国有企业改革进程，加快破除国有经济部门与非国有经济部门的新二元经济结构，消除阻碍生产要素自由流动的体制机制障碍，降低民营企业面临的隐性成本和综合成本，推动民营企业对政策形成稳定和一致的预期。

同时，通过政策配套、实施创新驱动、发展战略性新兴产业、区域协调发展和推进城镇化、发展混合所有制经济等系列举措，为民营经济的高质量发展营造良好的外部生存条件。

第四节　本章小结

本章主要分析和讨论了国内民营经济发展较好的一些城市，如温州市、东莞市、佛山市和泉州市，总结其民营经济的发展经验，以期为各地民营经济的发展提供一定程度的借鉴。自2008年国际金融危机爆发以来，我国民营经济发展的大环境发生了一些显著的变化，这些变化将在很大程度上改变了民营经济的发展模式。迄今为止，这些变化中蕴含的一些趋势仍在继续。

因此，本章第二节分析梳理了几个趋势性变化的特点，如互联网科技的兴起，高新技术产业的快速发展，自主创新成为驱动民营经济新一轮增长的动力，国家和地方政府促进民营经济发展的一些新扶持政策的出台等，由此来探讨这些趋势性变化对未来民营经济的高质量发展可能产生的

影响。并在此基础上对区域民营经济发展进行了展望，未来几年民营经济可能会面临哪些发展机遇，由此看出民营经济仍有广阔的发展空间，尤其是供给侧结构性改革、产业转型升级和技术创新、城镇化进程加速和营商环境方面的进一步改善和推进，民营经济在我国经济社会发展中可以发挥巨大的作用。民营经济高质量发展将进一步推动我国经济的高质量发展。民营经济的持续发展不仅将衍生出大量高质量创业就业机会，也将产生众多高质量的新产品、新服务，为各行业、各领域实现创新发展提供牵引作用。将为城乡一体化、城镇化的进程和区域经济社会发展的一体化，促进经济发展更加均衡提供强有力的支撑和保障。民营经济高质量发展，未来将是优化市场经济体制机制，驱动经济高质量发展，提升我国国家竞争力和国际地位形象的关键力量。

第五章 民营经济发展的现状分析

第一节 改革开放以来民营经济发展取得的成效

随着我国经济的快速增长和市场化进程的不断深入，民营经济在国民经济中的作用越来越突出。民营经济不仅在促进区域结构协调发展和推动产业结构转型升级方面发挥着重要作用，而且在拉动经济增长、扩大就业、增加税收、促进创新、改善民生等领域也彰显出巨大的潜能和贡献。

一、民营经济成为经济增长的重要动力

民营经济的崛起及其发展贡献被视为中国从计划经济向市场经济转型过程中依然能够保证国民经济快速增长的主要动力。[1]伴随着我国改革开放进程的推进，民营经济的发展取得了辉煌的成就。民营经济投资规模在总体上保持不断增长态势。

截至2018年年底，我国全社会固定资产投资总计完成64.12万亿元，同比增长7.2%。其中，国有经济投资13.9万亿元，同比增长10.1%，集体经济投资0.77万亿元，私营经济投资20.35万亿元，个体经济投资1.18万元。包括私营经济和个人经济在内的民营经济总投资达21.53万亿元，同比增长8.7%，约占33.58%。[2]

从整体工业规模产值看，全国增速总体稳定，民营企业基本同步。根

---

[1]戴园晨. 中国经济的奇迹——民营经济的崛起[M]. 北京：人民出版社，2005：1—2.
[2]根据《中国统计年鉴（2018—2019）》分地区按登记注册类型分全社会固定资产投资相关数据计算而得.

据国家统计局2019年的公报，2018年全国工业增加值增速为6.2%，其中，国有控股工业为6.2%，私营工业为6.2%，外资企业为4.8%。全国工业营收增长8.5%，其中，国有控股工业增长9.2%，私营工业增长8.4%，外资企业增长5.4%。全国工业利润增长10.3%，其中，国有控股工业增长12.6%，私营工业增长11.9%，外资企业增长1.9%。[①]

从外贸数据上看，根据海关总署数据，2018年我国进出口总值增长12.6%，国企、私企、外企三类企业进出口总量占比分别为17.4%、37.9%和42.6%。全国出口增长9.9%，其中国企增长11.1%，私企增长13.6%，外企增长6%，三者出口占比分别为10.4%、45.9%和41.7%。在净出口增量贡献上，国企占-82.47%，私企占150.9%，外企占29.53%。

从税收贡献上来看，根据国家税务总局公布的数据来看，2018年，全国税收增长9.1%。其中，国有及国有控股企业同比下降2.9%，涉外企业同比增长3.9%，私营企业同比增长30.2%。全国税收总额，国有及国有控股企业占25.4%，涉外企业占17.8%，民营企业占56.8%；全国税收增量，民营企业占101.28%，涉外企业占7.93%，国有及国有控股企业占-9.2%。如表5-1所示。

表5-1　全国及各经济类型税收增长情况　　　　　　单位：亿元，%

项目	2017年					2018年				
	收入额	增速	占比	增量	占比	收入额	增速	占比	增量	占比
全国税收收入	155734.72	10.8	100	15235.68	100	169956.5	9.1	100	14221.58	100
国有及国有控股企业	44471.75	3.3	28.6	1419.56	9.32	43162.59	-2.9	25.4	-1309.16	-9.2
民营企业	82062.06	14.24	52.6	10228.12	67.13	96465.52	17.6	56.8	14403.46	101.28
涉外企业	29200.91	14	18.8	3588	23.55	30328.46	3.9	17.8	1127.55	7.93

资料来源：作者整理计算。

---

①中国统计局官网。

二、民营经济成为吸引就业的主要领域

研究表明，民营经济的发展与我国的就业率有着极强的相关性，民营经济对于全国城镇就业率的贡献在80%以上。当前国际经济形势错综复杂，经济波动越大，失业率越高。而在我国民营经济发达地区，失业率一直维持在较低水平，可见民营经济为我国社会就业做出了巨大贡献。

根据国家统计局2019年年鉴数据，当前我国民营经济吸纳了城镇就业的80%以上和每年新增就业的90%。截至2018年年底，我国私营企业和个体吸纳就业人数从2014年的2.53亿增长到2018年的3.74亿。而同一时期，国有企事业单位吸纳的就业人数从2014年的6312.3万人减少到2018年的5739.7万人。

民营经济已成为我国吸纳就业人数的主力军。民营经济不仅解决了本地户籍人口的就业问题，而且解决了众多外来人口的就业问题。城乡民营经济吸纳就业人数的规模在总体上呈现出逐年上升扩大的趋势。如图5-1、图5-2所示。

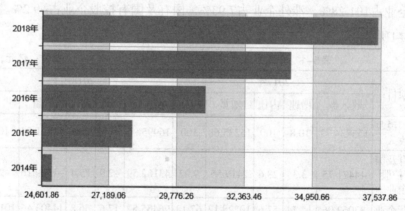

图5-1　私营企业和个体吸纳就业人数（2014—2018年）

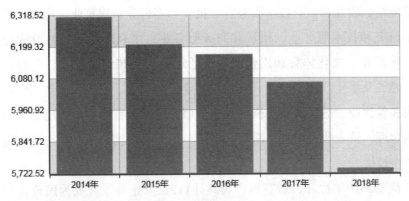

图5-2　国有企事业单位吸纳就业人数（2014—2018年）

三、民营经济的结构日趋合理

近年来，民营企业整体实力、创新能力和竞争力都有了质的飞跃，行业分布、区域布局更加合理，成为经济结构、产业结构和区域经济协调发展的重要推动力量。

在行业分布上，民营企业逐步从劳动密集型产业、传统产业向资本密集型、技术密集型产业拓展，在高端服务业、战略性新兴产业等领域发展迅猛。在规模结构上，民营企业涌现出一批具有较强国际竞争力的大企业集团，企业平均规模不断提高，逐步发展形成一批以大规模、专业化经营为特征的产业集群。

在企业组织形式上，民营企业已开始大规模向多元投资主体的公司制股份制企业发展，现代企业制度建设加快推进。如今，研发机构、研发资金和研发人员也开始向民营企业聚集，民营企业技术创新能力大幅提高。

资本市场上，我国证监会进一步降低了民营企业上市的门槛。以我国A股市场为例，1990年中国A股市场正式建立，经过几十年的改革发展和经验积累，我国的A股市场取得了举世瞩目的成就。

截至2019年12月，沪深两市上市公司总数达到3686家，民营企业总数为2298家，在A股全部上市公司中占比为62.34%，上市民营覆盖制造业、信息传输、软件和信息技术服务业、批发和零售业、建筑业、房地产业、科学研究和技术服务业、租赁和商务服务业、水利环境和公共设施管理业、采矿业、文化体育和娱乐业、交通运输、仓储和邮政业、电力、热力、燃气及水生产和供应业、农林牧渔业、金融业、卫生和社会工作业、住宿和餐饮业、居民服务、修理和其他服务业、教育等行业，门类齐全、结构合理，营业收入增长、净利润增速、毛利率均比公用企业、地方国企和央企较优。

截至2019年12月，新三板市场共计11212家企业，九成为民营企业。在我国的各种所有制经济中，民营经济已与其他经济成分在相应的产业和产品领域、行业和服务领域中发挥着作用，平等竞争、相互促进、共同发展。

四、科技创新和产业转型明显加快

近年来，新一代信息技术与制造业深度融合的趋势正在加速，并在全球范围内引发影响深远的产业变革。[1]以德国工业4.0、美国国家制造创新网络计划（NNMI计划）为代表，各国都在加大产业创新力度，推动三维（3D）打印、移动互联网、云计算、大数据、生物工程、新能源、新材料等领域取得新突破。

进入21世纪以来，我国民营经济面对经济全球化的冲击和不断升级的竞争压力，迫切需要转型升级。一方面，民营经济为适应市场环境的变化和企业内部的调整，在所有制结构和管理方法上进行变革，具体体现为民营企业生产结构从粗放型向集约型转变，从劳动力密集型向资本密集型转变等，即产业转型。

另一方面，民营企业的产品从低附加值向高附加值升级，产业领域从第二产业向第三产业升级，对高新技术的获取途径从模仿到自主创新升

---

①史晋川. 中国民营经济发展报告（2018年）[M]. 北京：经济科学出版社，2019：135—146.

级，即产业升级。

五、国际竞争力不断增强

目前，越来越多的民营企业涉足高新技术、现代服务等高端产业，在互联网、高科技等前沿领域，一大批民营企业已取得了不菲的成绩，具备了很强的国际竞争力，也是我国海外并购的重要力量。根据普华永道的统计报告，2012—2018年民企一直是我国海外并购的主力军，2016年民企海外并购达到最高点，占中国海外全部并购案例的66.31%。[①]截至2019年12月，全球证券市场中互联网企业和科技"独角兽"企业估值超过100亿美元的有6家：中国民企3家——小米、拼多多和爱奇艺，美国的Dropbox，其余两家来自欧洲。

另外，在其他领域中也诞生诸多中国民企，在世界市场中占据着举足轻重的地位。在全球新一轮产业革命和技术革命浪潮中，中国民营经济已经成为引领性力量，占据全球新经济发展的前沿。[②]旷视科技——中国领军的人工智能产品公司、腾讯音乐——中国数字音乐产业的领跑者、明码生物——精准医学领先者、京东方——半导体领域全球第二大创新公司、爱康医疗——国内首家实现3D打印在医疗领域商业化应用的公司、商汤科技——全球领先的人工智能平台公司等。

党的十八大以来，一大批民营企业开始进军新能源汽车、共享经济、电子商务、移动支付等领域，[③]在创新技术产业化方面取得可喜的进展，跻身世界前列，彰显着民营经济的活力和竞争力。更为突出的是，我国许多民营企业在参与国际市场竞争中，以新的技术应用、新的商业模式、新的企业治理方式，建立了全新的品牌形象，有助于树立良好的民族形象。

[①]大成企业研究院.2018年民间投资与民营经济发展重要数据分析报告[M]. 北京：社会科学文献出版社，2019：148—154.

[②]武汉市总商会，武汉大学中国新民营经济研究中心. 新民营经济研究[M]. 北京：人民出版社，2019：37—52.

[③]孙明增. 新时代民营经济当有新作为[J]. 红旗文稿，2019（2）：23—25.

第二节　民营经济高质量发展面临的国内外环境

一、国际环境

（一）世界经济格局面临调整、转型和重构

世界经济格局之变，体现在全球经济力量对比发生着根本性变化，全球经济治理体系正处于重构关键期。根据国际货币基金组织（IMF）数据，2018年新兴市场和发展中国家对世界经济的贡献率达到80%，这些经济体占全球经济的比重已达40%，若按购买力平价计算，已经超过50%，保持现在的发展速度，10年后将接近世界总量一半，世界经济格局正在发生深刻调整。

同时，贸易保护主义和民粹主义也在抬头，全球经济治理体系正面临理念、规则和机构等各个层面的深刻变革和重构；全球经济的变革从来都不是孤立的，它对地缘政治、国际力量平衡、意识形态等正在发生着巨大的影响力，世界已处于百年少有之大变局。

（二）全球经贸环境日趋复杂

全球经贸环境的变化，体现在全球经济和贸易扩张步伐放缓，增长动力不足，经济全球化遇到波折，贸易和投资低迷，主要经济体之间经贸摩擦加剧。

一方面，一些国家政策内顾倾向加重，保护主义抬头，逆全球化思潮暗流涌动。中美贸易摩擦的不确定因素加强，对我国外向型民营经济发展模式下的传统优势产业影响颇深，出口形势变得更加严峻，这就要求民营企业进一步实施整体产业结构优化升级和传统民营经济发展优化升级。2018年4月，美国政府宣布对输美1333项500亿美元商品加征25%关税。2018年7月，美国贸易代表办公室（USTR）发表了针对中国2000亿美元商品加征10%关税的计划。2019年8月，美国贸易代表办公室宣布将对约3000

万美元自华进口商品加征10%关税。（表5-2）。

另一方面，全球各主要经济体的增长趋缓，世界经济增长预期开始下降，对新兴经济体而言，出口市场将显著受到各主要经济体宏观经济增长放缓影响。美国减税政策效应减弱，资本市场大幅调整，长期利率与短期利率倒挂，经济增长势头有所弱化，欧元区和日本经济增速放缓，新兴经济体整体增长已显疲软，全球经济复苏周期似已经见顶回调，我国经济发展面临的外部环境发生显著变化。

表5-2　美国对中国加征关税清单及执行时间

序号	加征清单		加征时间	加征率
1	第一批 500亿美元	340亿美元	2018.7.6	25%
		160亿美元	2018.8.23	25%
2	第二批 2000亿美元		2018.9.24—2019.5.9	10%
			2019.5.10	25%
3	第三批 3000亿美元		2019.9.1	10%

（三）世界正孕育新一轮技术和产业革命

当今世界正在经历一场更大范围、更深层次的科技革命和产业变革，未来10年将是世界经济新旧动能转换的关键10年。人工智能、大数据、量子信息、生物技术等新一轮科技革命和产业变革正在积聚力量，催生大量新产业、新业态、新模式，将给全球发展和人类生产生活带来翻天覆地的变化。

从国际上来看，国家（地区）间的竞争已经演变为以创新能力为核心的综合实力的较量，发达国家和地区以其创新优势占据了产业链和价值链的制高点，而发展中国家因为创新能力不足，在国际产业分工中面临被"低端化"的危险。而这些由新一轮科技革命和产业变革引发的深刻变化，将导致贫富差距和社会矛盾压力不断增加。

（四）中国在全球不同产业中的依存度逐步增强

在电子、机械和设备领域，中国已经全面融入全球价值链，全球份额高达38%—42%。在这些深度整合的贸易领域当中，中国的角色既是供应方，也是市场；对于贸易属性极高的轻工制造和劳动密集型产业而言，全球各国高度依赖中国的产出，中国在全球轻工制造领域（例如纺织和服装）的份额高达52%，占据了全球纺织和服装出口的40%，家具出口的26%。

随着中国的工业化不断取得进展，全球上游产业对中国的依存度均有所提高。那些为进一步加工提供原材料的行业都要依赖中国的进口，2003—2007年，中国贡献了全球采掘业进口额的7%，2013—2017年，这一比例攀高到21%。

二、国内环境

（一）政治环境

近年来，中国创新发展的步伐进一步加快，新模式、新路径不断涌现。在加快推进中国制造向中国创造转变、中国速度向中国质量转变、制造大国向制造强国转变这一宏大的时代背景下，创新成为支撑经济新增长点的原动力。

中国国家层面做出了全面深化改革、创新驱动发展、"一带一路""大众创业　万众创新""互联网+""中国制造2025"、引导企业创新管理提质增效等一系列重要的战略部署，并出台了相应的政策。除了整体部署，在体制机制改革、科技金融、税收优惠、科技成果转化、产业升级等方面也给予了相关政策支持。

1. 体制机制改革方面

党的十八大以来，国家针对创新创业方面提出了多项体制机制改革的政策方案。2015年印发的《关于深化体制机制改革加快实施创新驱动发展战略的若干意见》，从营造公平竞争环境、建立技术创新市场导向机制、强化金融创新、完善成果转化、构建高效的科研体系、创新人才机制等多方面进行体制改革创新。

2015年9月印发的《关于加快构建大众创业、万众创新支撑平台的指导意见》，这是对大力推进大众创业、万众创新和推动实施"互联网+"行动的具体部署，是加快推动众创、众包、众扶、众筹等新模式与新业态发展的系统性指导文件。

2. 科技金融方面

2018年全国颁布的《关于开展创新企业境内发行股票或存托凭证试点的若干意见》，助力中国高新技术产业和战略性新兴产业发展提升，对符合国家战略要求、掌握核心技术、市场认可度高的高新技术产业和战略性新兴产业，可选择申请发行股票或存托凭证上市，充分发挥资本市场对创新驱动发展战略的支持作用。

3. 税收优惠方面

为进一步激发企业活力，提升市场动力，国家制定了多项税收优惠政策。2015年，《关于完善研究开发费用税前加计扣除政策的通知》对企业开展研发活动给予税收优惠政策。2017年国家税务总局发布《"大众创业万众创新"税收优惠政策指引》，对小微企业、重点群体、创业就业平台、提供资金或非货币性资产投资助力的创投企业与金融机构等给予税收优惠。此外，对税收条令进行调整，加强对国家高新技术企业的重点扶持。

4. 科技成果转化和产业升级方面

针对中国科技成果转化慢、传统产业升级难等问题，国家专门发布了相关指导政策予以帮助。2015年印发《关于推进线上线下互动加快商贸流通创新发展转型升级的意见》，指出大力发展线上线下互动，对推动实体店转型，促进商业模式创新，增强经济发展新动力，服务大众创业、万众创新具有重要意义。

2016年10月，工业和信息化部制定《产业技术创新能力发展规划（2016—2020年）》，明确"十三五"期间工业和信息化领域技术创新能力发展的目标和主要任务，引导和加强重点产业的技术创新工作，提升产业技术创新能力，促进工业转型与升级。

（二）经济环境

近年来，在改革开放不断深入和供给侧结构性改革的引导下，以及对新时期的绿色经济、循环经济发展的要求下，传统的粗放式的高增长变得难以为继。

　　经济发展逐步由高速增长向平稳的中高速增长转变，从表5-3可以看出，2010—2018年，国民总收入和国内生产总值整体呈现出增长趋势，说明国内经济整体发展形势良好。2010年国民总收入为410354亿元，国内生产总值为412119亿元，到2018年国民总收入增长为896915亿元，国内生产总值增长为900309亿元。2018年与2010年相比，国民总收入和国内生产总值分别增长了118.6%、118.5%。[①]近年来，我国经济发展步入新常态，从2015年的7.0%，到2018年的6.6%，GDP增速趋于平稳。

　　同时，我国工业化总体已进入中后期阶段，是新型工业化、信息化、城镇化、农业现代化同步发展、并联发展的关键时期。高投入、高消耗、偏重数量扩张的发展方式面临"三期叠加"矛盾，资源环境约束加大，劳动力等要素成本上升，工业企业利润增长受限，预示我国经济形势依然严峻。

　　在经济发展进入新常态背景下，传统产业的提质增效、转型升级，迫切需要依靠技术创新培育发展新动能。只有依靠技术创新能力打造发展新引擎、开辟发展新空间，培育新的经济增长点，用先进产能逐步替代落后产能，才能实现经济保持中高速增长、产业迈向中高端水平的目标。

表5-3　2010—2018年国民总收入与国内生产总值

年份	国民总收入		国内生产总值	
	总额（亿元）	增幅（%）	总额（亿元）	增幅（%）
2018	896915	6.5	900309	6.6
2017	818461	11.0	820754	10.9
2016	737074	7.9	740061	7.9
2015	683391	6.4	685993	7.0
2014	642098	9.2	641281	8.2
2013	588141	9.5	592963	10.1
2012	537329	11.2	538580	10.4
2011	483393	17.8	487940	18.4
2010	410354	17.9	412119	18.3

①数据来源：国家统计局网站。

（三）技术环境

科技创新赋予产业优化升级新动能。随着"互联网+"深入开展，基于智能制造、移动互联、物联网的新产品、新业态、新模式蓬勃发展，成为我国改造提升传统产业、培育经济发展新动能的有力支撑。科技创新引领新动能发展，开辟了经济增长的新天地。我国经济正处于增速换挡、结构优化、提质增效的关键期，高技术制造业呈现出持续向好的发展态势，成为带动制造业转型发展的重要力量。

（四）产业发展环境

目前，全球产业转移的变化，体现在科技创新和产业变革进入密集活跃期，产业链调整和产业转移出现新特点。

前沿技术交叉融合，众多领域已处于产业化突破的临界点，新一轮科技革命和产业变革正在从根本上重塑生产生活方式和经济技术范式，这对我国参与全球分工和长期发展既是机遇也是挑战。同时，我国劳动力成本优势逐渐减弱，美国挑起的贸易摩擦影响扩大，劳动密集型产业向东南亚等区域转移的态势加速，而且出现了产业链整体转移的苗头。

在这种形势下，新兴战略性产业将成为我国经济社会发展的主导力量，这些产业主要包括新能源产业、新材料产业、健康科技和生物医药产业、信息网络产业和空间、海洋产业等，尤其值得关注的是低碳经济的发展，未来将培育以低碳排放为特征的新经济增长点。

第三节　新经济形态下民营经济发展面临的挑战

一、供给侧结构性改革与产业准入水平有待提升

目前，供给侧结构性改革正在进行，转型升级处在关键时期。虽然市场营商环境得到有效改善，但民营经济面临的形势依然严峻，除产能过剩、融资难、成本上升外，还面临"玻璃门""弹簧门"之苦，以及政策落实难等诸多瓶颈，这就需要政府进一步简政放权，完善市场机制，力推

权力清单和负面清单，打破行业垄断，实现公平竞争，不断完善社会主义市场经济体制，不断转变政府职能，优化民营经济发展环境，全面激发其内生动力，大力增强民营企业活力和竞争力，使之成为社会主义市场经济的重要推动力量。

在当前我国的市场环境下，在产品市场方面，民营企业仍然没有获得与国有企业平等对待、平等竞争的地位，存在若干行业只能看不能进的问题；在要素市场方面，民营企业在直接和间接融资、科技资源市场化获取等方面存在的问题虽有所突破，但掌握要素行政性配置的企业主要还是国有企业。在经济新常态下，这些问题的解决直接关系到我国民营经济未来的健康发展，刻不容缓。近年来，这些问题突出表现在以下两个方面。

第一，民营企业难以承担国家战略。2014年年底中央经济工作会议上，国家针对优化经济发展空间格局提出三大战略，分别是"一带一路"、京津冀协同发展和长江经济带。但是，在这些战略的落实过程中，因为对接无门、缺乏合作基础、缺乏必要的补偿合作机制，民营企业往往难以进入。最终承担国家战略的企业还是以国有企业为主。在这些领域，民营企业遇到的是行政力量统筹资源过程中的排他性。

第二，民营企业难以进入部分垄断行业。当民营企业拟进入新的行业甚至是少数垄断领域时，市场准入限制抬高了进入门槛，[1]民营经济在面对政府主导的某些产业管制部门时仍然存在着较大的壁垒。

二、营商环境有待优化，高质量发展瓶颈有待突破

我国关于促进民营经济高质量发展的政策法规体系不断完善，但由于新旧体制转轨，法律法规不健全，行政垄断、以权谋私、滥用权力等现象时有发生。一些地方仍然存在产权保护力度不够、政府信用缺失、政策执行落实不到位等问题，权钱交易、寻租腐败、商业贿赂等行为屡禁不止，

---

[1]卢现祥. 从三个维度探讨我国民营经济发展[J]. 学术界，2019（8）：52—65.

污染了民营经济发展环境。重视公有产权保护、轻视私有产权保护的现象仍然存在。公有产权主体缺位、保护不到位，私有产权也得不到充分有效的保护。近年来，民营经济发展制度性成本过高的状况尚未得到根本扭转，而劳动力、土地成本却不断上升，贷款融资成本高、难度大，创业成本越来越高，这无疑给民营企业高质量发展带来更大困难。

民营经济发展面临诸多挑战与机遇，有待在体制机制上做出新的谋划与探索，特别是在经济发展的新常态下，如何建立更加完善公正、公平的规则，形成促进民营经济发展的一系列制度安排，给予市场经济主体应有的权力与地位，[1]通过制度建设，不断释放改革红利，则显得十分重要。对政府而言，需要政府职能转让不断深化，做市场机制的建设者，促进市场在要素转移中发挥主导作用，不断营造市场化的经营机制和投资环境。

当前政府应该着力把不受制约的权力放进"笼子"，不再干预企业的经营决策；加快形成统一开放、竞争有序的市场体系，建立公平竞争保障机制，打破地域壁垒和行业垄断；规范涉企行政事业性收费，减轻企业负担，完善公平竞争、促进企业健康发展的政策和制度；减少行政审批事项，激发企业家精神，鼓励民营企业依法进入更多领域，引入非国有资本参与国有企业改革，更好地激发非公有制经济活力和创造力，依法保护企业家财产权和创新收益，为民营经济营造和谐适宜的发展环境。

我国民营经济营商环境几经治理初见成效，但总体上各地区营商环境不均衡。政策制定不尽精准、衔接渠道不尽畅通、政府与市场主体界限不尽清晰，审批效率和规范性需进一步提高。一些省在制定政策时深入基层调研不够，或是直接参照先进地区出台的相关政策，未充分考虑省情差别和民营经济发展差距。

有些政策在制定过程中没有充分听取企业意见，没有给企业留出必要的适应调整期，优惠扶持政策和部门规章时有冲突。[2]政府制定扶持企业的政策多用于新引进企业，对在省内有规模、有贡献的本土企业惠及较

---

①段亚男，张水清. 宁波参与海上丝绸之路建设的优势[J]. 浙江经济，2016（10）：54—55.
②史晋川. 中国民营经济发展报告（2018年）[M]. 北京：经济科学出版社，2019：19—22.

少。笔者曾对福建省部分地区进行了相关调研，调研结果表明，工作机制缺位、监测机制缺乏、考核激励机制缺项，是目前创新协调民营经济良好营商环境的主要症结。部分地区尚未形成与民营经济高质量发展密切挂钩的干部考核激励机制。就促进民营经济高质量发展而言，福建省还未能形成行政问责、党内监督、社会评价的常态化问责体系。

三、民营企业创新意识和自主创新能力较为薄弱

（一）民营企业创新意识较为薄弱

近年来随着经济进入新常态，国内外经济形势多变，国家大力鼓励"大众创业，万众创新"和供给侧结构性改革，强调发展高智能高科技含量的新兴产业的重要性。改革开放以来，随着我国民营企业在技术创新及产业链中的地位不断上升，依赖技术模仿、追赶的"后发优势"不断消失，将直面西方发达国家在高新技术领域更加激烈的竞争，赢得竞争优势迫切需要民营企业提升其自主创新能力。

具体到特定区域的民营经济发展现状，以福建省泉州市为例，泉州民营经济一直以劳动力成本低、市场需求广的劳动密集型制造业为主，而对科技含量高，资金技术要求高的新信息产业及智能产业涉足较少，近年来，随着城市用工荒现象加剧，劳动力成本急剧上升、出口贸易受阻、中小企业民间融资成本高等因素制约了民营经济的单一式的增长发展。而新的生产工艺及生产技术的创新成本投入大、回收周期长，加上民营企业的资金紧张问题，泉州民营经济的自主创新意识普遍不强，尤其是中小微企业，对传统民营制造产业的转型升级的积极性不高，民营企业在国际产业链中处于产业链低端等不利因素普遍存在。

（二）企业自主创新水平普遍较低

很多民营企业尚未设置专门研发机构，关键技术严重依赖进口，公共服务平台引进建设难以跟上企业创新需求。以福建省泉州市为例，泉州市产业技术基础、高校和科研平台、科技人才支撑等明显不足，全社会研发

投入占比低于全国、全省平均水平。

企业技术创新和自主研发能力较弱，掌握的关键核心技术少，多数民营企业产品开发仍处于"跟、追、仿"阶段，原创性、突破性创新不多。近年来，泉州市通过推进"大院大所"计划，集聚了新型科研机构10家，国家级孵化器2家，但泉州与省内外知名大学或研究机构合作与开发还处于初级阶段，缺乏良好的合作机制。截至2018年，泉州市共建有市级及以上众创空间52家（国家级7家、省级31家），市级及以上科技孵化器35家（国家级2家、省级21家）。相对于创新驱动发展来说，泉州的创新人才和产学研结合程度还相对较低，有待进一步完善。

四、对外合作不够深入

（一）传统产业面临市场的挤压

随着各国经济下行压力骤增，传统产业尤其是制造业正成为全球竞争的重点。民营经济的发展也面临新的环境，一是主要发达国家实施"再工业化"战略，通过吸引海外企业回流、贸易保护等手段重振制造业。一些新兴经济体依靠低成本优势，积极承接国际产业转移，加快工业化步伐，致力于打造新的"世界工厂"。二是发达国家加快实施以网络信息技术为核心驱动力的先进制造计划，构建数字驱动的工业制造和服务体系，打造产业竞争新优势，抢占新一轮国际竞争制高点。总体来看，全球制造业格局正在发生深刻调整，民营制造业将面临发达国家"高端回流"和发展中国家"中低端分流"的双重挤压。

（二）对外合作不够深入

随着国家"一带一路"倡议的推进，以大型国有企业为龙头的企业纷纷参与国家"一带一路"的构建布局，并取得了成效。国内外市场一体化进程进一步加快。而不少地区包括东部较发达地区的城市，民营企业"走出去"仍缺乏带动性强、示范作用明显的龙头项目。其境外投资主体主要依靠民营企业，但民营企业境外投资项目体量小、分布散、抗风险能力弱的特点比较突出，真正有实力参与甚至主导国际分工和要素分配的较少。

同时，缺乏大项目支撑，地方城市的各级开发区，特别是国家级园区在发挥招商主力军方面作用不够突出。以福建省为例，2019年以来，特别是新型冠状病毒性肺炎疫情暴发以来，福建省出口形势受之影响较深，出口增长疲软，随着人工、原材料等成本上升，中美贸易摩擦、两岸关系发展不确定性等国际国内不利形势因素增多，以传统制造业为支撑的外贸增长压力增大。对台资源优势尚未充分发挥，对台交流合作层次有待进一步提升。

第四节　本章小结

本章主要回顾了改革开放以来我国民营经济发展所取得的举世瞩目的成就，民营经济业已成长为我国经济增长的重要推动力，在国民经济结构中发挥着重要作用，成为当前我国吸引就业的最主要领域。据国家统计局统计数据，民营经济对于全国城镇就业率的贡献在80%以上。随着经济的发展和民营企业的成长，民营经济的结构日趋合理，日益完善。在科技创新的推动下，民营经济的转型升级明显加快。一方面，民营经济的生产结构从粗放型向集约型转变，从劳动力密集型向资本密集型转变。另一方面，民营企业的产品从低附加值向高附加值升级，产业领域从第二产业向第三产业升级。在国际市场中的竞争力也日益增强。分析了当前我国经济社会发展中民营经济发展的一些现状及问题，讨论了民营经济高质量发展进程中所面临的国内外环境和由环境变迁所带来的挑战。

第六章　民营经济高质量发展的制度障碍

第一节　民营经济高质量发展的主要困境

一、民营企业的创新力和竞争力有待提升

当前数量庞大的民营企业，尤其是中小企业依然"大而不强"，增长主要还是靠"量"，即生产要素的投入和投资的拉动，而不是通过技术、管理的创新。很多民营企业不想创新，不敢创新，甚至创新不如"抄新"，致使中国制造业创新水平在低位徘徊。出口企业对于提升自身品牌价值和技术能力的意识不够，从国际市场上学习以及引进的先进技术的吸收消化能力有待提升。部分作为创新主体的民营企业，面临创新能力不足、创新人才匮乏而陷入"不会创新""无法创新""不能创新"的困境，技术含量低、信息不对称使各地重复建设、重复生产，陷入了低端竞争陷阱无法自拔，转型升级和高质量发展更是无从谈起。

由于历史原因和区域经济的落差，我国很多地区的民营经济发展基础较弱，起点低、起步晚，无论是市场主体数量、盈利水平与经营绩效，还是从业人数、民间投资等都存在着亟待提升的空间。整体创新能力亦不强，很大一部分民营企业集中在进入门槛低、科技含量低、附加值不高、劳动密集型的传统行业。从我国2019年民营企业100强排行榜可以看出，房地产建筑业占了26家，劳动密集型的轻工业、零售业、批发业等占了22家，高技术含量的新兴行业只占20家。结构上来看也不尽合理，民营企业的升级、创新都有待于进一步提升。

特别是中小民营企业长期技术基础薄弱、技术积累不足，普遍采取低

技术、低成本的发展战略。同时技术创新往往对资金的需求量大，又存在较大的技术与市场风险。对福建省泉州市的民营企业调研发现，中小民营企业由于规模小、财力不足、承受风险能力弱、市场融资难，创新资金往往短缺，普遍采取低技术、低成本发展战略。有些中小民营企业也逐渐意识到技术创新对企业持续发展的重要性，并逐渐尝试开展各种形式的技术创新活动。但知识产权保护不够，执法力量薄弱，企业创新的成果往往会被产业集群内其他企业无偿获取，使得创新积极性备受打击。

二、公平公正的市场竞争环境有待改善

习近平总书记指出："有些部门和地方对党和国家鼓励、支持、引导民营企业发展的大政方针认识不到位，工作中存在不应该有的政策偏差，在平等保护产权、平等参与市场竞争、平等使用生产要素等方面还有很大差距。"[①]有些地区和行业虽提出对民营企业实行权力平等、机会平等、规则平等的原则，但部分领域（交通、能源、文化等）向民营资本开放程度仍较低，民营经济的发展还需要跨越行政机构排除、限制竞争等障碍。[②]在电信、油气田勘探、电力、铁路等领域依然存在着对民间投资的政策约束，一些隐形行政垄断妨碍民营企业参与公平竞争。

民营企业在投资上不能享受与国有企业投资平等的待遇，尤其是与外商投资平等的待遇。有些允许外商投资进入的领域，禁止或限制民营企业投资进入，不能享受平等的优惠政策。国内民营经济与国外资本处于不平等地位，金融、保险已对外资开放，而不允许国内民营经济进入。人为地造成国有经济在这些领域的垄断地位。这种垄断难免造成效率低下、资源浪费的现象，造成腐败和寻租行为。为了坚持公有制为主，国有经济应当控制经济命脉，但控制不等于垄断和禁止国内民营经济的进入。某些影响国家安全的行业，如军工、民用爆炸物品和化学危险品应该禁止任何民营

---

①习近平. 在民营企业座谈会上的讲话[N]. 人民日报，2018-11-02（2）.

②杨嘉懿. 中国新时代民营经济发展的指导理论[J]. 湖北社会科学，2019（7）：40—46.

企业进入，而对金融、铁路运输、民航等行业，应当是在国家控制的前提下适当允许民营经济进入，以便造成竞争的局面，促进效率的提高。只要建立严密的管理规则和制度，在公有制经济和民营经济之间展开公平合理的竞争，就会促进生产力的发展，有利于社会主义制度的巩固和完善。①

三、税负过重、融资难普遍存在

在民营企业生存和发展的过程中，税收成为其中一个非常关键的影响因素。为促进经济的稳定健康发展，推动民营企业的高质量发展，保持民营企业发展的可持续性，如何建立合理的税收制度，怎样设立合理的税负水平是摆在我们面前必须要解决的关键问题。

中国经济在过去20多年间呈现出快速增长的态势，国内生产总值长期保持9%以上的增长幅度。与经济高速增长形成鲜明对照的是，我国财政收入的增长比经济增长速度更快。我国整体的税收增长速度远快于经济增速。2012年以来，"营改增"全面推开，企业税负有所减轻，小口径宏观税负一直稳中有降，中口径宏观税负自2016年开始下降（由于非税收入自2016年开始下降所致），大口径宏观税负近3年有回升态势。但三种口径的宏观税负增长速度都远快于GDP增速（见图6-1）。财政税收收入的超经济增长必然的结果是税收占经济比例的逐步提高，一方面使经济规模受到削弱，增长缺乏后劲；另一方面，政府在经济发展中所扮演的直接参与者身份，妨碍了市场的有效调控功能的发挥。②

①蒋佳林. 民营经济公共品供给机制研究[M]. 南昌：江西高校出版社，2007：53—54.
②单东，等. 浙江中小民营企业转型升级问题研究[M]. 杭州：浙江大学出版社，2014：13—15.

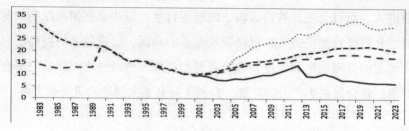

图6-1 1978—2018年中国三种口径宏观税负比较

税费负担结构失衡严重。企业间税负差距较大，其中，小企业税负较大企业更重，民营企业较国有企业更重。虽然小企业和大中企业在增值税方面比例大致相当，但在所得税方面，小企业的税收负担比大中型企业多一倍左右，而民企的税收负担率则普遍高于普通国企1个百分点以上。[①]

全国工商联主席黄孟复2012年对浙江企业融资成本的调研报告显示，当地小额贷款的平均利率是20%，大型民营企业的融资成本在10%以上，而央企的融资成本只有5.3%，比大型民营企业低了将近一半。融资难、融资贵，历来都是民营经济发展亟待破解的痛点和难点。融资难融资贵依然是民营经济高质量发展的最大制约。

以国有大银行主导的金融体系对民营企业普遍存在"重大轻小"的"规模偏好"和"重公轻私"的"所有制偏好"，专门服务于民营企业的中小银行、民营银行等民营金融机构发展严重不足，多层次资本市场体系尚未健全，这使得规模庞大的民间资本难以转化为民间投资，也使得民营企业高质量发展缺乏金融支持。

目前企业生产成本上升情况一直在延续。民营企业特别是传统型、制造型的民营企业，普遍存在着技术创新不足、发展后劲乏力，没有形成较为有效的资金保障机制和长期融资筹资能力。民营企业规模有限，靠自身资金积累获得发展机遇难度较大，在经营中的不确定性因素太多。再加上固定资产数额较小，可抵押资产有限，抵御风险能力较差，没法融通到所

---

①中国民生银行研究院. 制约民营企业经营状况和偿债能力原因分析及建议[EB/OL].（2019-07-31）[2019-12-29]. http://www.acfic.org.cn/zzjg_327/nsjg/yjs/yjsgzhdzt/qggslzk/qggslzk_1/201907/t20190731_136095.html.

需资金，附加没有银行授信等因素，造成民营企业普遍存在着发展资金紧张、融资困难的问题。一方面是大量资金在金融体系内部"空转"，信贷资源流向实体企业特别是民营企业受阻严重；另一方面是资金、劳动力、土地等要素价格不断上涨，高成本进一步挤压了民营企业的利润空间和转型发展能力。民营企业中的传统制造业与新兴的互联网企业、新能源企业、新生物技术企业相比，没有丰厚的投资回报来吸引PE/VC创业投资和风险投资，很难在原料采购、产品技术研发、工程项目参与上获得金融机构稳定持续的中短期融资支持。

四、运行成本水平大幅提升

近年来，我国加强了在环境、知识产权、劳动者保护等方面的管制措施，强化法律监管和行政监管。很多民营企业的环境设备购置和运行成本大幅上升，知识产权和劳动仲裁等诉讼案件的数量和成本明显增加。部分地区使用"一刀切"或对民营企业歧视性对待等行政监管方式，使民营企业经营难度提高。

民营企业的非税负担较重。目前民营企业的非税负担较重，各种名目的收费繁多，制度性交易成本较高。近年来，国家出台了一系列减费措施，民营企业非税负担有所减轻，但对一些小微民营企业来说，因其规模小、承受力弱，对非税负担敏感性强，因此感到非税负担仍然较重，希望进一步减轻。

工业原料成本、人工成本持续上升、中小民营企业用工难的问题，导致民营企业负担进一步加重。原来在一定程度上依靠低成本运行的部分民营企业生产经营模式受到了巨大冲击，企业营利能力也受到了严重影响。①

---

① 中国民生银行研究院. 制约民营企业经营状况和偿债能力原因分析及建议[EB/OL]. （2019-07-31）[2019-12-29]. http://www.acfic.org.cn/zzjg_327/nsjg/yjs/yjsgzhdzt/qggslzk/qggslzk_1/201907/t20190731_136095.html.

五、创新激励的体制建设不成熟、不完善

技术创新要求有鼓励创新的制度环境，有完善的技术创新机制。创新过程中最关键的要素是人力资本，因此企业技术创新机制的核心是建立起能够充分发挥人的积极性和创新性的机制。[①]但是到底什么样的激励能最大限度地调动员工的创新热情和激情，为企业创造巨大的创新动力，是实践中很多民营企业感到困惑的问题。由于普遍模仿的现象依然存在，导致民营企业的创新激励不足，从而形成短周期浅层次创新模仿的恶性循环机制，使得创新市场秩序较为混乱。

针对创新激励的奖励方式也较为单一。根据中国社会科学院民营经济研究中心2018年的《中国民营企业竞争力报告》的抽样调查数据显示，在被调查的民营企业中有80%左右的企业采用发资金、增加工资、其他物质奖励等措施，采用精神鼓励、提拔重用方式的比重分别为52.99%、54.33%。但高额的资金有时仍然不能留住掌握核心技术的创新人才。除此之外，民营企业员工的学习与培训制度还未完全建立。许多企业采用高薪聘请高级技术人才、管理人才，却对自身员工的持续培训和提升缺乏规划。

另外，根据中国企业家调查系统《2017年中国企业家成长与发展专题调查报告》显示，创新人才短缺始终被企业家认为是阻碍企业创新的最主要因素；企业创新资金来源以自有资金为主，通过资本市场获得创新资金的渠道仍不通畅；作为衡量企业创新产出的指标，创新成效有待进一步提高；缺乏鼓励创新的社会环境、创新风险与信息不对称、知识产权保障不力等导致民营企业自主创新的有效激励不足。

创新资源配置的市场化程度不高。目前，我国创新资源配置仍由政府主导，创新成果转化成专利技术的效率低，转化为经济效益的比例则更低。[②]在非市场化导向的环境下，政府对创新管理的"边界"比较模糊，政府在资源配置、攻关目标、商品化产业化全过程都在起主导作用，科技

---

①车娇. 中国民营企业创新研究[M]. 湘潭：湘潭大学出版社，2009：123—124.
②史晋川. 中国民营经济发展报告（2018年）[M]. 北京：经济科学出版社，2019：357—380.

管理部门对于研发管理的过度干预会导致技术创新的效率损失，高校与民营企业的合作研发不尽如人意。系列因素严重阻碍了民营企业的技术创新。未来市场应该真正成为配置创新资源的力量，市场环境应更加统一、开放、竞争、有序，企业真正成为技术创新的主体，政府与市场的边界更加明晰，市场对创新资源配置的导向作用应得到充分发挥。

第二节　民营经济高质量发展的组织制度障碍

一、影响民营经济高质量发展的市场准入障碍

在我国民营经济发展的历程中，民营经济的市场准入与产业准入一直是影响民营经济发展的重要问题和障碍。民营经济在面对政府主导的市场和产业进入规制时，总是处于相对弱势的一方，这一方面是由于信息的不对称，另一方面也是国企以及相关政府部门存在进入壁垒。从历史上来看，政府对于民营企业的进入规则主要有以下两种情况：[①]

一是出台产业指导性政策，明确哪些领域允许民企和社会资本进入。2013年颁布的《国务院关于国有企业发展混合所有制经济的意见》中，明确对于"重要水资源、森林资源、战略性矿产资源等开发利用"，要"实行国有独资或绝对控股"，但是又提出"在强化环境、质量安全监管的基础上，允许非国有资本进入，依法依规有序参与开发经营"。类似的规定还出现在通信、核电、国防军工等官方自然垄断或国家重大战略性行业，这类指导性政策文件，直接明确规定了民营资本能否进入某一特定行业。可以看到，大多数关系国计民生、国家安全的战略性产业，都基本上排除民营企业准入。

二是通过行政审批制度，给民营企业设置一些行业障碍。在国有企业改革的推进进程中，大量国有企业依然处于政企未完全分离的状态，政

---

① 史晋川. 中国民营经济发展报告（2018年）[M]. 北京：经济科学出版社，2019：303—327.

府为了保护国有垄断性企业的利益以及从国有企业那里得到税费收入的利益，依然会利用行政手段对有可能威胁国有垄断性企业地位的民营企业实行进入阻挠。①而为了消除这种影响和障碍，民营企业往往会寻求建立政治关联，或利用向政府官员提供租金等手段，而这无疑大大地提高了民营企业的产业和市场进入成本，同时又在很大程度上保护了低效的国有企业。

类似于这些障碍，在过去和现在的民营经济发展进程中屡见不鲜。随着我国体制改革的不断深入，许多不合理的对民营企业市场和产业准入的障碍、限制，在逐步地清除，使得民营企业的经营范围得以极大地拓宽。但我们也必须看到，政府对于民营企业的市场和产业准入依然存在着许多规制或障碍，亟待克服。民营经济的高质量发展需要进一步的制度保障。

二、影响民营经济高质量发展的产权问题

新制度经济学认为，制度创新是经济增长的主要源泉，也是社会经济发展的根本原因。一套与生产力水平和经济发展水平相适应的经济制度，可以对民营经济起到提高经济效率、降低交易成本、减少不确定性等作用。产权制度是民营经济发展制度创新中最基础也最重要的一项制度。正如现代产权经济学创始人阿尔钦一直强调的，当社会上两个或两个以上的个体对同一商品有需求时，就意味着竞争，而约束竞争和解决冲突的规则就是产权。②

部分民营企业产权不明、权责不分，是制约民营经济高质量发展的严重阻碍，由于目前清晰明确的产权保护制度还不完善，在政府监管的过程中很容易出现"一抓就死、一放就乱"的局面，从而导致市场秩序混乱、产品同质化严重等问题，劣币驱逐良币的现象时有发生。

---

①杨天宇. 政府审批制度改革与民营企业的市场准入[J]. 财经问题研究，2003（11）：13—16.
②盘和林. 发展民营经济仍需制度创新保驾护航[EB/OL]. （2019-10-17）[2019-12-29].
http://views.ce.cn/view/ent/201910/17/t20191017_33364853.shtml.

三、影响民营经济高质量发展的税收金融体系

（一）创新税收金融扶持力度有待提高

随着国家自主创新示范区建设的推进，所在地区都在积极探索提升创新能力、优化创新绩效的税收和金融政策环境。国内先进地区创新扶持税收金融政策呈现出体系化的特征。如中关村管委会于2017年提出"1+4"资金政策支持体系，即重大前沿项目与创新平台建设1项精准支持政策，创业服务、创新能力建设服务、科技金融服务和"一区多园"统筹服务4项普惠性服务政策。2019年4月，又发布新版"1+4"资金支持政策，体现了税收金融政策的衔接性。

目前，对创新的税收金融扶持散见于《关于实施创新驱动发展战略建设国家自主创新示范区的意见》《关于加速高新技术企业培育发展若干措施的通知》等政策文件，专项的创新税收金融扶持政策较少，且不成体系。且相关政策成文时间较早，目前尚未推出更新版，政策衔接度上比较不够。国内先进地区在金融工具创新上也在进行不断探索。

例如，中关村在全国率先开展"双创债"和绿色债发行试点，进一步优化了中关村的科技金融环境；合肥高新区对市政府推介的小型工业企业实行贷款贴息和担保费补贴政策；深圳高新区设置金融创新奖和金融科技专项奖，具有激励创新作用；天津自创区园区推出"创新创业通票"制度等。

相比之下，各地对高新技术企业科技金融支持还是比较传统的风险补偿资金投入、产业发展基金支持、贷款贴息支持等方式，金融工具创新性不够，且未能将金融支持与企业绩效进行匹配，融资的后续管理有待加强。

（二）民营企业融资困难，融资成本高

融资困难、融资成本高一直是困扰着民营经济实现高质量发展的亟待解决的一大难题，也在一定程度上影响着民营企业的可持续发展和资金供给。

民营企业，特别是传统的制造业，普遍存在着创新不足，发展后劲不

足，没有形成较为有效的资金保障机制和长期筹资困难等问题，致使银行在对这些民营企业进行资信和综合实力评估时，无法对其做出较为客观、准确的判断。

近年来，民营企业通过相关渠道进行融资的成本居高不下。以福建省为例，福建省民间借贷月利率水平基本在1.5%—2.5%，小额贷款公司的短期借贷如过桥贷、解押等利率多在1.5%—2%。通过第三方中介担保机构从银行获取贷款的手续费也较高，1年期贷款手续费约8%。[①]银行依然普遍存在惜贷、慎贷、怕贷现象，部分银行抽贷、压贷现象仍然存在。究其原因，一是小微企业缺乏有效抵押物，部分股份制银行对民营企业，特别是小微企业贷款利率在基准利率基础上再上浮60%，有的甚至上浮100%，使民营企业贷款成本大多在10%以上。二是小微企业管理、经营、财务等制度不健全，信用等级也较低，银企之间信息不对称，进而导致相关的费用高。三是各银行为控制借贷风险，将信贷管理权限回收。银行县域运行流动资金贷款权限收缩，使得在县域经济占主体地位的小微企业获取银行借贷资金的难度进一步加大。

四、影响民营经济高质量发展的管理体制障碍

（一）创新服务管理体制有待完善

改革科技创新服务职能部门，构建科技服务有序管理机制，是助推民营企业自主创新有效运作的重要途径。目前，众多地方政府部门的科技创新服务管理采取传统行政科室与下属单位并行的模式。以福建省泉州市为例，其组织架构如图6-1所示。

---

①夏汛鸽. 民营经济调研述评（2017—2019）[M]. 北京：中国经济出版社，2019：106—108.

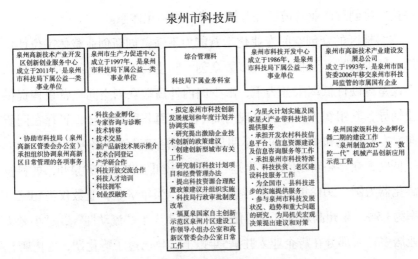

图6-1 泉州科技创新管理的组织结构

泉州市科技局综合管理科负责福厦泉国家自主创新示范区泉州片区建设工作领导小组办公室日常工作和高新区管委会办公室日常工作,此外还承担其他全市科技创新相关的管理工作。同时,科技局下属的泉州市生产力促进中心、泉州高新技术产业开发区创业服务中心、泉州市科技开发中心等公益一类事业单位以及泉州市高新技术产业建设发展总公司等市属国有企业也承担部分创新管理职能。

相对而言,泉州科技创新服务体制相对滞后、多轨并行,有待持续整合相关部门管理职能,成立推进科技创新的专门行政服务机构,同时依据泉州民营经济的不同产业特点优化创新服务,最大限度提升政府对企业创新活动的服务效率,逐步建立符合创新规律的"服务型"民营企业管理制度。

(二)创新服务平台管理绩效有待提高

创新服务平台最核心的功能是搭建资源聚合和开放共享的枢纽,在更大范围组织调配创新资源。以泉州市国家高新区为例,与国内先进地区相比,泉州高新区在创新平台管理上还比较滞后。就模式创新而言,泉州的一些孵化器和众创空间还停留在提供场地和硬件设施层面,未能针对不同类型、阶段的企业提供不同形式的载体和不同内容的服务。而像天津智慧山科技文化创意产业基地已经开始构建层级孵化体系。

许多地区的众创空间专业化运营能力不强，创新创业载体工位使用效率低。缺少高端运营机构，大多数众创空间主要以提供网络空间工位和公共会议室等硬件低端服务为主，缺少国内外高端众创空间运营机构提供的创业辅导，其组织方式多数表现为简单集中而非思维聚合，且存在同质化倾向，专业特色和主攻方向尚不明显，更遑论建设创新服务品牌。

同时，众多高新区创新平台运行效率比较低。以福建省泉州市的科技企业孵化器为例，2018年泉州在孵企业288家，当年毕业企业数仅为10家，孵化率为3.5%。泉州高新区区内孵化器很多都丧失了"流动性"，"小老头"企业居多，大部分在孵企业入驻满5年以上，早已过了孵化期，区内孵化器主要以房租为营利收入，没有强制退出的主动性和意愿，孵化器"园区化"趋势越来越明显，孵而不走现象突出。国内成都、广州和武汉高新区累计毕业企业均在3500家以上，①泉州远远落后。而且，国内部分地区已开始加强对创新平台的绩效考核管理，如合肥出台《合肥高新区科技创新孵化载体管理办法（试行）》，对众创空间、孵化器、加速器管理实行区级备案制，并以总量评价和年度增量评价相结合的方式实行年度绩效考核。目前泉州关于创新平台建设的政策文件，如泉州市科技局《关于发展众创空间促进创新创业的实施意见》和泉州市人民政府办公室《关于加快科技企业孵化器建设与发展若干措施的通知》均侧重于扶持层面，尚未涉及绩效考核。

第三节　民营经济高质量发展的非正式组织制度障碍

一、社会普遍存在的传统意识形态

在当前社会经济中，我国社会经济的部分行业的垄断仍然存在，对民

---

①科学技术部火炬高技术产业开发中心，中科院科技战略咨询研究院中国高新区研究中心.
国家高新区创新能力评价报告2018：暨高新区三十年回顾与展望[M]. 北京：科学技术文献出版
社，2018：133—142..

营经济不公正的外部环境等相关社会现象依然存在。

目前，国有、集体、私人所有制的企业，其内涵与外延已发生了重大或根本性的变化。因此相应地必须树立新的所有制观念。未来我国的基本经济结构将是以国有经济为主导、以混合经济为主干、以民营经济为主体的形态。以国有经济为主导，主要是指国家掌握最重要的自然资源配置，国有控股企业在最重要的战略行业领域与重要的公共服务领域起龙头作用。以混合经济为主干，主要是指各类混合经济企业（包括民营企业）成为推进社会经济发展的主干力量。以民营经济为主体是指民营经济是我国微观经济的最大市场主体、最大企业群体。[①]三者相辅相成，互为纽带。这三类企业共同推进我国社会经济的健康发展，它们只有功能不同，无高下、优劣、贵贱、好坏之分。

二、民营企业的家族式管理

一些民营企业管理不规范，尚未建立起有效的现代企业制度，奉行家族式管理，独断专行，缺乏科学管理理念和管理方法支撑。企业的发展过分依赖企业家个人，控制权通常实行继承式，不利于引进专业化高端人才。数量庞大的民营企业，尤其是中小企业依然"大而不强"，增长主要靠"量"，即生产要素的投入和投资的拉动，而不是通过技术、管理的创新。很多民营企业不想创新，也不敢创新，甚至创新不如"抄新"，致使整体制造业创新水平在低位徘徊。部分作为创新主体的民营企业，面临创新能力不足、创新人才匮乏而陷入"不会创新""无法创新""不能创新"的困境，技术含量低、信息不对称使各地重复建设、重复生产严重，陷入了低端竞争陷阱无法自拔，转型升级更是无从谈起。

不可否认，很多民营企业的成功发展与民营企业家的个人努力和独到的眼光是紧密相关的。随着民营企业规模不断地发展壮大，一些民营企业

[①]大成企业研究院编.2018年民间投资与民营经济发展重要数据分析报告[M]. 北京：社会科学文献出版社，2019：13—15.

家的自信心极度膨胀，总觉得自己无所不能，逐步养成了一个人说了算，一个人包打天下的习惯。①虽然一些民营企业也配备了一些职业经理人，但这些副手们并不能在企业的日常管理中真正地发挥应有的作用，无法平等地参与企业的管理。特别是在一些重大的项目决策时，决策的依据并非客观的市场调查报告、可行性论证报告和对未来市场发展趋势做出的科学、正确的预测，而是仅凭企业主的感觉、直觉做出的判断。这无疑在很大的程度上增加了企业经营的风险性，企业的决策也往往会偏离正常的轨道，导致了企业发展的未来不确定性大幅提升。

三、创新环境和企业家精神

（一）创新服务氛围营造有待加强

各地在科技创新氛围营造方面，主要的做法有加大创新宣传力度，建设创新体验场所和组织载体，开展参观交流、公益讲坛、创业论坛、创业培训、项目路演等活动，加强知识产权保护与利用等。

以福建省泉州市为例，在创新宣传方面，泉州科技局对创新政策的宣传以各类推介会为主，或通过企业人事部门分发宣传手册，受众和宣传力度均受到限制，政府、企业和人才之间的信息互动的丰富性有待完善。而像杭州高新技术产业开发区则通过全媒体矩阵不断营造鼓励创新的氛围。

在体验场所和组织载体建设上，比较有代表性的如上海浦东软件园推出浦软创新体验中心，为园区企业提供一个科技创新实力与企业品牌核心价值的展示平台；深圳市政府出资举办创新总裁俱乐部，构筑"官、产、学、研、资、介"资源共享平台，促进创新型企业的发展和成长。

目前，泉州市尚未建立类似的体验场所和组织载体。在活动开展方面，泉州结合丰泽区成为国家双创示范基地的契机，策划了一系列双创活动，但比较有影响力和持续性的双创活动品牌尚不多见。

---

①王爱琴. 民营企业激励体系的构建与创新研究[M]. 北京：北京理工大学出版社，2016：45—48.

在知识产权保护与利用方面，泉州目前的知识产权保护与利用政策集中于专利和新兴战略产业方面，如《关于泉州市专利事业中长期发展规划的通知》《关于促进专利运用和保护的意见》《关于加强战略性新兴产业知识产权工作的实施意见》等，综合性知识产权政策尚比较缺乏。

（二）创新服务开放合作有待深化

为响应国家全面开放合作战略要求，加快开放合作已经成为民营企业自主创新的重要任务之一，也是整合全球资源的必经之路。目前各地政策着力点主要在于鼓励企业设立海外机构、申请国际知识产权、与境外科技园区建立战略合作、支持国际中介机构发展等方面。

以福建省泉州市为例，《福厦泉国家自主创新示范区泉州片区发展规划（2019-2025）》提出"提升国际化发展水平""全面融入'一带一路'"等主要任务，提出加强与美国、欧洲、以色列等创新型国家和地区，以及21世纪海上丝绸之路沿线国家（地区）的创新创业交流、共建和合作。

除国际协同创新外，区域开放合作也是企业科技创新的重要方向。2017年6月，国家发改委等八部门联合印发支持"飞地经济"发展的指导意见。在这方面，比较有代表性的如武汉东湖高新区与黄冈市签订的《深化共建光谷黄冈科技产业园协议书》，通过科技、人才、企业、产业、模式、品牌等创新基因的输出，形成"1+8"的"环武汉科技圈"。

目前，以武汉飞地经济模式建设的园区已有20个。而且，武汉还在探索"区域股份合作制"，实现共赢发展。《福厦泉国家自主创新示范区泉州片区发展规划（2019-2025）》提出"发挥自创区联动作用""促进区域协同创新""深化对台交流合作"等主要任务，推动泉州自创区与省内外城市在高端人才集聚、创新平台建设、创业服务优化、科技型企业培育、创新合作等方面的协同。

可以看出，目前泉州在创新服务开放合作方面已制定了相关发展规划，但在将这些规划转变为具体的、可以落地的实施方案方面还比较滞后。目前国内大多数地区均存在着类似的情况亟待解决。

（三）企业家精神培育方面

中华民族的伟大复兴、中国民族工业的振兴，离不开一支有刚毅"魂魄"的企业家队伍。而这个"魂魄"就是代表中华民族时代文化主流的企业家精神。

历史与实践证明：企业家是经济的统帅，企业家精神决定了经济发展的成败。企业兴，则国家兴；企业强，则国家强。一个国家的经济总量，在很大程度上取决于企业家的数量和质量；一个工业国家企业组织是否完善，经济增长速度是快是慢，关键在于它有没有聚集起成熟的企业家群体。企业家是企业发展的关键，培养企业家的关键是企业家精神。[①]习近平总书记在中央经济工作会议上指出，要注重发挥企业家才能，锻造并拥有一大批名副其实的企业家就是我们干宏伟事业的"善事之器"。

当前，对企业家精神认识上存在着一些习惯思维、保守思想和陈旧观念，必然导致在企业管理层中一些消极现象的存在。如不愿主动适应市场经济的挑战，不敢去市场中搏击冲杀，做事畏首畏尾，缺乏魄力和勇气，更不敢跨越和冒险。工作中墨守成规，缺乏敢为人先、事先突破、开拓创新的意识，思想上故步自封、停滞不前，行动上不愿进取，缺少优秀企业家的源动力。

这些习惯思维、保守思想和陈旧观念排斥新事物、拒绝新发展，如果不及时剔除而任其成长，就会使我们的民营企业在面对深化改革征途中的困难和挑战时一筹莫展、束手无策，不利于未来民营企业的高质量发展和转型升级。因此，培育企业家精神，用企业家精神丰富和武装思想、转变观念、开阔视野，是民营企业实现高质量发展中最为现实和最为迫切的需求。锻造一批具有企业家精神的领导者，是民营企业高质量发展的需要，也是企业管理者价值自我提升的必然选择。

民营企业的"魂"是现代企业制度，就是企业的核心竞争力；"魄"

[①]企业家作为企业的灵魂，必须具备独特的精神品质，驱动他们不停创新进取，犹如"神助"般不断做出精准的判断和正确的选择，这种特质被称为企业家精神。企业家精神是企业精神的人格化、具体化，是民族精神表象的载体。

是现代企业家精神，就是现代民营企业的价值观。如今，民营企业经过几十年的发展，现代企业制度建设、企业的组织构架等"铸魄"的"硬件"工作已经初步完成，而进行系统升级、打造"软实力"的凝魂聚气之事，已经成为未来民营企业高质量发展进程中深化改革的重中之重。将企业家精神转化为民营企业各级管理者的领导力，转化为企业的创新力和执行力以及企业全体员工的发展力，进一步形成企业独特的文化力[1]，将企业家精神的正能量转化为民营企业高质量发展的动力，是民营企业今后一个时期发展的关键。

第四节　本章小结

本章主要分析了在我国民营经济高质量发展进程中存在的一些主要的困境，如民营企业的创新力和竞争力有待提升，公平公正的市场竞争环境有待改善，民营企业税负负担过重，融资难的现象普遍存在，其运行成本相较于国有企业而言大幅提升，在民营经济发展中，创新激励的体制建设尚不成熟、不完善。正式组织制度障碍（主要包括市场准入障碍、产权问题、税收金融体系和管理体制等）和非正式组织障碍（主要包括传统意识形态对民营企业的偏见、家族式管理的制约、创新环境未得到完全改观以及企业家精神的培育方向不明等）的存在，制约着民营经济高质量发展和转型升级。

---

[1]笔者认为，文化力是民营企业发展的软实力，是民营企业竞争力的关键因素。随着市场、人才和资本的国际化，企业间的竞争已从传统的产品竞争、人才竞争、资源竞争走向文化竞争。借助文化的力量，开发文化资源，成为企业制胜的法宝。把企业家精神转化为文化力，就要充分发挥民营企业文化的导向、凝聚、激励等基本功能，并使之与物质生产结合，从而使民营企业获得持续发展的内在和外在的动力，提升民营企业的国际竞争力。

第七章　民营经济高质量发展的制度创新

美国著名经济学家诺思提出"制度决定论"，认为制度是经济增长的根本源泉。制度具有牵引力的作用，将会引导社会主体和资源合理流动，实现经济跨越式发展。[①]

第一节　营造民营经济高质量发展的良好营商环境

一、营销环境的概念

营商环境是指市场主体在准入、生产经营、退出等过程中涉及的政务环境、市场环境、法治环境、人文环境等有关外部因素和条件的总和。营商环境是企业全生命周期中所依赖的行政管理环境、法律环境、市场环境和社会人文环境的总称，是市场主体投资决策的依据，是运营发展的倚重。[②]

营商环境包括影响企业活动的社会要素、经济要素、政治要素和法律要素等，是一项涉及经济社会改革和对外开放众多领域的系统工程。一个地区营商环境的优劣直接影响着招商引资的多寡，同时也直接影响着区域内的经营企业，最终对经济发展状况、财税收入、社会就业情况等产生重要影响。

[①]盘和林. 民营经济，我国经济系统至关重要的增长动力[EB/OL]. （2019-09-19）[2019-12-29]. http://views.ce.cn/view/ent/201909/19/t20190919_33178837.shtml.

[②]史亚洲. 民营经济高质量发展的营商环境问题研究[J]. 人文杂志，2019（9）：121—128.

营商环境是经济软实力的重要方面，也是综合竞争力的重要体现。[①]为民营企业进一步营造公平竞争的营商环境，关系到国家治理体系和治理能力现代化的顺利推进。[②]优化营商环境，对于激发市场主体活力，提升经济社会发展动力具有重要意义。

二、改善民营经济发展的营商环境的意义

优化营商环境就是解放生产力、提高竞争力。当前，我国经济已由高速增长阶段转向高质量发展阶段。推动经济高质量发展，不仅需要改善基础设施等"硬环境"，更需要在营商环境、政商关系等"软环境"上实现新的突破。[③]

（一）优化营商环境是改善政商关系的重要抓手

党的十八大以来，政商关系改革的目标非常明确，就是要转型到"亲""清"关系。长期以来，改善政商关系就是团结新生社会阶层、进一步提升非公经济人士的政治参与度和政治认同感。

而营商环境概念的出现，则为广泛构建"亲清"政商关系提供了新的思路和抓手。近年来，在全国范围优化营商环境的背景下，各地方政府进一步深化"放管服"改革，通过执行一批负面清单，有效地改善了民营企业的经营环境。尤其是行政审批改革，不仅使政府服务效率有了较大的提升，也使政府和企业的关系进一步理顺。民营企业创办和经营中的交易成本也将空前降低。

---

①中国财政科学研究院民营经济营商环境调研组. 民营经济营商环境发展报告——基于"降成本"调研[J]. 财政科学，2019（10）：38—55.

②王忠明. 全面改善营商环境 促进民营经济健康发展[J]. 人民论坛，2019（3）：88.

③韩阳. 构建"亲清"政商关系 打造优质营商环境[EB/OL]. （2019-10-22）[2019-12-31]. http://views.ce.cn/view/ent/201910/22/t20191022_33398324.shtml.

（二）优化营商环境是实现经济高质量发展的必然要求

从历史逻辑来看，改革开放40多年来，我国经济社会发展的"人口红利""政策红利"逐渐弱化，未来经济社会发展主要依靠"人才红利""创新红利"来驱动。

在这一背景下，构建既"亲"且"清"的政商关系，营造稳定透明的营商环境，有利于进一步破除各种束缚创新发展活力的桎梏，让创新创业者的聪明才智得到充分释放，使民营经济的发展步入通过创新提质增效的发展轨道。

当前，我国经济面临着复杂严峻的形势，经济下行压力加大。要顶住经济下行压力，就务必更大程度地激发市场主体活力。要让市场主体苗壮成长，政府就必须重新审视和处理与企业之间的关系，提供良好的营商环境。

此外，当前全球经济贸易格局正在发生深刻变革。国际经济体之间的竞争，在很大程度上是营商环境的竞争。中国经济已深度融入世界经济，要在国际竞争中积累优势，就必须在优化营商环境上取得更大进步。从这个意义上讲，优化营商环境已成为推动民营经济高质量发展的必然选择。

三、民营经济发展的营商环境改善

习近平总书记指出："非公有制经济在我国经济社会发展中的地位和作用没有变，我们毫不动摇鼓励、支持、引导非公有制经济发展的方针政策没有变，我们致力于为非公有制经济发展营造良好环境和提供更多机会的方针政策没有变。"[1]

当前，我国营商环境已经取得很大改善，世界银行2019年发布的《营商环境报告》显示，在190个经济体营商环境便利度排名中，中国位居第46位，较上一年提高32位，首次进入前50名。习近平总书记指出，"营商环境没有最好，只有更好"。

---

[1]2016年3月4日，习近平在民建、工商联界委员联组会上的讲话。

优化营商环境是为各类市场主体创造公平竞争和发展环境的持久工程。因此，各级政府要聚焦民营企业关切，打造法治化、规范化、国际化营商环境，为推动新时代民营经济高质量发展提供有力的支撑。①

（一）推进政府职能转变

民营经济的发展需要以民营企业为主导，以市场竞争体系为核心，不健全的市场机制和不恰当的政府干预都将影响民营企业的生产经营。为了促进民营经济的发展，政府也在不断地优化职能，将工作重心放在维护公平有效的市场制度上，而减少对市场交易的直接干预。

第一，锻造政策合力，优化政务环境。落实中央"放管服"政策和2019版负面清单要求，强化"有求必应，无事不扰"的政务理念，提高政策协调性和执行力；继续减少审批环节、时间与费用，推广"最多跑一次"改革实践；构建"亲不逾矩、清不远疏"的新型政商关系，开通"民企亲清热线"，制定《规范政商交往正面清单》，引导干部坦荡真诚为民营企业服务。鼓励民间资本重点投入国家重大战略及补短板的领域和项目，鼓励各地借鉴有些地方建立民营企业贷款风险补偿机制、开展"银税互动"等做法，加大对民间投资的融资支持。

第二，切实降低成本，优化要素环境。政府应扮演好制度供给者的角色，通过提供良好的制度保障，民营企业的正常经营和利益才能有所保证，才会有整个民营经济的快速发展。应采取符合市场竞争原则的措施，适当降低社保费率，拓宽民营经济直接融资与间接融资的渠道并降低融资成本，破除区域壁垒，降低物流成本。

第三，规范竞争秩序，优化市场环境。依照行政许可法完善各级地方性法规，打破行业和部门垄断，实现各类企业平等的政策待遇，包括同等的市场准入、招投标、融资、税收、土地使用、财政贴息、政府采购等；推动民间资本有序进入基础设施和公用事业、教育、医疗、文化等领域。

---

①邹薇. 内外兼修 推动新时代民营经济高质量发展[EB/OL]. （2019-10-09）[2019-12-29]. http://views.ce.cn/view/ent/201910/09/t20191009_33287302.shtml.

第四，坚持创新驱动，优化创新环境。建立高水平国家科学中心，形成原始创新的磁场和合力，促进科技成果转化；营造鼓励创新、宽容失败的社会氛围；加大产业服务平台建设，提供专业的信息、技术、创业、培训、融资、管理、法律、代理等公共服务，鼓励和奖励民营企业参与制定国家标准和国际标准。

（二）完善法律体系，为民营经济发展保驾护航

第一，提高司法效率，优化法治环境。开展集中惩治拒执罪专项行动，解决判决执行难问题；完善涉民营企业冤错案件的甄别、纠正工作机制，对民营企业的一般违法行为，防止"一刀切"做法，慎用查封、扣押、冻结财产等措施；遵守"法不溯及既往"原则，依法处理民营企业历史遗留问题。

第二，完善有关民营经济发展的法律体系。制定对网购、进出口等重点领域加强知识产权执法的实施办法，保护企业家的知识产权和自主经营权。推动修订专利法、著作权法等相关法律，探索建立知识产权侵权惩罚性赔偿制度，提高法定赔偿上限，对侵权者形成有力的震慑。推动在更多创新活跃地区设立知识产权保护中心，提高维权保护的便利性，解决好实践中存在的侵权成本低、企业家维权成本高的问题。推进知识产权保护中心建设，健全保护中心运行与管理体系，切实保护民营企业海外维权能力。

第三，政府应进一步为企业家创新创业营造良好法治环境，让企业家安心经营、放心投资、专心创业。依法保护企业家的人身自由和财产权利。推动完善财产权保护法律规定，防止利用刑事手段干预经济纠纷。依法保护守信企业家的合法权益，切实保护产权和企业家合法权益。

第四，进一步完善知识产权保护制度。①在立法层面，针对现阶段依旧存在的法制不健全，保护意识不强，知识产权侵权现象依旧比较普遍等问题，应进一步完善和健全知识产权保护制度，对反复性、群体性侵权和

①史晋川. 中国民营经济发展报告（2018年）[M]. 北京：经济科学出版社，2019：357—380.

假冒专利、屡查屡犯等违法行为做出严厉的处罚，促进企业守法，更好地维护市场秩序，保护民营企业的健康发展，从而更加充分地发挥知识产权保护制度的激励作用。在执法层面上，可以考虑在各地法院体系中成立知识产权法院，提升知识产权创造、运用、保护、管理和服务能力，加强专利行政执法跨区域、跨省份协作机制。健全问责机制、追诉机制以解决诉讼成本高、执法效率低的问题。建立全国性的知识产权违法企业曝光查询平台、诉讼平台，以降低诉讼成本、提高惩罚力度，增强知识产权行政执法的权威性，以维护被侵权企业的权益，形成和谐健康有序的市场秩序。

（三）制度环境和政策支持

对于民营经济来说，要加快推动产业转型升级，实现由规模速度增长向内涵质量发展的转变，最关键、最核心的因素是实现从要素驱动到产业局部的创新嵌入，再到全面的产业创新。在全面创新驱动时代做优做强做大民营经济，需要新的制度环境和政策支持。

第一，实施民营经济创新工程，强化创新指导与扶持。根据经济向上突围和产业转型升级的需要，强化民营经济创新分类指导与重点扶持。着重引导民营经济涉入"互联网+"、物联网、云计算、智能机器人、大规模定制化生产、3D打印、可穿戴设备等新经济产业链若干增值环节。

第二，完善配套服务功能，推动民营经济创新基地发展。依托产业园区，或利用城市"三旧"改造场所和商用场地建立创新基地。在民营企业聚集地，可侧重在产业集群区内、高新技术园区内建立基地，侧重在产业转移园内、工业园区建立创新基地。

第三，增强财政资金支持力度，鼓励金融创新，改善民营经济融资环境。加大支持民营经济创新的财政资金规模。在财政预算中安排扶持民营经济创新的专项资金，通过贴息、政策担保、风险补偿、奖励资助等方式，重点支持民营经济自主创新和转型升级项目。积极引导金融机构落实对民营经济的金融支持政策，扩大对民营经济的贷款规模和比重。

第四，推进行政审批制度改革，完善税收和政府采购政策，优化民营经济营商环境。简化行政审批手续，免除行政事业性收费，推行网上审批、并联审批和服务质量公开承诺等做法，不断提高行政审批服务水平。各地应加快落实扶持民营经济发展政策，落实国家和省清理收费各项政策，大力减轻企业负担。制定政府采购扶持民营经济的操作性制度。明确规定民营企业参与政府采购中标份额和范围；降低民营企业参与政府采购的准入门槛。提高民营企业参与政府采购的竞争意识、产品质量和服务能力。

（四）建设法治化国际化的营商环境

2018年9月27日，习近平总书记在辽宁视察时说："我们要为民营企业营造好的法治环境，进一步优化营商环境。党的路线方针政策是有益于、有利于民营企业发展的。""必须加强产权保护，健全现代产权制度，加强对国有资产所有权、经营权、企业法人财产权保护，加强对非公有制经济产权保护，加强知识产权保护，增强人民群众财产安全感"。[①]

切实加强对营造法治化、国际化营商环境的组织领导，建立工作目标责任制，健全营商环境考评监督机制，把打造法治化、国际化营商环境工作列入各级部门年度考核内容。健全商事纠纷非诉讼解决机制，加快形成与国际接轨的管理制度和行事法则。建设透明高效政务环境，精简和规范行政审批，简化商事登记管理，拓展电子政务，促进企业投资便利化，提升政务窗口服务效率。建设有序竞争的市场环境，完善中小微民营企业服务体系。建设具有国际先进水平社会信用体系、市场监管体系、市场服务体系。建设和谐稳定社会环境，创新社会治理模式，培育发展经济类社会组织。

---

①2016年5月16日，习近平在中央财经领导小组第十三次会议上的讲话。

第二节　建立公平公正的市场准入和市场竞争制度

一、放宽市场准入

政府应适应社会经济发展的需要，应逐步改革民营企业的市场准入制度。应进一步大力降低民间资本进入重点领域的门槛，拓展民营经济发展空间，是解决当前民营经济高质量发展的前提。进一步放宽重点领域对民营企业的准入门槛，继续破除民间资本进入重点领域的隐性障碍，加快落实《市场准入负面清单（2018年版）》，鼓励民间资本重点投入国家重大战略及补短板领域项目，鼓励各地借鉴有关地方建立民营企业贷款风险补偿机制、开展"银税互动"等做法，加大对民间投资的融资支持，进一步发挥民营企业在补短板、扩内需、稳就业方面的积极作用。

凡是法律法规未明文禁止的行业和领域都可以鼓励民营资本进入，凡是已向外资开放或承诺开放的领域都应该向民营资本开放。进一步放宽民营企业的市场准入，放宽金融、通信、文化、体育、交通运输等服务业领域的投资"门槛"，鼓励并引导民营企业参与国有企业改革，采取各种形式拓宽民营经济的市场准入。鼓励民间资本以联合、联营、集资和入股等形式进入基础资源类行业。在基础资源类行业采取特许经营招标投标等形式和选择项目法人的方法吸引民间资本投资基础资源类行业，盘活资源类存量资产，吸引民营资本进入。鼓励民营资本和民营企业进入社会公共事业领域，加快市政公用基础设施投资多元化，为民营企业的进入创造条件。鼓励和引导民营企业参与国有企业改革，发展混合所有制经济，实现各种所有制资本取长补短，相互促进、共同发展。

二、深化制度改革，确保民营企业享受公平的政策待遇

（一）深化体制改革

民营经济发展涉及社会稳定、国家进步、人民生活水平提升等一系列问题。在政府管理和银行融资方面，对包括民营企业在内的各市场主体同等对待、一视同仁。应当努力消除非公平性政策和限制性措施，积极营造公平竞争环境，在市场准入、审批许可、经营运行、招投标、军民融合等方面，给民营企业发展提供充足的市场空间。

在新时期切实推动民营企业可持续发展，应当努力消除非公平性政策和限制性措施，积极营造公平竞争环境。鼓励民营企业参与国有企业改革，推进产业政策由差异化、选择性向普惠化、功能性转变，清理违反公平、开放、透明市场规则的政策文件，加大反垄断、反不正当竞争的执法力度。

（二）落实减税降费措施

进一步落实好减税降费措施，切实降低民营企业成本负担。2019年的《政府工作报告》指出，实施更大规模的减税，明显降低企业社保缴费负担，确保减税降费落实到位。如何更好地落实这一政策，关键要对症下药，持续提高减税降费政策实施的精准性、实效性和针对性，有效推进问题清单和整改台账工作，让企业切实享受到减税降费带来的好处。

抓好供给侧结构性改革，实质性降低企业负担。加大减税力度，推进增值等实质性减税，增强企业获得感。对小微企业、科技型初创企业可以实施普惠性税收免除。根据实际情况，降低社保缴费名义费率，稳定缴费方式，确保企业社保缴费实际负担有实质性下降。[1]

---

①武汉市总商会，武汉大学中国新民营经济研究中心. 新民营经济研究[M]. 北京：人民出版社，2019：182—190.

三、营造公平的市场竞争环境

习近平总书记指出："要坚持'两个毫不动摇'，落实鼓励引导支持民营经济发展的各项政策措施，为各类所有制企业营造公平、透明、法治的发展环境，营造有利于企业家健康成长的良好氛围，帮助民营企业实现创新发展，在市场竞争中打造一支有开拓精神、前瞻眼光、国际视野的企业家队伍。"①

良性的市场竞争在绝大多数的情况是配置社会资源的最有效手段。政府要意图营造和谐适宜的市场竞争环境，坚持公平竞争、平等自愿、自由选择，应强调要素资源的市场化配置。进一步打破垄断，形成公平、公正的市场经济环境，为民营经济能够与国有经济同台竞争创造公平的竞争环境。政府的职能也要实现从"全能"向"有限"，从"管制型"向"服务型"转变，把主要精力集中到不断促进经济主体内生动力机制的形成上来，以重构民营经济经营的商业文明体系。

要突出供给侧结构性改革主线，抓好"三去一降一补"工作，深化土地、金融、劳动力、技术等要素市场改革，促进民营企业能平等使用生产要素、公平参与市场竞争。

坚持"两个毫不动摇"，及时纠正政策偏差，在平等保护产权、平等参与市场竞争、平等使用生产要素方面积极落实民营企业发展政策，②打破各种各样的"卷帘门""玻璃门""旋转门"，在市场准入、审批许可、经营运行、招投标、军民整合等领域，为民营企业发展营造更加公平的市场环境、更加良好的法治环境、更加优越的营商环境，为民营企业和民营经济的高质量发展创造充足的市场空间。

坚持竞争中立原则，加大竞争执法力度，规范市场秩序，在规则、税收、债务等方面对所有市场主体平等对待，创造公平竞争的良好发展环

①2019年3月10日，习近平参加十三届全国人大二次会议福建代表团审议时的讲话。
②武汉市总商会，武汉大学中国新民营经济研究中心. 新民营经济研究[M]. 北京：人民出版社，2019：182—190.

境。提高监管执法的科学化、规范化水平，落实市场监管"双随机"抽查机制，切实减轻企业负担。查处一批行政垄断案件，坚决纠正滥用行政权力排除、限制竞争行为。①

全面对标国际先进经验，加快推广国内自贸区试点经验，全面落实市场准入负面清单制度，落实各类市场经济主体平等竞争地位，促进民营企业公平参与市场竞争，激发民营经济的活力和经营的积极性、创造性。

第三节　推进产权制度改革

产权制度改革是指随着改革开放的推进，政府引导民营企业进行产权制度改革，实现企业产权从集体所有制到私营企业所有，从公有制到私有制的转变过程。②产权制度是经济社会发展的"助推器"，在制度安排中具有极其重要的地位。诺贝尔经济学奖得主道格拉斯·诺斯认为："在技术没有发生变化的情况下，通过制度创新也可以提高生产效率，实现经济增长。"③因此，即使企业难以在技术上实现突破，但只要通过合理的产权制度安排和改革，同样能激发个人从事生产活动的积极性，引导人们在生产性活动中获得收益最大化，实现经济增长。

一、着力推进产权制度改革

产权制度是民营经济发展制度创新中最基础也最重要的一项制度。通过制度创新来助力民营经济发展，建立系统而完备的产权界定、产权保护、产权转让以及产权使用制度体系尤为重要。产权改革是体制改革的重点。在体制转型中，产权改革是突破口，是主线；在发展转型中，产权界

①武汉市总商会，武汉大学中国新民营经济研究中心. 新民营经济研究[M]. 北京：人民出版社，2019：11—27.
②史晋川. 中国民营经济发展报告（2018年）[M]. 北京：经济科学出版社，2019：27—52.
③王雪梅，谢实. 西方经济学简史[M]. 昆明：云南人民出版社，2005：233.

定和产权清晰是动力源泉。厉以宁（2016）指出，在双重转型中，重点是体制转型，即从计划经济体制转向市场经济体制，并要以体制转型带动发展转型。通过双重转型，在结构性、体制性问题上取得突破，为民营经济高质量发展营造更适宜的发展环境。[1]民营企业的产权制度改革应该从三个方面入手：有效的产权界定、所有权与经营权分离以及股权结构多元化。

第一，通过界定清晰、有效的产权，使法律形式认定的产权与经济事实发生的产权之间保持一致，纠正创业之初挂靠国有或集体企业以获取政策支持造成的产权模糊，解决产权模糊带来的产权纠纷问题，[2]以降低企业运作过程中产生的交易费用，降低其交易成本。

第二，通过分离所有权与经营权，使民营企业告别发展初期采取的所有权与经营权结合的业主制，实现企业家与经营者的分工合作，[3]以满足随着企业规模的扩大而不断增加的专业化运营需求。

第三，通过引导企业进行股权结构多元化改革，摆脱成立初期采取的家族型企业组织形式，分散股权构成，便于吸收股东、筹集资金、扩大规模，实现规模经济效益（Nee，1992）。[4]允许企业管理层持股，以期能显著提高其经营积极性、投资决策的慎重程度和管理才能的有效充分发挥。允许员工持股则有利于改善股权结构，调动员工工作积极性，使员工与企业结为利益共同体，减少企业的经营风险。

---

[1]厉以宁. 中国经济双重转型的启示[EB/OL].（2016-02-25）[2020-01-04]. https://www.sohu.com/a/60441745_114891.

[2]郭丽丽. 民营企业成长中的产权制度改革研究[D]. 天津：天津商学院，2006.

[3]Liu Y L. Reform from below: The private economy and local politics in the rural industrialization of Wenzhou [J]. The China Quarterly，1992（130）：293—316.

[4]Nee V. Organizational dynamics of market transition：Hybrid forms，property rights and mixed economy in China[J]. Administrative science quarterly，1992：1—27.

二、加快完善平等保护产权的体制机制

加快完善平等保护产权的体制机制。民营企业家的信心、安心、专心对民营经济发展十分重要。党的十八届三中全会明确提出，公有制经济财产权不可侵犯，非公有制经济财产权同样不可侵犯。

要加强立法保障，优化行政管理、严打违法犯罪、规范执法行为、强化保障监督。特别要推动完善财产权保护法律规定，推动在妥善处理历史形成的产权案件上取得更大突破，解决一批企业和群众反映强烈的产权纠纷问题，保护企业家人身和财产安全。

2016年11月，中共中央、国务院颁发《关于完善产权保护制度依法保护产权的意见》，明确了"平等保护、全面保护、依法保护、共同参与、标本兼治"五项原则，要求加强各种所有制经济产权保护，完善平等保护产权的法律制度，加大知识产权保护力度，营造全社会重视和支持产权保护的良好环境。不仅要物权、债权、股权，而且要保护知识产权及其他各种无形财产权，让有恒产者有恒心，解除投资创业者的后顾之忧。坚持严格公正规范执法，依法打击破坏企业生产经营、市场秩序的违法乱纪行为，切实保障民营经济发展主体的合法权益。目前，完善产权保护制度、平等保护各类产权相关工作正在扎实推进，并取得明显成效。

第四节　大力弘扬企业家精神

企业家精神是人的行为特征，强烈的使命感和事业心是企业家精神的题中之义。这种精神是一种不可遏止的力量，企业家一旦拥有这种精神，对成就有很高的期望，即使面对不确定情况和其他障碍时，也会表现出一股强大的前进动力，排除万难、积极进取。①

①佚名. 弘扬企业家精神：与时代发展共振 让社会潜力迸发[EB/OL]. （2019-09-16）[2020-01-04]. http://views.ce.cn/view/ent/201909/16/t20190916_33150010.shtml.

一、积极培育企业家精神

（一）培育新时代企业家精神，要改善营商环境，拓展企业家精神生长空间

企业家精神是社会的稀缺资源，是市场经济的活力之源。2017年9月，中共中央、国务院印发《关于营造企业家健康成长环境弘扬优秀企业家精神更好发挥企业家作用的意见》，充分体现了中央对企业家群体、企业家精神、企业家作用的高度重视。党的十九大报告再次强调激发和保护企业家精神，对于全社会正确认识和弘扬优秀企业家精神，营造尊重企业家、尊重纳税人、尊重创新创业者的良好环境，有效激发市场主体活力和民营经济创新能力，促进经济社会平稳健康可持续发展具有十分重要的意义。

激发企业家精神，营造更为公平的市场环境、出台更为宽松的政策和保持更加开放的心态，给各经济主体以平等的市场地位。培养企业家群体，最重要的是要通过改善营商环境、确保规则公平、稳定预期，处理好政府和市场的关系，厘清政府和市场的边界，使市场在资源配置中起决定性作用，同时更好地发挥政府作用，让企业家对发展前景、社会大势有足够的信心。

（二）培育新时代企业家精神，要构建"亲""清"政商关系，赋予企业家精神正道

要切实做到政商关系"亲"，领导干部主动为企业提供服务、雪中送炭，企业投资创业热情就足；要政商关系"清"，领导干部与企业划清公私界限，不"勾肩搭背"，使企业一心一意谋发展。"亲"则两利、"清"则相安，政商关系形成良性互动，为经济社会持续健康发展源源不断注入正能量。

培育新时代企业家精神，不仅要依法保护企业家财产权利和企业知识产权，同时也要塑造良好的社会文化生态，厚培企业家精神的土壤。企业家在企业中的独特地位，决定了企业的核心价值观必然受其重要影响，决定了企业的组织创新、管理创新、价值创新等冒险活动只能由企业家自身承担。同时，也决定了企业经营发展的兴衰成败，从而也就决定了企业核心竞争力能否形成。

二、积极弘扬企业家精神

企业家是社会的稀缺资源，是市场经济的活力之源。在推进民营经济高质量发展的进程中，要大力弘扬企业家精神，充分激发企业管理力、创新力，提高生产效率。充分发挥企业家的引领示范作用，积极打造企业家培养平台，以企业制度创新和治理模式创新来帮助更多员工通过培训提升其技能水平，充分发挥行业协会、商会、产业联盟等组织的作用，支持企业家们加强行业自治自律，提升自我服务能力。

从我国民营经济发展的历史来看，企业家尤其是企业创始人的品质直接影响企业的发展。大力弘扬企业家精神，需要弘扬企业家艰苦奋斗、敢闯敢干、聚焦实业、做精主业的精神，努力把企业做强做优。弘扬企业家精神，也需要弘扬企业家不断创新的精神，为其提供良好的土壤，精心呵护，从而涌现出更多优秀的企业家、更多知名的企业，助力整个中国民营经济迈入高质量发展阶段。

对于广大民营企业家来说，也要珍视自身的社会形象，热爱祖国、热爱人民、热爱中国共产党，践行社会主义核心价值观，弘扬企业家精神，做爱国敬业、守法经营、创业创新、回报社会的典范；要讲正气、走正道，做到聚精会神办企业、遵纪守法搞经营，在合法合规中提高企业竞争能力；要练好企业内功，特别是提高经营能力、管理水平，完善法人治理结构；还要拓展国际视野，增强创新能力和核心竞争力，推动形成更多具有全球竞争力的世界一流企业。

要以全球视野和全产业链视野，结合自身的资源禀赋，准确找到最有利的市场定位和战略选择。在这一过程中，要清晰确定自己企业的核心顾客群，哪个细分市场是自己应选择的目标市场，自己的品牌文化定位是怎么样的，产品和服务的价值诉求是什么，有市场竞争力的供应链、价值链如何构建和完善等等。

在发扬企业家精神方面，政府责无旁贷。各地政府应敢于放权，减少制度掣肘，提供政策优惠，给予企业更多的发展空间，鼓励企业大胆创新，为培育良好企业家精神提供有益环境，让民营经济及民营企业为我国经济社会发展再立新功。

大力弘扬优秀企业家精神。组织宣传民营经济重大作用、重要贡献和民营企业家的先进事迹，增强非公有制经济人士的自豪感和使命感，深化对中国特色社会主义的认同，教育并引导新一代民营企业家继承和发扬老一辈艰苦奋斗、敢闯敢干、聚焦实业、做精主业的精神，努力把企业做强做优。

弘扬新时代企业家精神，既是企业家自身的追求，也需要健康环境来培育和激发。要营造依法保护企业家合法权益的法治环境，依法保护企业家创新权益和经营自主权。要营造促进公平竞争诚信经营的市场环境，健全企业家诚信经营激励约束机制，持续提高监管的公平性、规范性、简约性。

要营造尊重和激励干事创业的社会氛围，对企业家合法经营中出现的失误失败给予更多理解、宽容和帮助，营造尊重企业家价值、鼓励企业家创新、发挥企业家作用的舆论氛围。要加强党对企业家队伍建设的领导，发挥国有企业家先锋模范作用，建好、用好、管好一支对党忠诚、勇于创新、治企有方、兴企有为、清正廉洁的国有企业家队伍。[①]

积极扩大《中共中央 国务院关于营造企业家健康成长环境，弘扬优秀企业家精神更好发挥企业家作用的意见》的政策效应，更充分调动广大企业家积极性、主动性和创造性，发挥企业家作用，弘扬企业家精神，研究探索如何务实地在全国各地的工商联系统中设立"弘扬企业家精神成就奖"，及时表彰现实中涌现的一大批先进典型。设立此奖项也可以与评选

---

①孟书豪. 弘扬新时代企业家精神[EB/OL]. （2019-08-28）[2020-01-05]. https://www.ccps. gov.cn/xylt/201908/t20190828_133841.shtml.

"优秀社会主义建设者""五一奖章""三八红旗手""感动中国人物"等奖项有机结合起来。

第五节　深化财税金融体系改革

一、着力推进税收制度变革

随着民营经济的快速发展和其在国民经济结构中地位的不断提升，政府应充分考虑推进税收政策变革，改变过去限制民营经济发展的不平等税收环境，帮助民营企业摆脱转型升级和高质量发展进程中所遭遇的税收壁垒。因此有必要继续推进税收制度改革，减轻民营企业特别是中小微民营企业的税费负担是帮助企业解决困难的务实举措。税收制度改革应聚焦三个方面：放宽税收优惠适用范围、取消歧视性条款约束以及实施有针对性的优惠政策。

第一，政府应通过扩大税收优惠适用范围，放宽中小企业的认定标准，可以像个人所得税费用扣除标准那样，随着经济发展及物价水平等因素对其进行经常性的调整，返还符合条件的中小民营企业部分乃至全额税收，使其享受企业所得优惠政策，保障中小民营企业可持续发展。[1]为扶持中小民营企业发展，在对企业进行技术转让、实现所得享受减免税这一优惠政策保留基础上，增加对受让方以受让技术实现一定所得税减免的优惠，鼓励企业在自身研发能力不足，或者不能自行研发的情况下，积极引进技术转化为生产能力。[2]适度下放税收管理权限，建议在不影响国家基本税收制度条件下，把制度中的一些具体事项交由地方政府和税务机关来制定具体规定并执行，如对小微企业的认定标准，国家可以像流转税中的

---

①王建，肖猛，刘黎. 税制改革与民营中小企业的发展[J]. 重庆工商大学学报（社会科学版），2001, 18（6）：41—42.

②单东，等. 浙江中小民营企业转型升级问题研究[M]. 杭州：浙江大学出版社，2014：40—48.

起征点一样确定一个区间，具体标准由地方政府根据地方的实际情况来制定。既能提高地方政府和各级税务机关的积极性和主动性，也能因地制宜地解决具体问题。

第二，应考虑通过出台法律法规或行政命令，将国有企业跟民营企业放在同一起跑线上，平等对待不同所有制的企业。通过取消之前对民营经济的歧视性条款，平等税收优惠，提升税收政策框架的系统性，兼顾横向税收公平与纵向税收公平。在横向层面保障民营企业与国有企业享受同等的税收优惠，使不同所有制企业平等发展。在纵向层面根据民营企业规模、盈利程度的不同，制定差别税率，避免出现新的税收不平等。①

第三，在落实好现有减税降费政策的同时，着力完善税收制度，研究新一轮减税降费措施，进一步清理、精简涉及民间投资管理的行政审批事项和涉企收费，规范中间环节、中介组织的行为，切实降低企业成本。②公开中央和地方行政事业性收费目录清单，主动接受社会监督。取消违法违规收费，降低收费标准，坚决杜绝行政审批取消后由中介机构和部门下属单位变相审批及违规收费、加重企业负担的情况出现。

二、着力推进财政政策变革

（一）充分发挥财政政策的杠杆作用

政府应进一步加大对民营经济的扶持力度，对现行的财政政策进行进一步地调整，加大财政投入，发挥财政杠杆作用。③一方面为民营企业消除资金来源、创新方向等方面的壁垒，解决创新动力问题；④另一方面为

①杨杨，杜剑. 金融危机下扶持民营经济发展的财税政策思考[J]. 特区经济，2010（3）：131—132.

②武汉市总商会，武汉大学中国新民营经济研究中心. 新民营经济研究[M]. 北京：人民出版社，2019：11—18.

③Von Pischke J D. Debt capacity and the role of credit in the private economy[J]. Finance at the frontier，1991.

④张亚丽. 民营企业转型升级中的政府作用研究[D]. 沈阳：辽宁大学，2015.

民营企业发展提供强有力的支持，形成财政收入持续增长与民营企业稳定发展的长期良性循环。[①]财政政策变革主要可以从以下三个方面开展：拓宽融资渠道、拉动民营出口、鼓励技术创新。[②]

第一，通过拓宽融资渠道，扶持地方银行、贷款公司、信用担保公司等面向民营企业的金融机构，并引导各商业银行、风险投资公司入驻地方融资平台，从而为民营资本提供资产流动、股权交易的服务。同时，吸引民间资本进行战略投资，获取企业发展所需资本，消除企业资金不足的后顾之忧。

第二，通过拉动民营出口以消化国内民营企业过剩产能，刺激民营企业维持生产规模，抢占海外市场，增大净出口盈余，减轻民营企业生产负担。

第三，通过鼓励技术创新，加速高新技术研发，摆脱企业处于全球价值链低端位置的不利局面，促进加工贸易向产业链高端发展和转变，同时向新产品设计、技术研发、品牌打造、服务保障等高端环节延伸，有效地提升民营企业产品的附加值、增强产品竞争力，推动民营企业向资本密集型、技术密集型企业转型。

（二）设立民营经济产业发展专项资金和引导基金

根据各地民营经济的产业结构布局，设立产业发展专项资金和引导基金。重点支持如装备制造、纺织鞋服等民营经济传统产业，扶持新一代信息技术、半导体、新材料、生物医药等新兴产业，以及科技服务、电子商务、智慧物流服务、文化创意等现代服务业。

按照资金使用方向和扶持重点，分类安排产业项目。建立完善监督评价体系，通过对专项资金使用的绩效预测、评估、公示、审计等，强化对专项资金的监管和绩效评价。

申请设立政策性和引导性的民营经济的产业发展引导基金。吸引国内外优秀的创业投资企业及管理团队进入当地，设立创业投资企业，促进国

---

①杨海霞. 民营经济产业升级与地方政府作用[D]. 湘潭：湘潭大学，2014.
②史晋川. 中国民营经济发展报告（2018年）[M]. 北京：经济科学出版社，2019：27—52.

内外优质创业资本、项目、技术、人才向民营企业聚集，促进民营经济产业投融资体系的建立和完善。

三、着力推进金融体制改革

着力推进金融体制改革，破除融资的障碍，降低实体经济成本。改革和完善金融机构监管考核和内部激励机制，放宽金融市场准入，拓宽民营企业融资途径，组建政策性求助资金，对符合经济结构优化升级方向、有前景的民营企业进行必要的财务救助。[①]鼓励符合条件的民营企业发起设立和参与组建民营银行等金融机构。

加快转变金融机构的经营和服务理念，综合运用货币信贷政策工具，引导金融机构对民营企业增加信贷投放。引导商业银行加大金融创新力度，建立符合民营企业特点的信贷管理制度、风险控制制度和风险补偿机制。[②]规范融资中评估、审计、保险、登记等金融中介服务收费，构建政府引导、市场主导的融资担保体系。

推进多层次资本市场建设，稳步发展"新三板"市场，规范新兴互联网金融业态，拓宽民营企业直接融资渠道。落实降低小微企业融资成本政策，建立完善政策性融资担保和再担保体系，积极为企业到资本市场发行债券、股票等提供征信并实施较低费率。地方政府可以考虑组建政策性救助基金，综合运用多种手段，在严格防止违规举债、严格防范国有资产流失的前提下，帮助区域内产业龙头、就业大户、战略性新兴行业等关键重点民营企业排忧解难。[③]

---

① 武汉市总商会，武汉大学中国新民营经济研究中心. 新民营经济研究[M]. 北京：人民出版社，2019：11—18.

② 刘现伟. 新时代亟须推动民营经济高质量发展[EB/OL]. （2019-02-27）[2020-01-06]. http://www.ce.cn/cysc/zljd/yqhz/201902/27/t20190227_31572366.shtml.

③ 武汉市总商会，武汉大学中国新民营经济研究中心. 新民营经济研究[M]. 北京：人民出版社，2019：182—190.

第六节　完善民营企业融资体系

融资难一直是困扰民营经济发展的一大难题。我国的银行体系缺乏给中小民营企业提供融资服务的便利渠道，中小民营企业难以在资本市场上完成直接融资，它们在融资方式上对银行信贷资金高度依赖，这导致了融资难的问题一直困扰着民营经济的发展。

一、切实解决融资渠道问题

改善民营企业的融资环境，关键在于改变现有民营企业融资渠道较为单一的现状，拓宽民营企业的融资途径。

第一，鼓励和支持股份制银行、城市商业银行、城乡合作金融机构、各地农商银行等金融机构以中小民营企业为主要的服务对象。鼓励商业银行特别是国有商业银行在注意信贷安全的前提下，建立向中小企业发放贷款的激励和约束机制，在保证贷款质量的同时，切实提高对中小民营企业的贷款比例。鼓励政策性银行在现有业务范围内，支持符合国家产业政策、有市场前景、技术含量高、经济效益好的中小民营企业的发展。

第二，继续扩大中小企业贷款利率的浮动幅度。银行要根据中小企业的经营特点，及时完善授信制度，合理确定县级行贷款审批权限，减少贷款审批环节，提高工作效率。要积极研究开发适应中小企业发展的信贷服务项目，进一步改善银行对中小企业的结算、财务咨询、投资管理等金融服务。

第三，逐步扩大中小企业的直接渠道，逐步放宽中小企业特别是高新技术企业上市融资和发行债券的条件。选择有条件的中心城市进行企业法人间的中小企业产权交易试点。引导、推动并规范中小企业通过合资、合作、产权出让等方式利用外资进行改组改造。

第四，鼓励社会和民间投资，探索建立中小企业风险投资公司，以及风险投资基金的管理模式和撤出机制。据了解，各地的民间资金极为雄厚，如温州、宁波、苏州、泉州，引导民间资金进入资本市场，可以在很大程度上缓解民营企业融资难的问题。有关部门应进一步严格风险投资的市场准入和从业资格管理，规范风险投资的市场行为，充分发挥政府对风险投资的导向作用。

第五，探索组建国家中小企业政策银行。为探索解决我国民营经济发展面临的融资难问题的长效机制，依照《中华人民共和国中小企业促进法》开展国家中小企业政策银行相关组建工作。中央财经领导委员会委托中国人民银行、国家银保监会会同国家工信部和全国工商联适时开展相关调研论证。为使论证工作稳妥有效，可在报请中国人民银行、国家银保监会同意前提下，由全国工商联先期委托并具体指导中国民生银行、中国光大银行开展区域性小规模中小企业政策性业务试点。国家中小企业政策银行本金应以国家中小企业发展基金和财政部中小企业发展资金为基础；建立规范机制吸纳符合条件的国有企业和民营企业注资；探索合法渠道接受境外组织机构捐赠。

二、建立金融支持民营企业的长效机制

在遵循金融发展规律的基础上，着力构建更加科学有效的金融资源配置体系，建立金融支持民营企业的长效机制，推动我国民营经济更好发展。[1]

长期以来，我国金融领域存在着有限的资本存量与超额的资金需求之间的矛盾。一方面，我国金融机构习惯于支持国有企业和传统行业，导致优惠的金融资源过度集中，降低了资金的使用效率。另一方面，金融机构创新动力不足，现有的金融产品尚不能很好地满足民营企业和中小微企业的创新活动需要，造成资金供需出现结构性失衡，民营企业流动性风险问

---

①邱兆祥，刘永元. 推动金融更好支持民营企业[EB/OL]. （2019-09-11）[2020-01-06]. http://www.ce.cn/xwzx/gnsz/gdxw/201909/11/t20190911_33130747.shtml.

题突出。从短期看，一些金融政策有助于缓解当下民营企业的流动性紧张问题，但从长远计，还是要用好市场机制，通过优化结构、创新产品等方式，引导资金流入符合国家产业方向、主业相对集中于实体经济、投入产出效率较高的民营经济领域。

金融机构要善于综合运用经济规律、市场规律和金融规律，补齐自身在金融政策、金融供给和金融环境等方面存在的短板，为民营企业发展提供公平稳定的竞争环境，同时也为民营企业家构筑发展的信心，使他们有合理的市场预期。金融机构应结合自身定位，积极开发个性化、差异化、定制化的金融产品，着重加大对民营中小微企业的支持力度，继续鼓励国有大中型金融机构设立普惠金融事业部；发挥市场机制在民营企业纾困中的作用，金融机构可自主根据企业经营情况，选择继续支持、参与重组或合理退出等措施；金融机构应注重长效机制和风险控制机制建设。

同时，大力发展金融科技，借助大数据、云计算等金融科技手段提高金融机构收集、分析各类信息的能力，对那些技术先进、产品有市场、企业信誉好、暂时遇到困难的民营企业给予重点支持，并基于企业信用评级、资产规模、担保条件等建立相应的风控标准和定价模型，构建公平竞争的法律体系、监管制度等金融基础设施。

三、降低融资成本，保障民营企业的成长

融资难在任何社会任何阶段都存在，在中小企业中表现得尤为突出。近年来，我国各级政府陆续出台了一系列改善民营企业融资的政策措施，大力支持民营中小微企业融资，为中小微民营企业营造更为适宜的融资环境。近年来，随着供给侧结构性改革的深入，民营企业融资成本呈下降趋势，但民营企业筹集资金所付出的成本费用仍高于全部规模以上工业的平均水平，反映出民营企业受惠程度较低。[1]因此，政府可以考虑探索构建

---

①杨嘉懿. 中国新时代民营经济发展的指导理论[J]. 湖北社会科学，2019（7）：40—46.

"政府+银行+企业"的合作机制，采取相应举措，切实缓解民营企业融资难的问题，降低其融资成本。搭建银行与企业信息沟通交流平台，根据实际情况设立不同形式与规模的过桥资金池，减轻民营企业转贷压力。鼓励各地积极探索如何规范设立由政府主导的转贷应急周转资金，以重点帮扶民营企业顺利渡过再续贷借新还旧难关。可借鉴其他地方政府的成功经验，扩大对民营中小微企业贷款补偿机制，对银行向民营中小微企业发放的首笔贷款和信用贷款（但要限于企业经营用途），按照坏账补偿损失的一定比例由政府财政资金予以补偿。

积极推进银税互动，减少银行和民营企业的贷款成本，引导融资担保机构积极为有市场发展前景的民营企业提供担保，不断丰富金融工具和衍生金融产品，为本地的民营企业量身打造应收账款融资、存货融资、杜撰贴现融资等多样化融资形式，适时推广开展无抵押贷款、无还本续贷、循环贷款等，不断拓宽民营企业的融资渠道，降低其融资成本。

四、提升为民营经济发展融资服务能力

（一）构建多层次服务民营企业融资的服务体系

各地方政府应考虑制定促进金融科技发展规划和指导意见，支持各地方金融机构的金融科技创新发展。实行创新创业通票制度，实现科技创新从后补贴向前补贴转变。争取举行"中国民营高新科技企业投融资巡回路演"活动。进一步创新征信和担保方式，探索设立服务科技型中小微民营企业的政策性融资担保基金。支持企业在资本市场发行债券融资，鼓励服务中小企业的债券品种创新。协调推进新三板市场分层、投资准入、融资交易、信息披露等制度改革。优化科技型企业上市培育服务工作机制，配合深化实施"新三板+H股"改革，推动泉州高新区新三板挂牌企业在香港联交所上市。完善各地高新区企业知识产权、人才团队等评价指标，设立高新区信用体系评级机制。引导相关银行和专营机构开展机制创新和产品创新，加大对首次贷、研发贷、中长期贷、知识产权质押贷款等支持力

度。鼓励保险公司设立科技保险专营机构，支持各地方银行加大对科技创新相关险种扶持。

（二）完善天使创投发展环境

天使投资（Angel Investment）是指具有一定财富资本金的个人或家庭，根据其个人喜好或者感兴趣的领域，对所选择的具有专利技术或独创概念等巨大发展潜力，但又缺少发展资金的项目和初创期企业，以权益资本投资的方式进行直接的投资，以此来协助缺少自有资金的创业家进行创业。天使投资起源于19世纪的纽约百老汇，在欧美及亚洲新兴国家和地区得到了快速发展，为这些国家的经济注入了新的动力。随着近年来我国经济的大幅度增长，天使创投基金在我国各地屡见不鲜，逐步成为民营企业特别是中小民营科技企业新的融资渠道和资金来源。[①]

在民营经济的高质量发展进程中，应充分发挥各地产业股权投资基金引导放大作用，联合社会资本组建股权投资基金，加大对前沿引领技术、颠覆性技术转化的支持力度。落实创业投资基金反向挂钩机制，引导天使和创投机构聚焦科技型企业开展早期投资和价值投资。制定实施吸引外资投资机构集聚发展措施，支持建设天使创投项目孵化园，吸引符合各地的城市战略定位的前沿创新成果落地转化。

（三）加快升级金融服务平台建设

加快并升级科技金融服务中心、股权交易中心和金融资产交易中心三大金融平台建设，健全产业投资基金体系，支持融资租赁业发展，发展产业链金融，实现多渠道融资投入格局。营造民营经济产业发展的良好环境，加大招商引资力度，积极吸引内外资金的投资，使之成为当地民营经济产业发展的主要资金来源。充分发挥各产业融资渠道对主导产业发展的重要作用，通过建立政、银、企联席会议制度，积极向银行推介重点项目。通过贴息引导机制和市场化的项目贷款担保机制，引导银行加大对主导产业的信贷投入。鼓励民营企业运用资本营运的办法筹集发展资金。支

---

① 魏继承. 我国天使投资业发展障碍及对策研究[D]. 成都：西南财经大学，2011.

持企业通过引进战略投资者、吸纳社会资本等形式，加快推进企业股权多元化。积极鼓励民营企业通过股份制改造上市融资，并给予重点指导和协调，培育好上市梯队。

第七节　完善创新激励的体制建设

一、完善创新激励的必要性

对于企业而言，创新是改善产业产品结构、提高产品附加值、增强企业竞争力和促进产业集群发展的重要因素。党的十六届五中全会把自主创新确定为国家战略。民营经济要获得更好的可持续发展，必须转换经济增长方式，由粗放型、外延型向集约化、内涵式的经济增长方式转变，促成这一转变的杠杆就是自主创新，自主创新是民营经济可持续健康发展的必然选择。创新的主体是企业，这是熊彼特在《经济发展理论》一书中确立的创新理论思想的核心。[1]在社会主义市场经济中，只有每个企业都能自觉投入并加强自主创新，才能确保企业在市场竞争中处于不败之地，最终促使整个国家的自主创新能力整体得到提高。

民营企业往往具有产权结构清晰、企业管理高效、利润动机强烈等特征，它们受到的外界约束较少，在利益最大化动机的推动下，有着更强烈的意愿和更好的条件从事企业创新研发。以浙江省和福建省民营经济发展为例，民营企业贡献的科研成果占据了该地区总科研成果的60%以上。[2]经济学家熊彼特将"创新"看作经济增长的重要动力之一，经济增长理论中也将创新作为影响社会全要素生产率的重要因素，而全要素生产率的上升将会提升劳动力、资本等其他资源的生产效率，从而促进社会经

---

①Joseph Schumpeter. Theory of Economic Development[M]. Cambridge, Massachusetts.harvard University Press，1954：12-13.

②盘和林. 民营经济，我国经济系统至关重要的增长动力[EB/OL]. （2019-09-19）[2019-12-29]. http://views.ce.cn/view/ent/201909/19/t20190919_33178837.shtml.

济发展。

可以说，制度是方向盘，指引经济体前进的方向；创新是发动机，推动经济体的增长。因此，必须想方设法地为民营经济的高质量发展建立起更好的生产环境，让创新动力和制度动力得以被最大限度地激发。

二、坚持技术创新合作驱动发展

民营企业应在创新发展上有新作为。坚持技术创新驱动发展，通过创新引领民营企业高质量发展，充分发挥民营企业创新的核心动能。民营企业对创新应有更高的认识，要有走技术开发和创新发展道路的意识、理念以及信心。主动对创新发展进行谋划，根据企业实际和市场发展需要，确定技术开发的重点、方向以及布局，找到适合企业发展的创新模式以及路径。对于多数民营企业而言，可以考虑与科研机构、其他企业单位以及国外公司合作建立产学研协同创新模式及运行机制。建立民营企业技术联盟，加强企业间的技术合作。以实现在同等层次的企业之间实现技术创新和攻关合作，也可以在不同层次企业之间完成技术转移，实现联盟内的资源流动，形成资源的优化配置。在建立企业技术联盟加快创新技术合作上，政府应充分发挥积极的引导作用，帮助企业创新主体与科研院所的产学研结合，形成以市场为导向的民营经济产业集群的创新技术合作新模式。

三、拓展创新创业开放合作

第一，各地方政府积极重视创新工作，努力争取与国内世界一流高科技园区、创新型科技园区和重点创新城市加强创新合作和资源共享，提升各地高新区发展水平。深入推进国内与国外、大陆与港澳台地区的科技合作，并加强科技人才交流。深化开放创新合作，加大力度建设地区创新研究院、中国国际信息技术产业园等创新合作载体，推动国内外知名高校在各地示范区建设创新创业中心。

第二，深化"一带一路"科技创新合作，支持共建科技园区、联合实验室或研发中心。加强各地高新区海外顾问、海外战略科学家团队的建设，充分发挥海外高端智库支撑作用。加强与海外科技园区之间的交流合作，探索引入国际专业团队参与各地高新区相关专业园区建设管理。

第三，深化科技成果转化改革。推动开展国有技术类无形资产管理改革，积极争取开展赋予科研人员职务科技成果所有权或长期使用权等改革试点。推动完善高等学校分类评价制度，深化落实科技成果转化现金奖励个人所得税、股权激励和技术入股所得税等相关政策。

第四，强化知识产权管理制度。各地方政府应根据本地实际，制定实施高新区重点产业知识产权战略。实施知识产权领军企业培育计划和"双创"企业知识产权帮扶计划。推动设立知识产权仲裁机构，与各地法院知识产权司法保护与行政社会保护协作中心合作，在高新区设置办事点。支持专业机构依法开展知识产权证券化业务，完善国外专利申请支持政策和海外知识产权维权援助机制，加大对中小企业申请国外专利的支持力度。推动放宽外籍人员专利代理境内执业限制，加快知识产权高端服务业发展。

第五，完善创新激励政策。政府应着力推动完善研发费用加计扣除归集办法，支持社会力量设立公益性科学研究基金，完善政府采购政策体系和工作机制。加大高新区企业新技术新产品示范应用和推广力度，充分发挥重大项目和建设工程对技术创新的需求牵引作用。推进科技型中小企业与国有企业合作研发、供需对接。

第八节　本章小结

本章是本书的核心内容之一。主要讨论了民营经济高质量发展需要实现体制、制度上的创新。

第一，民营经济的高质量发展需要有良好的营商环境保障。必须充分发挥市场在配置资源中的决策性作用和更好地发挥政府的职能作用。把工作的着力点放在体制创新、机制创新、政策创新和服务创新上，为民营经济的未来高质量发展提供适宜的生存和发展环境，切实为民营经济发展提供强有力的保障。

第二，为促进民营经济的高质量发展，应建立公平公正的市场准入制度，打破垄断，破除制约民营经济高质量发展的一切障碍，建立公平、公正的市场竞争制度，进一步深化制度改革，为民营企业的市场经营营造良好的竞争环境。

第三，着力推进产权制度改革，通过双重转型，在结构性、体制性问题上取得突破，为民营经济高质量发展营造更适宜的发展环境。民营企业的产权制度改革应该从三个方面入手：有效的产权界定、所有权与经营权分离以及股权结构多元化。加强立法保障，完善平等保护产权的体制机制。

第四，培育新时代企业家精神，拓展企业家精神生长空间。激发企业家精神，营造更为公平的市场环境、出台更为宽松的政策和保持更加开放的心态，给各经济主体以平等的市场地位。大力弘扬企业家精神，充分激发企业管理力、创新力，提高生产效率。充分发挥企业家的引领示范作用，积极打造企业家培养平台。

第五，继续推进税收制度改革，减轻民营企业特别是中小微民营企业的税费负担是帮助企业解决困难的务实举措。税收制度改革应聚焦三个方面：放宽税收优惠适用范围、取消歧视性条款约束以及实施针对性的优惠政策。着力推进财政政策变革优化，充分发挥财政政策的杠杆作用。设立民营经济产业发展专项资金和引导基金，为民营经济的发展提供财政扶持资金支持。着力推进金融体制改革，破除融资障碍，降低实体经济成本。

第六，完善民营企业的融资体系。改变现有民营企业融资渠道较为单一的现状，拓宽民营企业的融资途径。在遵循金融发展规律的基础上，着力构建更加科学有效的金融资源配置体系，建立金融支持民营企业的长效机制，推动我国民营经济更好更快发展。降低融资成本，保障民营企业的成长。构建多层次服务民营企业融资的服务体系，提升民营企业的融资能力。

第七，进一步完善创新激励的体制建设。坚持技术创新驱动发展，通过创新引领民营企业高质量发展，充分发挥民营企业创新的核心动能。拓展民营企业的创新创业开放合作，深化科技成果转化，完善创新激励政策，支持社会力量设立公益性科学研究基金。

第八章　民营经济高质量发展的实现路径

改革开放40多年来，民营经济的发展取得了巨大成就，成为我国经济社会实现跨越式发展的重要推动力量。在经济新常态背景下，鼓励、引导和支持民营经济的发展，是我国国民经济发展的主旋律。党的十四大确立社会主义市场经济体制的政策取向后，民营经济不断壮大，已成为中国特色社会主义市场经济体制的探索路径之一，更成为推动我国经济社会实现跨越发展的重要力量。如何推动民营经济的高质量发展，是当前亟待解决的一大课题。

第一节　加快民营经济高质量发展的意义

高质量发展是指发展的经济社会质态，不仅体现在经济领域，而且体现在更广泛的社会、政治和文化等领域。[①]实现经济高质量发展，就是实现经济增长从过去"唯GDP论"转向追求经济发展的质量和效率的提升、促进经济结构的优化和转型升级，其核心在于经济发展从重"量"到重"质"的转变。高质量发展是习近平总书记提出的"五大发展理念"在实践中的实际体现，其根本目的在于能够实现经济发展的创新力、活力和竞争力。在当前形势下，国际经济环境深刻变化、国内经济下行压力加大，民营经济的高质量发展，对保持我国经济整体稳健运行都将起到极为关键的作用。

[①]金碚. 关于"高质量发展"的经济学研究[J]. 中国工业经济，2018（4）：5—18.

一、加快民营经济高质量发展，促进经济转型升级和完善社会主义市场经济体制

经过多年的探索与突破，民营经济在国民经济中的地位从"补充"到"重要组成部分"的跨越，从两个"毫不动摇"到"两个平等"的迈进，为民营经济的科学发展指明了方向，[①]充分体现了民营经济对促进经济转型、完善社会主义市场经济体制不可或缺的作用。鼓励、引导和支持民营经济的发展，是我国国民经济发展的主旋律。

尤其是全国民营企业座谈会召开后，为我国民营经济发展注入了新的活力，进一步提升了民营经济发展的信心。在当代中国的经济结构中，民营经济作为最活跃、最积极、最具竞争力的一种经济成分发展迅速，并逐渐形成了横跨全国三大区域、涵盖国民经济三大产业的经济体系。[②]

二、加快民营经济高质量发展，促进我国社会经济实现更高水平增长

随着我国经济的快速增长和市场化进程的不断深入，民营经济在国民经济中的作用越来越突出。民营经济不仅在促进区域结构协调发展和推动产业结构转型升级方面发挥着重要的作用，而且在拉动经济增长、扩大就业、增加税收、促进创新、改善民生等领域发挥了巨大的潜能，并做出了非常大的贡献。当前，我国正处于由传统经济体制向现代市场经济体制转型的关键阶段，初步形成相对完善的社会主义市场经济体制。经过70多年的经济发展，特别是改革开放以来的发展壮大，我国民营经济已成为我国社会经济发展中不可或缺的组成部分。随着世界信息化、数据化的大趋势大进程不断加快，民营经济也迎来了新的问题与挑战，[③]诸如其自身制约因素（处于世界产业价值链的低端、融资、抗风险能力等）和外部制约

---

①高德步. 中国民营经济史[M]. 太原：山西经济出版社，2014：158—159.
②厉以宁. 论民营经济[M]. 北京：北京大学出版社，2007：1.
③王磊. 推动民营经济高质量发展的制度创新研究[D]. 北京：中国社会科学院大学，2019.

因素（产权保护、市场准入门槛等）。因此，促进民营经济的高质量发展，对推动民营经济持续健康发展、对当前国家所倡导的促进产业的转型升级和实现我国社会经济实现向更高质量、更高水平发展具有重要的现实意义。

三、民营经济实现高质量发展，是应对国际贸易摩擦、争端的最有力的举措

自2017年特朗普就任美国总统以来，贸易保护主义开始抬头，美国政府以关税作为武器开始了与我国的贸易战。美国作为我国民营企业出口的最大市场之一，自中美贸易摩擦以来，我国民营企业的出口不可避免地受到了较大的冲击。相关企业在出口订单等方面均受到了较大的影响。

以福建省泉州市为例，美国为泉州市第四大贸易伙伴，受中美贸易摩擦影响，2019年泉州对美国进出口贸易总值仅为208.70亿元，同比下降10.6%，其中出口为190.94亿元，同比增长0.8%；进口为17.75亿元，同比下降59.6%。但2019年泉州市对东盟进出口贸易却占主导，对欧盟、沙特阿拉伯进出口贸易总值仍继续增长。其中，与东盟贸易总值为439.25亿元，同比增长41.8%；与欧盟贸易总值为256.55亿元，同比增长0.4%；与沙特阿拉伯贸易总值为360.90亿元，同比增长19.9%。这与泉州民营企业历年来加强开拓国际市场多元化布局有着直接的关系。

更为喜人的是，附加值较高的机械产品和电子产品出口出现较大增幅，机械设备出口增长27.1%，电器及电子产品出口增长58.7%。进口则以原油、农产品等原料型商品为主，原油进口360.86亿元，同比增长22.9%，占进口总值的54.8%。这与泉州市政府"十二五"以来实行的扶持企业的自主创新、提升企业的核心竞争力、掌握核心技术等政策举措有着直接的关联。因此，民营企业只有实现高质量发展，才能在面对各类国际贸易争端、冲突问题时均能立于不败之地，游刃有余。

第二节　坚持新发展理念，推动民营经济高质量发展

一、树立新发展理念

制度变迁与社会转型，其过程和结果都是"历史的"，而并非只是单一的经济效率的改进过程。它既包括与市场经济体制相适应的非人格化观念的确立，也包括公民社会以及与公民社会相对应的意识形态和信念体系的建立。目前我国经济结构、消费结构发生极大转变，新发展理念贯穿于中国经济社会发展的各个领域。现在，我国社会主要矛盾已经转化为人民日益增长的美好生活需要和不平衡不充分的发展之间的矛盾。单纯地提升生产力已经不能满足人民日益增长的美好生活需要，经济、社会、自然生态的平衡充分发展才是新时代发展的着眼点。

党的十九届四中全会是在中华人民共和国成立70周年之际，在实现"两个一百年"奋斗目标的历史交汇点上召开的一次具有开创性、里程碑意义的重要会议。全会提出，必须坚持社会主义基本经济制度，充分发挥市场在资源配置中的决定性作用，更好地发挥政府作用，全面贯彻新发展理念，坚持以供给侧结构性改革为主线，加快建设现代化经济体系。[1]新发展理念的深入贯彻需要民营企业的顺势而为，也依赖营商环境的政策引导。比如，广东省不仅致力于将减税减费、降低融资成本等国家政策落实到位，还力图通过各部门协调配合降低制度性交易成本，将新发展理念渗透在"放管服"的方方面面。

在当前经济新常态背景下推动民营经济的高质量发展，首先必须从理念上形成对民营经济完全统一的认知。必须从根本上彻底破除"私有制"是万恶之源、"私有制"必须消灭的陈旧观念，从根本上破除所有制认识上的"公好私坏""公优私劣"的旧观念，全面树立民营经济是"人民经

---

[1]毛同辉. 支持民营经济发展 把制度优势更好转化为治理效能[EB/OL]. （2019-11-09）[2019-12-29]. http://views.ce.cn/view/ent/201911/09/t20191109_33569166.shtml.

济""富民经济""强国经济"的新观念。

政府不仅要在法律与政策上完全承认并支持保护发展民营经济，还要在理论分析、政治判断、道德价值、观念教育和社会舆论上，公开、明确阐述中国发展民营经济是发展中国特色社会主义市场经济的内在要求、客观趋势和必然规律。要全面树立新观念，充分肯定改革开放以来私人财产与企业家财富的合法性、合理性与正当性；充分认识到民营经济与公有经济、民营企业与国有企业不仅经济地位和法律地位是平等的，政治地位、社会地位、道德名声和价值评价也是平等的，二者只有功能与作用不同之分，并无高低上下优劣之别，它们各自在相应的产业和产品领域、行业和服务领域发挥作用、平等竞争、相互促进、共同发展。

未来我国的基本经济结构将是以国有经济为主导、以混合经济为主干、以民营经济为主体。以国有经济为主导，主要是指国家掌握最重要自然资源配置，国有控股企业在最重要战略行业领域与重要公共服务领域起龙头作用。以混合经济为主干，主要是指各类混合经济企业公司是中国大企业、大公司中的主干力量。以民营经济为主体，主要是指民营经济是中国微观经济的最大市场主体、最大企业群体。

二、树立全社会对民营经济的正确认知

在一些重要的法律与政策中，实际上含有对民营经济的不同程度上的歧视与限制，社会经济的部分行业的垄断仍然存在，形成了对民营经济不公正的外部环境等相关社会现象依然存在。全社会对民营经济的正确观念认知还有待进一步形成。

一段时间以来，社会上有人发表了一些否定、怀疑民营经济的言论，如"民营经济离场论""新公私合营论"等。对此，习近平总书记指出："这些说法是完全错误的，不符合党的大政方针""民营经济的历史贡献

不可磨灭，民营经济的地位作用不容置疑"。①我们要正确看待民营经济在我国经济社会发展中的地位和作用，继续鼓励、支持、引导民营经济健康发展。

民营经济是我国经济制度的内在要素。党的十一届三中全会以后，我们党破除所有制问题上的传统观念束缚，为非公有制经济发展打开了大门。党的十五大把"公有制为主体、多种所有制经济共同发展"确立为我国基本经济制度。这一基本经济制度，是中国特色社会主义制度的重要组成部分，是完善社会主义市场经济体制的必然要求，必须长期坚持。

为了更好地促进民营经济的高质量发展，必须公正对待民营经济。国家不仅要在法律与政策上完全承认并支持保护发展私营经济，还要在理论分析、政治判断、道德价值、观念教育和社会舆论上，公开明确阐述中国发展民营经济乃是长期的决策，是发展中国特色社会主义市场经济的内在要求、客观趋势和必然结果。

要在全社会树立对民营经济的正确认知。充分肯定改革开放以来私人财产和企业家财富的合法性、合理性与正当性；充分认识到民营经济是人民经济、富民经济、强国经济，当前几千万个体工商户，一千多万私营企业主，几千万自由职业者，由一亿多创业者组成的民营经济，是真正的老百姓经济；并且要在全社会上下形成一种共识，在社会主义市场经济条件下，私有经济与公有经济、民营企业与国有企业不仅经济地位与法律地位是平等的，政治地位、社会地位、市场口碑、价值评判也是平等的，两者只有功能与作用不同之分，无高下优劣之别，也无谁重谁轻之差。从而在全社会领域营造一个利于民营经济未来高质量发展的外部环境。

---

① 蓝蔚青. 正确看待民营经济的地位和作用[EB/OL]. （2018-12-07）[2019-12-28]. http://www.ce.cn/culture/gd/201812/07/t20181207_30973639.shtml.

第三节　加强顶层设计，激发民营经济活力

一、更新管理理念，规划制度环境

经济新常态为民营经济发展创造了新环境。在经济新常态下，国家将有序推进一系列全面深化改革的措施，进而为民营企业的发展创造了有利的环境。未来，政府将成为"指令员"，在市场经济发展中发挥指导性作用，在石油、电力、通信等垄断领域引导改革，从而打破原有的不公平竞争的格局，充分释放和提升民营经济的潜力。与此同时，市场经济体制也将得到进一步完善，政府的职能将面临重要的转变，从全能型政府逐步转变为服务型政府，这一顶层设计下推出的相关政策从各个方面促进社会主义市场经济体制不断完善，[①]民营经济势必迎来更为公平的竞争格局。

另外，经济新常态也为民营经济发展提供了新支撑。一方面，政府对民营经济在市场经济体系中的地位进一步加以明确，对非公有制经济的发展提供了更多、范围更广的支持和鼓励；另一方面，加强和完善了对民营经济发展成果的法律保护工作，从而激发民营经济创新发展的势头和积极性。

随着管理理念的不断更新，政府对经济主体进行政策扶持的针对性逐渐增强，对民营企业开放的准入领域日益增多，审批流程趋向简化。但不可否认的是，缺乏竞争中性原则制约了我国民营经济的发展，[②]现有制度环境对民营经济发展仍有不少限制，如相关法律政策支持在具体执行时易导致"人治"而非"法治"；一些保护国有企业垄断的条文仍未取消，某些领域仍然存在对民营资本的不平等对待。这些现象在一定程度上延缓了我国民营经济未来转型升级的进程。

---

①李枫，高闯. 新中国70年政策推动下的民营经济演化发展研究[J]. 经济与管理研究，2019（12）：3—15.

②卢现祥. 从三个维度探讨我国民营经济发展[J]. 学术界，2019（8）：52—65.

因此，加强顶层设计，营造适合民营经济发展的政策环境，对于激发民营经济的活力至关重要。相应地，政府应主导外部环境变革，在市场准入制度变革中，取消对国有企业的保护性条款，进一步消除民营企业市场准入审批过程中存在的各种隐性限制，打破民营企业准入的障碍门。

加快制定和完善各行各业准入的配套政策，切实贯彻国务院提出的"平等准入、公平待遇"原则，进一步打破行政垄断及基于行政的经济垄断，打破地方封锁，推进行业准入政策与管理的公开化、公平化、程序化和规范化，为民营经济创造公平竞争的市场环境。在财政政策变革中，针对小微企业融资难问题，建立多层次的民间金融监管体系，完善小微企业信用担保制度，加大对小微贷款的财政支持，降低小微企业贷款的"门槛"。

在税收政策变革中，修订对民营企业不平等的征税条款，使中小民营企业能享受到更多的税收优惠。在产权制度变革中，加快推进民营企业两权分立和股权多元化进程。毋庸置疑，政府主导的制度变革和顶层设计，是我国民营经济转型升级，实现可持续发展的关键所在。

同时，应适应经济发展由高速增长向高质量经济发展的时代要求，以"创新、协调、绿色、开放、共享"发展理念为统领，深化改革，进一步破除高质量发展的体制机制障碍，进一步简政放权，降费、减税，建设高效、公正、廉洁的法治化服务型政府，建设统一、公开、公平、开放的市场经济体系，营造公平、透明、便利、低成本的营商环境；继续推进供给侧改革，补齐高质量发展的短板，调结构，促转型，"提高全要素生产率，着力加快建设实体经济、科技创新、现代金融、人力资源协同发展的产业体系"，培育经济发展新动能；以"一带一路"建设和自贸区试验区建设为契机，进一步扩大开放，建设高水平全方位、全领域开放经济体系，以高质量开放推动改革，推动高质量发展。

二、做好顶层设计和发展战略规划

当前，中国经济发展已经进入中高收入行列，原有低成本价格竞争优势已经迅速消退，追求高质量发展既是跨越中等收入陷阱的必然趋势，也是转型升级的迫切需要。从产业结构演进趋势来看，中国正处在由工业化社会向后工业社会的过渡时期，2017年中国三大产业产值之比为8.9∶40.5∶51.6，第三产业已经成为第一大产业。

福建省晋江市，其产业结构变化严重滞后，第二产业却高达60.3%，服务业只有38.6%。①从产业竞争优势演进规律看，在初级生产要素优势基础上，劳动力密集型产业容易获得竞争优势，要跨越中等收入陷阱，就必须不断积累资金、技术和熟练劳动力等中级生产要素优势，并在这些生产要素优势基础上形成资金、技术密集型产业的竞争优势。表现为产业结构调整和优化，经济增长质量和效益的提升。

（一）做好顶层设计和战略规划

如今，区域民营经济的主导产业依旧停留在劳动密集型的传统产业阶段，经济转型升级的任务显得急迫和艰巨。因此，政府必须顺应产业结构演进趋势和产业竞争优势发展规律，利用积累资金、技术和熟练劳动力，推动产业结构调整，不断培育资金、技术密集型产业竞争优势。从发展中国家的经验来看，跨越中等收入阶段，步入高收入国家的难度很大，概率极低。所以，政府的战略规划，顶层设计显得十分重要，政府政策引导和全力扶持必不可少。

因此，要在国家战略层面，区域经济布局方面争取主动，纳入顶层设计和战略规划。动员、组织和汇聚中等生产要素，推动相关产业落地，还需要政府为这些产业发展解决遇到的问题和困难。所以，在产业转型升级阶段，政府责任重大，作用十分关键。政府不仅要引导产业，更要亲力亲为，用心经营和呵护新兴产业。原有劳动力密集型产业从形成到壮大需

---

①数据来源：晋江市统计局官网。

要10至20年时间，新兴产业的崛起也需要相当长过程，所以，要求政府保驾护航，久久为功。以福建省晋江市为例，市委、市政府经过持续筹划和反复论证，主动融入国家发展集成电路产业的战略布局，把集成电路产业作为重点培育的高新技术产业和新一轮发展的重要引擎。目前，晋华存储器、矽品电子、美国空气化工等20多个产业链项目签约落地，全产业链生态圈雏形逐步呈现。[①]

（二）加强政府部门间的战略统筹、沟通协调与合作，立足"高站位、凝共识"的要求完善制度体系建设

必须以更高的政治站位充分认识把握发展民营经济的重大意义，并"随时随刻倾听各方呼声、回应各方期待，保障各方的平等参与、平等发展权利"，继续推动体制机制的改革创新，切实解决制约民营经济高质量发展的痛点、难点和堵点，实现向改革创新要动力、要活力、要红利。

具体而言，一是紧密结合民营企业发展实际，突出问题导向，加强政策制度体系建设，确定民营经济高质量发展的优先事项和要求，确保政府相关部门能够通过重新"聚焦"组织资源、有效"界定"组织边界，进一步积极作为，采取有力措施，优化企业全生命周期服务，不断提高行政管理和公共服务的质量效率，切实减轻市场主体负担，增强市场主体活力。二是坚持用改革的思路和办法解决民营经济高质量发展中利益协调不均衡、运行机制不完善等问题，同时进一步明确政府相关部门在民营经济高质量发展中应承担的角色、职责和工作时间表并加强行政考核和督查督办，以平衡不同利益相关者的需求，化解冲突，如此才能提高"中间一公里"的效率、质量和安全性，如此才能确保各项规章制度有效落实。[②]

---

①林火灿．"晋江经验"是怎样炼成的[N]．经济日报，2018-07-11（3-4）．

②张于喆．以"两个加强"助力民营经济高质量发展[EB/OL]．经济日报-中国经济，（2019-09-20）[2019-12-29]．http://views.ce.cn/view/ent/201909/20/t20190920_33187619.shtml．

三、推进企业管理经营的规范化、现代化、国际化

（一）企业管理经营的规范化、现代化和国际化，是现代企业不断发展壮大的制度保证，也是企业走向世界的制度基础

民营企业很多是在家庭作坊、家庭工厂基础上发展起来的创业企业。企业家多数出身农民，在政府引导和推动下，在"三无"（无厂房、无资金、无技术）基础上，在农村创业而逐步成长起来的。在企业发展壮大之后，很多企业家忽视了企业的制度化、现代化、国际化转型和建设。企业缺乏制度的有效制约和规范，严重制约企业发展和成长，甚至给企业带来严重的伤害。

20世纪90年代，很多民营企业壮大了，却把企业营利作为个人财富，隐匿企业收入，随意支取企业收入，生活奢侈铺张者时有所闻，严重败坏企业形象，忽视企业社会责任，削弱企业的"资本职能"；部分企业在上市后，把上市获得的巨额融资，视为个人财富，无视其社会资本责任和职能，对新增投资缺乏长远规划和有效利用。

众多民营企业开启了豪掷千金比拼央视广告和明星阵容的奢侈经营之路，虽然依靠巨额广告投入，能扩大品牌知名度和影响力，但滥用珍贵的有限资金资源，也会严重透支未来，脱离了企业发展的根本。因为企业核心竞争力在于企业自身可持续发展能力和水平。善于运用资金，把上市融资作为做大做强平台，通过资金运作，打通产业链，补齐企业发展短板和不足，才是资本运营之道。

（二）改变中小民营企业家族化管理模式，引入现代企业制度

支持并引导民营企业建立现代企业制度，创新管理方式，加快实现企业治理机制专业化和产权结构多元化。

俗话说，小富靠拼搏、中富靠运气，大富靠智慧。民营企业家靠顽强拼搏，初创了企业；靠机遇，获得迅速崛起；但能够依靠智慧，创造奇迹，走出区域，走向全国、全球市场，成为市场翘楚的企业少而又少。很多企业倒在了寻找资金的路上，如福建省晋江市的民营企业——德尔惠集

团，就是倒在上市前夕的信用危机中，还有很多企业倒在上市后盲目扩张和资金的无效使用上。它们不善于利用资金和经营资金，最终为资金所累，倒在了资金危机的路上。受制于小生产者传统思维，缺乏现代企业家的社会责任和历史担当，混淆企业利润和个人财产的严格区别和联系，歪曲了职能资本家的权利，忽视了企业家在追求剩余价值的同时，需要发展生产力，不断创造财富、积累财富的社会职能。

中小型民营企业家族化管理，产权清晰、经营灵活，有利于降低经营管理成本，便于适应多变的市场。但随着民营企业的经营规模日益扩大，管理经营的规范化、制度化就变得尤其重要，对企业决策和管理也提出了更专业化要求。因此，要适应企业规模化的管理经营需求，推动企业管理制度化、现代化、法制化和国际化，让专业人才做专业事务。建设并完善专业人才、知识产权市场，发展第三方专业市场，让企业成长急需的法律事务专才、财务管理专才、企业战略管理专才、职业经理人才，各得其所，才尽其用。

以吉利公司为例，成立于1986年的吉利汽车制造公司，经过30多年的建设与发展，目前在世界的汽车制造领域均拥有着重大的影响力。自1998年第一辆汽车下线，吉利集团凭借其灵活的经营机制和持续的自主创新，取得了令人瞩目的成就。其起步之初亦是采用传统的家庭式企业的管理模式。这种管理模式具有高度集权化的特点，企业的重要岗位基本上由创始人的亲属担任，企业的内部结构较为简单，部门间的员工熟悉度较高。但家族成员普遍缺乏系统的管理知识，不具备专业化管理能力，且股权划分不清，责任归属不明，部门间相互监管严重缺失。特别是随着企业的发展，外来的优秀人才在晋升过程中经常被企业家族成员排斥，造成员工流失率居高不下，非家族内部的高管缺乏归属感。[1]针对传统家族式管理存在的一系列问题，吉利集团开始寻求突破，尝试转型升级。一方面，吉利集团变革管理模式，开始聘请职业经理人参与运营。另一方面，吉利集团改革股权结构，使其向多元

---

①李清亮. 中国民营经济发展研究——从制度变迁视角看合法性地位的确立和制度环境的改善[D]. 上海：复旦大学，2012.

化方向发展。2003年吉利汽车集团更名为浙江吉利控股集团有限公司，将所有权与经营权分离，并开始进行流程再造，建立了由董事会领导、经营管理委员会负责日常运营的组织架构，同时吉利集团启动全面信息化建设，正式开启了吉利集团从家族制企业向现代股份制企业转型的进程。[1]在随后的发展过程中，吉利集团更换了超过半数的高层管理人员、近九成的职工以及全部的李氏亲眷，引进了一批专业的管理人才，使吉利集团彻底摆脱了家族制企业的束缚。[2]

四、构建公共服务平台，培育平台经济载体

支持工业互联网平台发展。搭建工业云平台，鼓励民营企业充分利用工业云平台的云化研发设计、生产管理和运营优化等软件，实现业务系统向云端迁移，降低数字化、智能化改造成本。依托工业云平台开放研发设计、测试实验、生产制造、物流配送等生产能力，提升社会制造资源配置效率。重点在民营经济拥有比较优势的产业领域，例如纺织鞋服、机械装备等领域，打造一批快速定制工业互联网平台，培育若干个总部，及能辐射全国行业的柔性制造工业云平台。

打造产业链协同平台。实施"互联网+"协同制造工程，聚焦优势产业链，实现全产业链、全价值链信息交互和智能协作，提升产业链整体竞争力，重点培育装备制造、纺织鞋服等特色产业集群产业链协同平台。支持平台型企业发展。支持智能装备、纺织鞋服、时尚设计等领域龙头企业整合全产业链资源，建设面向行业生产要素配置及供应链管理的综合交易和服务平台，逐步实现平台发展。

优化民营企业的创业创新环境是降低中小民营企业创业创新成本、提高中小民营企业创业创新能力的重要基础。要按照创新、协调、绿色、开

---

①张炜，陈绮，童欣欣. 基于开放式创新理论的民营企业并购式成长过程研究——基于吉利集团的案例分析[J]. 科学·经济·社会，2011（4）：89—91，95.
②史晋川. 中国民营经济发展报告（2018年）[M]. 北京：经济科学出版社，2019：27—52.

放、共享的理念，引导和支持中小企业创业创新基地、中小企业公共服务平台等载体向着智慧化、平台化、生态化、绿色化的方向发展，集聚各类创业创新要素，集成创业创新资源。①

第四节　营造优良营商环境，强化创新政策落地

一、营造优良的营商环境

习近平总书记曾在多种场合一再重申："非公有制经济在我国经济社会发展中的地位和作用没有变，我们毫不动摇鼓励、支持、引导非公有制经济发展的方针政策没有变，我们致力于为非公有制经济发展营造良好环境和提供更多机会的方针政策没有变。"②这"三个没有变"，与党的十六大以来一再强调的"毫不动摇地巩固和发展公有制经济""毫不动摇地鼓励、支持和引导非公有制经济发展"既一脉相承又与时俱进，廓清了迷雾，消除了杂音，给民营企业传递了比黄金更珍贵的信心，极大地鼓舞了民营企业的创业创新热情。"要坚持'两个毫不动摇'，落实鼓励引导支持民营经济发展的各项政策措施，为各类所有制企业营造公平、透明、法治的发展环境，营造有利于企业家健康成长的良好氛围"。③

营商环境是民营企业健康成长和民营经济发展的重要因素。④近年来，我国营商环境在世界的排名中得到了较大的提升，2018年排名全球第28位，这主要得益于我国近年来推进的行政体制改革。一是市场规则更加清晰，通过制定市场准入负面清单、公布省级政府权力清单，政府官员当事人的职责权限和企业相应的经营权限都有所明晰；二是简政放权的实

---

①叶定达. 释放中小企业创新活力[EB/OL]. （2019—10—08）[2019—12—29]. http://www.ce.cn/cysc/newmain/yc/jsxw/201910/08/t20191008_33278515.shtml.

②2016年3月4日，习近平在民建、工商联界委员联组会上的讲话。

③2019年3月10日，习近平参加十三届全国人大二次会议福建代表团审议时的讲话。

④罗来军，石微巍. 我国民营经济发展营商环境评价与建设[J]. 统一战线学研究，2019（5）：87—94.

施，为引导企业合法经营创造了空间。

加强社会信用体系建设，特别是法治政府和政务诚信建设力度，增强政府的规范性和公信力。完善产权保护制度，推进民营企业产权的依法保护、平等保护、全面保护，尊重企业家的创新精神和实干精神，让"有恒产者有恒心"，让他们切身感受到社会的理解和信任。推动涉及产权保护的规章、规范性文件清理工作，推动涉产权冤错案件甄别纠正工作取得更大突破，推动地方解决一批群众反映强烈的产权纠纷问题，增信心、稳恒心，提升民间投资的安全感。

优化营商环境就是解放生产力、提高竞争力。实践证明，民营经济的健康快速成长，离不开稳定公平透明、可预期的营商环境。实现高质量发展，各级政府部门必须进一步深化改革，持续推进体制机制改革创新，破除制约民营经济发展的障碍，进一步放宽和规范市场准入；要完善知识产权等法律保护制度，加大对民营企业在科技创新等方面支持力度，切实减轻民营企业负担；要完善公共服务体系，强化服务保障，构建"亲""清"新型政商关系。①

二、加强政策的落地执行力度

2016年3月，习近平总书记参加全国政协十二届四次会议民建、工商联界委员联组会时就指出："各地区各部门要从实际出发，细化、量化政策措施，制定相关配套举措，推动各项政策落地、落细、落实，让民营企业真正从政策中增强获得感。"但目前从各地实行的现状来看，仍存在着不均衡和相关政策落地难的现象，依然存在着经济调节越位、市场监管缺位、社会管理错位、公共服务不到位等问题，这就需要政府进一步加大行政改革的力度。对此应以简政和提高法治水平为重点，实施重点政策落实追责问责制度，确保政府高效率开展政务服务，降低民营经济的制度交易

①子长. 推动高质量发展离不开民营企业[EB/OL]. （2018-07-25）[2019-12-30]. http://www.cjrbapp.cjn.cn/guandian/p/34272.html.

成本，积极作为、靠前服务，主动了解民营企业的诉求并解决其发展中需政府协调的难题，确保民营经济在社会经济发展中真正享有与国有企业相同的地位和待遇，充分享有市场经营的自主权与获得感。[①]

全面落实中央、省市有关企业减负的政策措施，加大降费力度，切实降低企业制度性交易成本。在有条件的情况下，可以进一步细化政策措施，制定、完善相关配套措施和实施细则，提高政府为民营企业服务的效率和质量。进一步切实落实好减税降费政策措施，多措并举降低企业成本，解决好民间资本"不愿投不敢投"的问题。要完善相关政策措施落实的监督考核机制，纳入干部考核范围。加快建立改革创新容错机制，允许改革试错、犯错，不允许不改革，对于落实相关政策措施失误而导致的一些问题，应有足够的宽容。对于改革方向正确，没有原则性的失误和错误，应当采取包容的态度，鼓励大胆改革和创新，为广大民营企业和民营企业家带来实实在在的好处，提振民营企业转型升级、高质量发展的信心和决心。

在精准制定政策方面，应当针对当前民营经济发展面临的突出问题，例如税费负担问题、融资难融资贵问题、优化营商环境问题、人身财产安全问题等，制定并出台有效措施，实实在在为民营企业纾难解困。将民营企业进行合理分类，对于一些经营粗放、负债过高的民营企业，特别是在环保、社保、质量、安全和信用等方面存在违法违规行为的企业，应当坚决执行国家"三去一降一补"的供给侧结构性改革政策，淘汰落后产能。而对于有技术、有前景、有竞争力的企业，要重点帮扶，理清转型企业和升级企业的发展要求，具体问题具体区分，在不违背市场规律的情况下做到精准扶持。

积极落实保重点民营企业的帮扶措施。应积极借鉴深圳、山东、上海等地方政府经验，对促进区域经济发展具有重要战略意义的一批特色民营企业、支柱民营企业及龙头民营企业，采取重点帮扶措施。为此应务实具

---

①刘戒骄，王德华. 所有制结构创新与民营经济发展[J]. 财经问题研究，2019（7）：3—11.

体分析地方融资平台和相关PPP项目的经验教训，对上述重点企业名录实施"有出有进"机制，保持被重点帮扶企业的发展定力与经营活力。

应根据各地实际情况，加快农村承包土地的经营权和农民住房财产权抵押贷款试点工作。各地应在充分调研基础上，研究是否可对重点农业支柱民营企业由担保机构提供增信，由银行发放担保贷款，提高贷款额度（或研究设定其他合理额度）；符合相关政策是否也可享受政府全额补贴利息和担保费，适当延长还款年限2—3年。上述"重点民营企业"名录，应以适当方式向社会公布。

民营企业应该逐步提高对有关政策的把握以及运用能力。建议民营企业应加强对政策的理解和解读，将政策吃透吃准。对"政策红包"进行深入研究和解读，做到心中有数。通过开展政策咨询，与社会中介组织、高校、政策咨询团队和科技服务公司等合作，进行政策辅导，由其提出政策运用方案和咨询意见。

三、优化民营企业经营的软环境

党的十八大以来，中央高度重视民营经济发展，促进民营经济高质量发展的政策陆续出台。党的十八大、十八届三中全会、十九大多次提出平等保护非公有制经济，消除各种隐性壁垒。随后相继出台"鼓励社会投资39条""激发民间有效投资活力10条""促进民间投资26条"、《关于深化投融资体制改革的意见》等一系列促进民间投资和民营经济发展的政策措施，为民营经济发展营造了更加公平、开放、宽松的政策环境。

进一步优化民营经济发展的软环境，通过制度再设计、政策再优化和落地执行、措施更有针对性等手段，政府充分发挥好"守夜人"的作用，建立公平公正的市场营商环境，[1]确保民营经济的健康发展。强化减税、降息等经济政策，刺激和引导民营企业和民间资本积极投资，政府确保企

---

①江怡. 民营经济发展体制与机制研究[M]. 杭州：浙江大学出版社，2016：319—323.

业能够由此获得融资便利，进一步降低民营经济的制度成本，引导企业坚守实体，通过问题导向在制度供给方面发力，使民营经济的经营创业活动得到适宜的环境和条件。

政府还应为民营经济的创新技术营造良好的外部环境，包括保护创新的政策法律环境，如更好地保护知识产权和专利、建立完善打击欺诈和恶性竞争的法规条例，以便调动民营经济的创新积极性。

第五节　鼓励创新驱动，加快创新能力建设

创新是经济结构转型和实现可持续、高质量发展的驱动力。我国自迈入经济新常态[①]发展阶段以来，"大众创业、万众创新"已经成为国家战略。同时，创新也是决定企业发展方向、发展规模以及发展速度的关键要素。

一、加快制度环境优化，推进民营经济的自主创新

（一）加快制度环境优化

在加快推进中国制造向中国创造转变、中国速度向中国质量转变、制造大国向制造强国转变的时代背景下，自主创新成为支撑民营企业新增长点的原动力，[②]自主创新为民营经济的高质量发展提供了强大的发展动力。Davis and North认为，制度是用来管理经济政治活动的一系列基本

---

　　①所谓常态，就是正常状态；新常态，就是经过一段不正常状态后重新恢复正常状态。人类社会就是从常态到非常态再到新常态的否定之否定中发展，人对社会的认识就是从常态到非常态再到新常态的否定之否定中上升。贯穿在常态—非常态—新常态中的主线，是事物的本质与规律。人类总是经历事物的正反面发展、总结正反面经验，经过感性—知性—理性、具体—抽象—具体的否定之否定后，才对事物有一个完整的认识，才能认识事物的规律与本质。经济新常态就是在经济结构对称态基础上的经济可持续发展，包括经济可持续稳增长。经济新常态是强调"结构稳增长"的经济，而不是总量经济；着眼于经济结构的对称态及在对称态基础上的可持续发展，而不仅仅是GDP、人均GDP增长与经济规模最大化。经济新常态就是用增长促发展，用发展促增长。
　　②黄益军，黄志锋. 民营企业自主创新的制度环境优化——以福建省泉州市为例[J]. 福州大学学报（哲学社会科学版），2020（2）：40—47.

的政治、社会和法律基础规则[1]，影响着民营企业生产经营管理的方方面面。企业获取合法性的主要方式就是服从所在地区制度的期望和要求，遵从规制、规范和认知三方面的制度压力，即制度同形战略（Institutional Isomorphism）。[2]因此，制度是影响微观经济主体行为的重要因素。

当前我国正处于经济转型期，市场化改革和混合所有制改革尚未完成，金融、法治环境也有待完善，加之各地区制度执行效率参差不齐，造成地区市场化程度不均衡，制度环境存在较大差异。[3]刘放，等（2016）研究发现，差异化的制度环境对企业创新有重要影响。[4]徐君和任腾飞（2017）指出，要素、产业、制度三个领域的变革是民营企业开展自主创新的重要外在推动力。民营企业自主创新是在政府通过推动供给侧改革改善政策、产业和要素环境的基础上，民营企业整合自身创新资源进行研究开发，将技术创新成果迅速商业化，改善产品供给质量和供给效率，获取自主创新收益。[5]

（二）制度环境优化对民营企业自主创新的重要性

1. 缓解民营企业自主创新的资金约束

企业创新投资周期长，投入资金多，企业的内源性资金往往难以满足研发活动对资金的需求，因此，需要依赖外部融资。而金融体系发展不充分导致的金融市场摩擦，会使得依赖于外源性融资的创新活动存在诸多障碍，进而影响该行业的技术进步水平。[6]任曙明，等（2019）研究发现金

---

[1]Davis L，North D. Institutional change and American economic growth：a first step towards a theory of institutional innovation[J]. Journal of Economic History，1970，30（1）：131–149.

[2]Dimaggio P. J.，Powell W. W. "The Iron Cage Revisited: Institutional Isomorphism and Collective Rationality in Organizational Fields" [J]. American Sociological Review，1983，48（2）：147–160.

[3]石丽静，洪俊杰. 开放式创新如何影响企业自主研发绩效？[J]. 经济评论，2017（6）：53—65.

[4]刘放，杨筝，杨曦. 制度环境、税收激励与企业创新投入[J]. 管理评论，2016，28（2）：61—73.

[5]徐君，任腾飞. 供给侧改革视域下民营企业自主创新综合驱动机制研究[J]. 软科学，2017，31（9）：101—105.

[6]易信，刘凤良. 金融发展、技术创新与产业结构转型——多部门内生增长理论分析框架[J]. 管理世界，2015（10）：24—39.

融发展水平与民营参股企业创新正相关。[①]刘放，等（2016）对企业研发创新投入的研究表明：税收激励整体促进了企业研发创新投入，而且相对国有企业，民营企业本身融资约束严重、研发创新能力不足、税收负担较重，因此税收激励主要有助于促进民营企业的研发创新。[②]

民营企业特别是中小企业普遍存在资金短缺和自主创新资金投入不足，开展自主创新缺乏有效保障，自主创新能力明显不足，产品供给效率较低等问题。通过制度性税收激励和金融扶持，不仅可以让民营企业获得科技成果转化、研发活动税收减免等扶持，还为民营企业提供了更多的融资渠道，使得民营参股企业不仅可以依赖银行信贷间接融资，还可以通过政府科技发展基金、创新专项补助基金获得资金，为企业创新提供资金支持，有效缓解融资约束带来的自主创新资金约束问题。

2. 增强民营企业自主创新的意愿

企业成长面临的制度约束包括政府政策、法律制度和市场制度等因素，当面临制度压力时，企业需对制度约束做出相应的战略反应。[③]

第一，政府行政干预影响民营企业自主创新的意愿。在制度建设不健全的地区，企业往往面临行政审批、权力寻租等政府干预，造成企业的经营效率低、不确定性高，进而产生高额的交易成本。[④]因此，政府对企业干预越强，企业可用于创新的资源投入就越少。良好的制度环境能够保持地方政府在政绩压力、施政条件、市场化之间的平衡，促进地方政府放权，减少将自身的政策性负担转嫁给企业，间接降低民营企业自主创新的制度成本。

第二，市场法制环境影响民营企业自主创新的意愿。法治化水平较低

①任曙明，等. 民营参股、制度环境与企业创新[J]. 研究与发展管理，2019，31（3）：59—71.

②刘放，杨筝，杨曦. 制度环境、税收激励与企业创新投入[J]. 管理评论，2016，28（2）：61—73.

③李新春，肖宵. 制度逃离还是创新驱动？——制度约束与民营企业的对外直接投资[J]. 管理世界，2017（10）：99—112.

④Stoian C., Mohr A. "Outward Foreign Direct Investment from Emerging Economies: Escaping Home Country Regulative Voids" [J]. International Business Review, 2016, 25（5）: 1124–1135.

的地区，知识产权等企业基本权利得不到应有的保护，使企业在本土成长面临较高的风险。①通过培育市场中介组织、保护生产者合法权益、保护知识产权等措施，有效避免民营企业的创新成果遭到窃取，延长新产品在市场上的垄断时间，提高企业创新收益，进而提升创新意愿。②

第三，市场竞争公平性影响民营企业自主创新的意愿。在制度建设不健全的地区，所有制歧视和偏见造成民营企业处于竞争不利地位，很大程度上挫伤了民营企业家的创新精神。通过制度建设营造公平竞争的市场环境，有利于民营企业家"创新突围"，在企业利益的驱使下推动民营企业开展自主创新活动。

3. 营造良好的科技创新氛围

政府的政策导向和对待科技创新的态度有助于在全社会形成良好的科技创新氛围，进而影响民营企业自主创新的战略规划和决策方向，推动民营企业的自主创新行为。具体表现在：

第一，在体制机制改革方面。党的十八大以来，国家针对创新创业方面提出了多项体制机制改革的政策方案。如发布《关于深化体制机制改革加快实施创新驱动发展战略的若干意见》《关于加快构建大众创业、万众创新支撑平台的指导意见》等，为民营企业营造公平竞争环境、建立技术创新市场导向机制、强化金融创新、完善成果转化、构建高效科研体系、创新人才机制等多方面提供了体制保障。

第二，在科技金融方面。2018年颁发的《关于开展创新企业境内发行股票或存托凭证试点的若干意见》，有助于民营经济中的高新技术产业和战略性新兴产业的发展提升。

第三，在税收优惠方面。2015年发布《关于完善研究开发费用税前加计扣除政策的通知》，对企业开展研发活动给予税收优惠政策。2017年国

---

①Li J., Vertinsky I., Zhang H. "The Quality of Domestic Legal Institutions and Export Performance" [J]. Management International Review, 2013, 53（3）：361–390.
②任曙明，等. 民营参股、制度环境与企业创新[J]. 研究与发展管理，2019，31（3）：59—71.

家税务总局发布《"大众创业 万众创新"税收优惠政策指引》，对小微企业，创新创业群体、平台、企业、金融机构等给予税收优惠。

第四，在科技成果转化方面。2016年实施的《中华人民共和国促进科技成果转化法》，打通了科技与经济结合的通道，对促进大众创业、万众创新，鼓励民营企业、研究开发机构、高等院校等创新主体及科技人员转移转化科技成果等具有重大意义，民营企业的产学研合作得到进一步发展，并且有法可依。[①]

二、推进创新体系建设

（一）营造创新社会氛围

2019年3月10日，习近平在参加十三届全国人大二次会议福建代表团审议时强调，"要营造有利于创新创业创造的良好发展环境。要向改革开放要动力，最大限度释放全社会创新创业创造动能，不断增强我国在世界大变局中的影响力、竞争力"。从推进民营企业自主创新入手，各地方政府必须要着眼于一切有利于创新的要素，致力于全面营造有利于创新的环境，促使营商环境向"创新经济生态"全面转型。

第一，建设创新全媒体矩阵。借鉴杭州高新区的做法，建设专门网站平台，通过图文、电子报刊、视频、微信、微博等形式传播泉州民营企业的创新扶持政策、平台建设和成功实践。鼓励民营龙头企业与各地方电视台、当地有影响力的报纸期刊、网络等媒体合作，建设民营企业创新媒体矩阵联盟，通过专栏报道、媒体互动的形式持续营造鼓励创新的氛围。

第二，分专业开展创新创业大赛。借鉴中国创新创业大赛专业赛的形式，由当地的民营龙头企业牵头举办，根据当地主导产业的定位，举办鞋服、食品、光电、智能、IT、半导体、电子信息等领域的创新创业大赛，

---

①科学技术部火炬高技术产业开发中心，中科院科技战略咨询研究院中国高新区研究中心. 国家高新区创新能力评价报告2018：暨高新区三十年回顾与展望[M]. 北京：科学技术文献出版社，2018：122—130.

并由当地政府组织配套活动，为参赛民营企业提供培训辅导、融资路演、展览展示、大企业对接等多元化服务，对各类赛事活动中涌现的优秀项目加强后续跟踪支持。

第三，开展"创响中国"活动。建议民营企业与"国家级双创示范基地"合作，共同深入、持续开展"创响中国××站"活动，举办各类政策、创业、就业、科技、投资、宣传服务活动和其他特色活动。

第四，制定创新嘉许办法。对科技创新领域表现优异的企业、团队和个人进行物质层面和精神层面嘉奖。获奖企业、团队和个人应履行向社会公开和推广创新先进经验的义务，主动对外开放企业技术平台，促进科技创新资源共享。同时，对获奖企业、团队和个人在相关媒体进行公开表彰和集中报道，彰显创新的示范引领作用。

（二）着力推进创新体系建设

20世纪初，熊彼特提出的创新理论指出，技术创新在经济发展中发挥着不可替代的作用，主张经济发展应坚持创新驱动。改革开放以来，我国民营企业的创新经历了从接受大城市国有企业的技术扩散、模仿、吸收消化再创新到自主创新的不同历史阶段。[1]创新就是生产力，企业赖之以强，国家赖之以盛，创新才是民营经济、民营企业走出一条独立发展之路最关键的密钥。

纵观我国民营经济的发展历程，就是一个技术、制度、管理、经营创新驱动的历程。[2]特别是在当前促进我国传统产业的转型发展进程中，尤其要坚持创新驱动发展战略，坚持以企业创新为主体，以制度创新为核心，强化创新体系建设，使民营生产技术逐步向智能化、集成化和数字化方向升级和发展，提升企业在全球价值链中的地位，优化企业产品的布局，[3]最终形成差异化的优势。

---

①史晋川. 中国民营经济发展报告（2018年）[M]. 北京：经济科学出版社，2019：357—361.
②福建省中国特色社会主义理论体系研究中心."晋江经验"的时代价值与实践意义[J]. 思想政治工作研究，2018（8）：16—18.
③孔伟杰. 制造业企业转型升级影响因素研究——基于浙江省制造业企业大样本问卷调查的实证研究[J]. 管理世界，2012（9）：120—131.

在激烈的市场竞争中，民营企业是最有动力创新求变、适应发展的市场主体，是贯彻落实新发展理念的中坚力量。民营企业应适应全球化、信息化、智能化发展趋势需要，利用并优化全球资源优势，投入资金研发新产品、新技术和新材料，形成核心竞争优势，大力发展技术密集型的新兴产业、高新技术产业，发展知识密集型的现代服务业，推动传统产业向产业价值链高端延伸。通过引进成熟技术，将其投入量产，有效利用后发优势降低生产成本和实验成本，减少重复试验造成的时间和资本的无谓浪费。[①]

（三）加快技术创新

通过技术引入及时获取当下最前沿的生产信息，寻找未来的技术突破方向，为自主研发创新做好铺垫。核心技术自主研发上，选择可操作性和实用性较强的方向重点突破，[②]组织力量投入资金攻克难关，掌握生产环节的关键技术，实现核心部件的自主制造，提高研发投入占企业总产值的比重，保障创新能力培养的硬件基础，调动研发和设计人员的积极性，激发企业内部技术创新的动力，实现生产工艺的精细优化，破解企业转型升级、技术创新的瓶颈。

可以考虑建立民营企业技术联盟，在同等层次的企业之间实现技术创新和攻关合作，也可以通过不同层次企业之间的技术转移，实现民营经济产业集群内的资源自由流动，优化资源配置。[③]一方面可以带来产品的聚集，另一方面带来信息、人才和技术的聚集，可以加快企业技术创新的步伐。具体可以考虑由几家企业共同投入资金用于创新技术开发，开发成功的技术可以为企业之间共享，以便形成创新技术的经济最大扩散效应。在建立民营企业技术联盟时，政府应充分发挥积极的引导作用，帮助企业创

---

①Holoday M. East Asian latecomer firms: learning the technology of electronics[J]. World development, 1994, 23（7）: 1171-1193.

②徐涛. 关于加快推进浙江台州产业集群转型升级的若干思考[J]. 改革与开放, 2011（6）: 77.

③王志凯. 中国民营经济区域发展研究——江苏、浙江实证分析[M]. 杭州: 浙江大学出版社, 2009: 47—48.

新主体与科研院校的产学研合作，形成以市场为导向的民营经济创新技术合作新模式。

建议积极引导大企业以数据和资源赋能中小企业，支持中小企业应用大企业资源和平台，实现快速迭代创新。引导和鼓励信息化服务商、专业服务机构积极建设和完善中小企业信息化服务平台，为中小企业提供精益研发、管理升级、电子商务等服务，提高中小企业信息化应用能力，全力推动中小企业转型升级高质量发展。

（四）加大人才储备和创新人才聚集

无论是创新企业，还是创新市场、创新技术，都离不开人力资源的因素。[①]对于民营企业而言，应加强企业内部科研人才队伍的储备，建设人才梯队，保障企业自主创新的源泉。加快各地创新平台建设，加强与高校、科研机构的合作，增强自身的技术创新水平，有条件的企业，可以考虑申报建设企业博士后流动站或工作站、创新人才联络站，建设人才交流聚集平台和科技创新型企业中心、重点实验室等。

民营企业自主创新是一项长期、系统、专业性强的工程，需要大量具有创新意识、具备专业技能的复合型人才。民营企业自主创新人才体系构建需要从培养和引进两方面入手。以福建省泉州市为例，在人才培养上，可以考虑的具体做法有：制订泉州雏鹰人才计划，重点支持一批30岁以下青年创新创业人才加快成长；完善海外人才创业园、创新型孵化器的服务功能，为青年人才提供低成本、全要素的创新创业服务；建设泉州外籍优秀毕业生创业服务平台，集聚外籍优秀青年创业团队；支持民营企业和华侨大学、泉州师院等高校院所联合举办夏令营、科技竞赛、创新创业活动，为民营企业创新发展培育储备人才；由泉州民营龙头企业牵头成立"泉州创新总裁俱乐部"等。

在人才引进上，应着力吸引各类高端人才集聚发展。具体做法包括：依托人才创新共享联盟，集聚省内外人力资源服务机构，搭建高层次人才服

①刘成奎，刘振光．我国民营企业技术创新的"制度创新"思考[N]．中华工商时报，2006-07-07（6-7）．

务咨询、信息共享、需求对接平台，推动国内外高端人才和智力要素集聚；围绕关键核心技术突破和重点产业发展需求，支持民营企业精准引才；加大对投资人、高技能人才、产品经理、技术经纪人、高级会计师、知识产权及法律专家等吸引支持，加强专业化服务人才队伍建设，成立民营企业技术经纪人联盟；利用当地核心经济区的区位优势，探索吸引"一带一路"沿线国家人才创办企业、工作许可等方面的激励政策，提高外籍人才创新创业便利化程度，选择民营企业集聚的地点建设"一带一路"国际人才社区。

（五）加强创新服务平台建设

从商业属性来说，平台是促进生产者和消费者进行价值互动的机构，生产者和消费者在其间进行信息、商品与服务、资金的"核心互动"。[①]从政府规制角度，创新服务平台建设目的是利用线下线上平台，增强产品供给主体、技术创新主体与资本主体之间的互动，服务于泉州民营企业自主创新成果的形成和转化。它更多服务于供给侧，但其促进不同主体"核心互动"的本质是一致的。

进一步加强创新服务平台建设，以福建省泉州市为例，其一，构建创新平台体系。围绕泉州主导产业，构建由众创空间、特色小镇、众创集聚区等新型产业组织形态组成的创新平台体系，集聚技术资源，实现创新成果孵化、转化和产业化，推动创新平台精准服务民营实体经济发展和产业转型升级。其二，立足泉州优势产业建设创新特色载体。参照2018年8月财政部、工业和信息化部、科学技术部印发的《关于支持打造特色载体推动中小企业创新创业升级实施方案》，泉州可结合自身主导产业定位，打造不同类型的创新特色载体，推动各类载体向市场化、专业化、精准化发展。如加强鞋服行业龙头企业主导的特色载体建设。其三，筹建泉州民营企业孵化器联盟。围绕大孵化的概念，由科技局发起，整合各类型孵化器、孵化基地组建孵化器联盟，各类金融、中介等机构自愿共同参与，把孵化器联盟打造成顶层孵化器。其四，与地方高校共建"雏鹰"创新创业

---

①登哈特（Denhardt, J.V.），登哈特（Denhardt, R.B.）. 新公共服务：服务，而不是掌舵[M]. 丁煌，译. 北京：中国人民大学出版社，2016：112.

教育服务中心。泉州本地的华侨大学、泉州师院均设立了创新创业学院，开展了大量的创新创业教育、培训、孵化和扶持工作。因此，可推进泉州民营企业与华侨大学、泉州师院等地方高校及国内外知名院校共建"雏鹰"创新创业教育服务中心，作为专门组织青年和大学生创新创业活动项目的服务机构。其五，实行创新平台备案和考核制度。借鉴合肥高新区的做法，出台《泉州市科技创新孵化载体管理办法》，对市域内科技创新孵化载体（众创空间、孵化器、加速器等）实行市级备案和年度考核制度。

三、加强创新治理，提升企业创新能力

加强开放合作、创新治理，以新视野、新观念、新思维提升企业创新能力。实施创新驱动发展战略将会重构政府、市场、社会三者之间的关系模式，需要重塑发展理念、调整发展实践。

（一）创新技术研发组织模式，构建以技术积累和创新为主的中小民营企业作为内核的更加开放的创新生态系统

应将具有核心技术的中小民营企业置于高效创新型价值链的中心，围绕其独特的技术和能力，以市场化方式组织整合并辅以政府政策支持，构建包括供应商、合同制造商、经销商、物流商和行业专家等行业内外部合作伙伴在内的、基于技术能力的产业合作创新平台，依托平台开发个性化产品和服务，形成全新的需求洞察，并通过提供定制的解决方案创造出客户价值，从而将平台能力转化为合作伙伴效益的增加，最终形成平台的独一无二优势并建立起协调众多合作伙伴的生态体系。

（二）完善创新举措，实现创新突破

进一步推动行业领域中的龙头民营企业通过持续扩大开放合作、开展协同创新、推进军民融合等举措，积极构建围绕自身的生态圈，推进重点行业领域核心技术的自主可控和产业链创新的整体突破，逐步提升创新型中小民营企业的参与度和产业链整体的竞争力，实现核心关键产品从"不可用"到"基本可用"，再到"基本好用"和"领先发展"的

历史性转变，最终形成基于核心关键产品的行业生态优势。

（三）深化创新服务体制改革①

民营企业的体制创新是形成市场创新体系的重要基础，是民营经济可持续发展的重要动力。民营企业由于自身产业研发和个人发明创造为主模式的先天不足，所获得的社会资源的支持就较为有限，自主创新比较低级甚至原始。但必须看到，民营企业活力较强，整体利润增长态势普遍较健康良好，特别是近年来中央政府和各级地方政府出台了一系列针对民营企业发展的方针、政策，解决了民营企业创新发展过程中存在的一些问题，民营企业发展的环境得到了一定程度的缓解和改善。

传统规制体制的设置更多是为了管理稳定的市场，而非应对变动或转型市场。面对快速的技术变化和产业融合，在各方利益交织下，会出现协同规制、自我规制和正式规制混合的情况，使政府规制难以为市场提供清晰信号。②民营企业自主创新直面变动快速的市场，涉及企业、产业组织、高校、科研机构等创新主体的利益诉求，对这类复杂、跨界问题的解决，"如果没有所有……相互联系的团体和组织的参与，复杂的公共问题就不太可能得到有效的处理"③。要协同各创新主体和部门，政府"元治理主体"的作用不可或缺。

因此，必须统筹政府部门相关职能机构，建立跨界治理的协调机构，如借鉴"中关村科技创新和产业化促进中心"模式。以福建省泉州市为例，泉州市政府可以考虑组建泉州民营企业创新推进小组，协调科技局、工信局、人社局、住建局、教育局、财政局、文体局等职能部门，整合泉州高等院校、科研院所、高科技企业等创新资源，推进泉州科技创新转化改革，强化知识产权管理制度，完善创新创业激励政策，统筹泉州民营企

①黄益军，黄志锋. 民营企业自主创新的制度环境优化——以福建省泉州市为例[J]. 福州大学学报（哲学社会科学版），2020（2）：40—47.

②张建清，刘诺，范斐. 无形技术外溢与区域自主创新——以桂林市为例的实证分析[J]. 科研管理，2019，40（1）：42—50.

③Mansell, Robin. Media convergence policy issues[C]. In: Nussbaum, Jon F., （ed.） Oxford Research Encyclopedia of Communication. Oxford research encyclopedias, 2016.

业的创新服务项目受理和政策发布事项。

（四）提升创新融资服务能力

通过创新专项税收和金融扶持政策，能有效引导资金流向民营企业，进而为自主创新提供有力的资本支持。

第一，构建多层次融资服务体系。制定促进金融科技发展规划和指导意见，支持金融科技创新发展。创新征信和担保方式，探索设立服务科技型中小微民营企业的政策性融资担保基金。引导相关银行和专营机构开展机制创新和产品创新，加大对首次贷、研发贷、中长期贷、知识产权质押贷款等支持力度。鼓励保险公司设立科技保险专营机构，支持各地的相关银行加大对科技创新相关险种扶持。

第二，实行创新通票制度。借鉴天津高新区的创通票制度，由各地方政府财政每年拨付专用资金向第三方机构购买创新行为专项服务，委托专业科技公司开发"创通票"网络平台，提供创通票的申请、流转和兑现，以及使用评价、客服中心、大数据分析监察等服务功能，民营企业利用创通票编码进行免费兑换，实现科技创新从后补贴向前补贴转变。

第三，争取举行"中国民营企业创新投融资巡回路演"活动。通过"现场+网上路演"活动，各地民营企业可以持续定期地将优质创新型项目推到全国投资机构面前，促进投融资信息对接，进而和深交所、投资机构、投资人等建立常态化路演合作机制。

四、鼓励创新型企业，推动民营经济高质量发展

科技进步、管理创新是提高生产效率和产品质量的关键途径，是确保企业满足消费者多元化需求的重要驱动力。尤其在当前民营企业转型升级的重要阶段，鼓励创新型企业的发展，以创新驱动引领新旧动能转换，对推动民营经济高质量发展具有重要意义。[①]

①叶颖，林克涛，谢志忠. 新时期推动我国民营经济可持续发展的路径选择[EB/OL].（2019-09-11）[2020-03-11]. http://views.ce.cn/view/ent/201909/11/t20190911_33130463.shtml.

（一）推进民营企业技术创新

核心技术是企业之本，更是国之重器。实现建设创新型国家的"三步走"目标，民营企业是重要主体。对于具有一定规模和实力的大型民营企业来说，只有加强研发投入力度、缩短技术创新周期，才能在市场竞争中保持优势并实现跨越式发展。进一步推动民营经济的创新体系建设，使民营企业的生产技术向智能化、数字化和集成化方向升级发展，提升企业在价值链上所处的位置，同时优化自身产品布局，与行业竞争对手形成差异化竞争。①具体可以从三个方面进行建设和培育：引进成熟技术、自主研发创新与后备人才培养。

第一，通过引进成熟技术，将其投入量产，能有效利用后发优势降低生产成本和实验成本，减少重复试验造成的时间和资源成本的无谓损失和浪费；②同时，通过技术引入及时获取当前最前沿的生产信息，有利于寻找未来技术的突破方向，为自主研发创新指明方向和奠定基础。例如吉利集团2009年收购沃尔沃，就吸收沃尔沃先进的汽车生产制造技术，提升了自身的技术水平，产品的质量和产能同步提升。研发创新能力和生产能力升级助推吉利集团向新能源汽车这一战略新兴产业转型升级。③

第二，核心技术自主研发，选择实用性和可靠性、可操作性较强的方向进行重点突破，④攻克技术难关，掌握生产环节的核心和关键技术，实现核心部件的自主制造。同时提高研发投入水平，保障创新能力培养的硬件基础，调动研发和设计人员的积极性，激发企业内部技术创新的动力，实现加工工艺的精细优化，破解企业转型升级的技术瓶颈。⑤2009年以

---

① 孔伟杰. 制造业企业转型升级影响因素研究——基于浙江省制造业企业大样本问卷调查的实证研究[J]. 管理世界，2012（9）：120—131.

② Holoday M. East Asian latecomer firms: learning the technology of electronics [J]. World development，1994，23（7）：1171—1193.

③ 刘宇，马卫. 我国汽车产业升级开放式创新案例研究[J]. 技术经济与管理研究，2012（9）：88—92.

④ 徐涛. 关于加快推进浙江台州产业集群转型升级的若干思考[J]. 改革与开放，2011（6）：77.

⑤ 史晋川. 中国民营经济发展报告（2018年）[M]. 北京：经济科学出版社，2019：27—52.

来，吉利集团相继在浙江宁波和临海成立了技术中心与吉利汽车研究院，两年时间内在变速箱领域取得了重大技术突破，掌握了自动变速器及产业化项目的核心技术。

第三，组织后备人才的培养，建设企业的人才梯队，储备战略型人才等重要的人力资源，避免人才出现断层，[①]保障企业自主创新的源泉。例如，吉利集团从2011年开始着手建设其自主创新体系，在徐刚的主导下，吉利集团从汽车行业上下游引进了近千名技术人才，其中包括数名享有国家特殊专家津贴的高级工程师。这些人才的到来，有力地增强了吉利集团的技术研究实力，也培育了吉利集团的人才储备，为吉利集团的人才梯队建设做出了重要的贡献。

（二）推进民营企业管理创新

管理创新是民营企业高质量发展的基础。尤其是面对实体产业转型升级阵痛期、民营企业家族传承过渡期的双重压力，提升企业家特别是中小微企业管理者的素养和能力显得更为迫切。民营企业应当转变管理观念、改革管理模式、创新管理制度、营造良好的企业文化，以推动现代企业制度的建立和完善。

民营企业应大胆雇用非家庭成员，民营经济产业和市场空间向外拓展的在区际外和国外建立的销售基地、生产基地，应该将销售岗位、市场岗位、客服岗位、技术岗位、管理岗位向社会开放，按照市场化的法律、法规和制度来规范劳资关系、交易行为及产业组织。与当地经济发展及当地人们的生产、生活和福利衔接，形成产业和市场进入获取经济发展和福利的帕累托改进。这是泉州民营经济能否通过产业与市场的空间拓展，顺利实现民营产业结构调整和区域空间结构优化，以谋求民营经济持续健康发展的关键举措。

（三）积极培育和引进创新型人才

人才是民营企业实现创新驱动发展的根本所在。因此，加快形成充满

---

①冯丽娟. 民营企业引入经济增加值业绩评价的探讨[J]. 时代金融，2013（18）：149—150.

活力的人才体系是各地政府出台创新扶持政策的基本着眼点之一。只有加大民营企业创新人才培养力度，畅通从高校、科研院所到民营高科技企业的人才流动机制，让民营企业留得住优秀科技人才，才能为民营经济的高质量发展提供有效的人才保障。各级政府和民营企业也应当相互配合，加大对创新型人才的引进力度，全面落实人才引进政策，筑牢支撑民营经济可持续发展的人才高地。

（四）拓展创新开放合作

以福建省泉州市为例，近些年，泉州民营企业响应国家"一带一路"倡议，进一步加快"走出去"步伐，纷纷在欧美、日本、东南亚等国家和地区设立分厂和研发中心，国际化进入新阶段。因此，应进一步推动泉州民营企业加速汇聚全球创新人才和国际创新资源，打造国际创新资源的高地。

第一，推进民营企业与国内重点区域合作。围绕打造闽西南和闽东北协同创新共同体，聚焦重点合作区域，构建资源优势互补、产业配套衔接的科技创新园区链；加快与三明、龙岩高新技术产业开发区合作建设基地，与泉州形成协作联动发展局面；争取与国内世界一流高科技园区、创新型科技园区和重点创新城市加强创新合作和资源共享，提升泉州民营企业自主创新水平；深入推进闽台科技合作，加强与港澳台地区科技人才交流，加大对港澳台学生来高新区实习和创业的支持力度。

第二，提升国际化发展环境。深化开放创新合作，加快建设泉州南洋研究院、中国国际信息技术（福建）产业园等创新合作载体，推动国内外知名高校在泉州建设创新中心；深化"一带一路"科技创新合作，支持共建科技园区、联合实验室或研发中心；支持泉州民营企业在海外设立分支机构，优化海外联络处布局，统筹建设海外创新中心，服务民营企业拓展国际市场；着力提升泉州民营企业国际影响力，持续办好泉州国际技术转移项目推介洽谈会、"海丝（晋江）国际科技合作周"等国际化交流合作活动。

第三，集聚国际创新要素。吸引跨国公司、上市公司在泉州建立企业分部和研发中心；支持在泉科研机构开展国际联合研发，搭建跨国联合科研合作平台，提升原始创新国际化水平；加强民营企业海外顾问、海外战略科学家团队建设，充分发挥海外高端智库支撑作用；加强与海外科技园区交流合作，探索引入国际专业团队参与泉州民营龙头企业建设管理。

五、政府主动施为，为创新能力提升创造条件

改革开放40多年，民营经济能够蓬勃发展的最根本原因是持续不断的创新。为了进一步激发民营企业的创新活力，各级地方政府应主动施为，加大科研投入。现代市场竞争的核心表现之一就是新技术、新产品的争夺，而新技术、新产品的研发需要投入大量的资金，并且其研发的周期长、风险高。这种情况直接限制了本就资金较为短缺的民营企业，这就需要政府主动施为，在当前经济增长新旧动能转换的进程中，加大对科研的投入，特别是对基础技术、基础科学研究的投入，类似于准公共产品[①]的提供，不可能完全寄希望于市场力量来实现充足的供给。基础技术和科学的研究很多时候需要政府来提供并完成。

可以考虑结合当地的高等教育资源，根据当地未来产业发展的方向，牵头投入资金打造一些大型技术平台和未来制造业关键技术的研究中心，

---

①公共物品是具有非排他性和非竞争性的物品。按照公共物品的供给、消费、技术等特征，依据公共物品非排他性、非竞争性的状况，公共物品可以被划分为纯公共物品和准公共物品。纯公共物品一般具有规模经济的特征。纯公共物品消费上不存在"拥挤效应"，不可能通过特定的技术手段进行排他性使用，否则代价将非常高昂。国防、国家安全、法律秩序等属于典型的纯公共物品。准公共物品的范围十分广泛，它介于私人物品和纯公共物品之间。相对于纯公共物品而言，它的某些性质发生了变化。一类准公共物品的使用和消费局限在一定的地域中，其受益的范围是有限的，如地方公共物品（并不一定具有排他性）；一类准公共物品是公共的或是可以共用的，一个人的使用不能够排斥其他人的使用。然而，出于私益，它在消费上却可能存在着竞争。由于公共的性质，物品使用中可能存在着"拥挤效应"和"过度使用"的问题，这类物品如地下水流域与水体资源、牧区、森林、灌溉渠道等。另一类准公共物品具有明显的排他性，由于消费"拥挤点"的存在，往往必须通过付费，才能消费，它包括俱乐部物品、有线电视频道和高速公路等。

带领相关产业链的企业一起协调和整合各种资源，共同承担研发风险，共享研发收益。①一方面促进地区高新技术产业升级改造，实现新旧动能转换；另一方面激励民营企业投入更多的资金用于研发新产品和新技术。另外，政府也可以通过加大对民营企业研究创新的补贴，通过各种手段激励民营企业自主技术创新的活力。

完善民营企业技术改造投资相关优惠政策。包括加大技改贴息力度，增加技改支出的税前列支，对于企业税后利润用于技术改造等再投资的部分可予以财政资金扶持等，促进传统行业民营企业转型升级、提高产品附加值。加大科技型民营企业专项补贴等财政扶持力度，推动民营企业加快技术创新步伐，提高民营企业科技创新水平。鼓励民营企业创新经营模式，发展新兴业态。通过内部流程改造和外部资源整合，推广及尝试新的营销模式；推广信息技术在各产业门类的深入应用，推动信息化与传统产业的融合发展。

六、加强企业文化建设，夯实民营经济发展的制度基础②

民营经济是推动高质量发展、建设现代化经济体系的重要力量。对于民营企业来说，不仅要以提高企业效益为目标，还要担负起履行社会责任的义务，做爱国敬业、守法经营、创业创新、回报社会的典范。当下，文化越来越成为民族凝聚力和创造力的重要源泉，越来越成为综合国力竞争的重要因素。加强企业文化建设，既是提高国家文化软实力在微观层面的体现，也是企业增强凝聚力和竞争力的保障，更是夯实民营经济发展的制度基础。

民营企业的企业文化，主要包括企业家文化和团队文化两个方面。在

---

① 武汉市总商会，武汉大学中国新民营经济研究中心. 新民营经济研究[M]. 北京：人民出版社，2019：172—181.
② 黄志锋，谢志忠. 加强企业文化建设 夯实民营经济发展的制度基础[EB/OL].（2019-09-26）[2019-12-30]. http://views.ce.cn/view/ent/201909/26/t20190926_33227147.shtml.

企业生产经营过程中形成的从企业家到员工共同遵守的价值理念，就是企业文化。企业文化在民营企业管理过程中起主导作用的是企业家文化，企业家精神是企业家文化的核心，其中创业文化、创新文化、创富文化、创优文化和创诚文化对民营企业发展发挥着非常重要的作用。

其一，创业文化。要鼓励创业，支持创业，尊重创业，因为创业能生成小型微型企业，而创业文化的核心是发挥企业家创业精神的引领作用。其二，创新文化。这是提升民营企业竞争力的核心。由要素驱动向创新驱动转变的过程叫转型，由中低端产业链向中高端产业链的转变是创新升级。无论生产型还是经营型企业，没有创新就没有发展，创新文化决定企业的深层次发展。其三，创富文化。企业发展壮大，带动就业，创造财富，使员工获得收益，提供税收实现国富民强，所以民营企业要培育创富文化。其四，创优文化。这可以激励企业创造品牌，培养员工的竞争意识。其五，创诚文化。企业文化的精髓就是诚实守信，加强企业文化建设就是要坚守承诺，取信于社会。只有不断提高社会责任意识，才能使企业真正发展壮大。

加强民营企业的文化建设，要充分发挥党组织在企业发展中的政治引领作用，使基层党组织成为企业发展中"发动机"和"助推器"，让企业在科学发展的道路上越走越宽阔。同时，要高度重视将思想政治工作融入民营企业的文化建设之中，通过不断深化活动内容，拓宽活动领域，发挥思想政治工作与企业文化建设的合力作用。

第六节　转变经济发展方式，推动民营企业转型升级

民营经济转型的核心是转变经济增长的类型，即将高投入、高消耗、高污染、低产出、低质量、低效益转变为低投入、低消耗、低污染、高产出、高质量、高效益，从粗放型经营向集约型方向转变。民营经济升级则包含两个方面：一是产业间升级。在整个产业结构中由第一产

业比重占优逐渐向第二、第三产业比重占优演进。[①]二是产业内部升级。产业内部的加工和再加工程度逐步向纵深化发展，实现技术集约化，不断提高生产效率。[②]

一、以创新驱动民营企业的转型升级，实现经济发展方式的转变

未来，民营经济的发展还是离不开创新，既要继续进行制度创新、市场和观念创新，又要进行技术创新，利用技术改造传统产业，发展高新技术产业。应坚持创新发展、开放发展和绿色发展理念，[③]摒弃以往外延式、粗放型的发展思维，全面推动先进科技的应用，积极融入当前产业中跨界融合的发展大潮，加快推进新一代的人工智能、数字技术、云计算、智能制造、新型信息技术等新科技的应用，实现产品智能化、产业数字化、生产智慧化，以此来推动民营经济、民营企业的转型升级。

加快新材料、新技术、新工艺和新设备的应用，提升民营企业产品的制造技术水平、性能，推进民营企业产品的高端化，提升产品的科技价值含量。推进管理创新，引入或借鉴国内外先进企业的管理方法，构建科学的现代企业管理体系，实现管理效率的大幅提升。[④]积极投身新兴生产性服务的发展，积极在科技创新、现代物流、节能环保、高科技等领域加大投入，运用"互联网+"等平台或手段，推动商业模式、盈利模式、供应链模式上的创新，发展共享经济实现转型升级。鼓励建立民营企业技术联盟，加强企业间技术研发上的合作，实现同等层次的民营企业之间的技术创新和攻关合作，在不同层次的企业之间实现技术转移，以带动企业之间的资源流动，形成资源的优化配置。

---

①张志民. 中国民营经济产业结构演进研究[D]. 厦门：厦门大学，2009.

②王劲松，史晋川，李应春. 中国民营经济的产业结构演进——兼论民营经济与国有经济、外资经济的竞争关系[J]. 管理世界，2005（10）：82—93.

③张建刚. 推动我国经济迈向高质量发展[J]. 红旗文稿，2018（10）：23—24.

④郭敬生. 论民营经济高质量发展：价值、遵循、机遇和路径[J]. 经济问题，2019（3）：8—16.

提高技术开发与推广能力，实现技术开发资源的社会化，为民营企业订立行业标准和技术规范，攻克行业基础性、关键性和共性技术难题。着力开展基础性和共性技术的开发合作，共建研发基地，提高研发信息的共享，营造协作化创新体系；促进研发平台的"产学研"合作，促使研发平台与科研院校形成利益共同体。

优化国际市场布局，着力深化和共建与"一带一路"国家之间的贸易合作，多元化探索，强力出击。产业集群优势明显的地区，就加大与海上丝绸之路沿线国家（地区）之间密切的经贸合作。民营企业应通过不断增强自身的市场开发能力，引进高层次销售人才，丰富开发国外客户的渠道，以期为更好地融入、开发国际市场奠定基础。进一步加强对外贸易民营企业的宣讲，主动适应中美、中欧等国际贸易发展需求，树立知识产权保护意识，在进出口业务中加强防控，防止误碰"雷区"，同时加强自身品牌建设，打造一批本土品牌。

二、借力民营经济的产业聚集，助推高质量发展和转型

（一）鼓励民营经济产业聚集发展

政府相关部门应支持相关产业的民营企业实现合理的集聚，并提倡通过中介机构和协会、行会、商会等机构，在企业之间加强各种形式的技术信息交流和物质联系。另外，还要建立专门的中介服务机构协调和解决产业群中可能产生的问题，及时公布行业竞争相关的信息，为产业群内处于种子和创建阶段的企业成长提供孵化相关支持。①

推动集聚载体建设，汇集高端生产要素。加快各种类型的空间载体建设，为新民营经济发展汇集高端生产要素。一是建设一批新民营经济的培育载体。大力发展市场化、专业化、集成化、网络化的众创空间，重点建设创客空间、创业苗圃、创业咖啡等新型孵化器，鼓励各类创新型孵化器

---

①谢志忠. 培育新兴产业集群 让民营经济走向更加广阔的舞台[EB/OL].（2019-09-18）[2019-12-30]. http://views.ce.cn/view/ent/201909/18/t20190918_33168947.shtml.

与大学科技园、产业园、创意园等园区开展合作。二是打造一批新民营经济创新集聚区。依托科技创业园、创意产业园等现有优势园区，打造一批新民营经济创新基地；整合高校、科研院所、创新企业、服务平台等载体资源，探索形成新民营经济创新集聚区域。三是建设一批新民营经济示范引领区。充分发挥综合试验区先行先试优势，重点支持具有专业化、精细化、特色化、新颖化、科技化等特征的民营企业发展，打造新民营经济领军示范企业；通过重点领域和重点园区建设，以点带面，形成具有良好生态的新民营经济体系。[①]

（二）鼓励民营经济以产业集群实现合作共赢

通过鼓励产业内相关企业良性竞争合作，推进民营企业与集群产业链协同发展，不断推动产品名牌、企业品牌向产业品牌转变。优化整合产业集群内企业资源，加强集群内企业之间的协调合作，适度延伸产业链专业分工，科学构建产业集群内部组织结构。引导产业内相关民营企业进行区域聚集，加速产业内不同生产要素的持续积累，形成产业内生产资源的优化配置，塑造产业聚集度高、产业链完善的区域产业品牌，逐步培育具有特色的产业集群，提升民营企业的国际影响力。[②]

（三）鼓励共同技术研发，实现收益共享

政府可以考虑，结合民营企业所在地的高等教育资源，根据当地未来产业发展的方向，牵头投入资金打造一些大型的技术平台和未来制造业关键技术的研究中心，带领相关产业链的企业一起协调和整合各种资源，共同承担研发风险，共享研发收益。一方面可以促进当地高新技术产业升级改造，实现新旧动能转换。另一方面也可以激励民营企业投入更多的资金用于研发新产品和新技术。同时，加大对民营企业研发创新的补贴，通过各种手段激励民营企业自主创新的活力。

---

① 佚名. 新民营经济，新在哪[EB/OL]. （2018-03-22）[2019-12-30]. http://theory.gmw.cn/2018-03/22/content_28064473_2.htm.

② 武汉市总商会，武汉大学中国新民营经济研究中心. 新民营经济研究[M]. 北京：人民出版社，2019：182—190.

（四）强化政策规划引导，促进民营经济的产业集聚发展

制定和落实土地利用规划。制定和完善《民营经济产业用地指南》，完善产业用地公开出让办法，提高土地整理和储备的速度和效率。各级地方政府应考虑加快出台并实施《集体建设用地使用权流转管理办法》，完善已取得使用权建设用地的盘活流转方式。提高用地审批效率，完善产业用地"绿色通道"，强化项目跟踪推进服务机制，保障重大工程项目用地供应。

完善民营企业土地开发利用机制。坚持统一规划、合理布局，促进产业用地结构优化，提高土地对经济社会发展的保障能力。深化土地管理制度改革，继续推进土地规划、利用和管理方式创新，统筹本地的土地资源，组建土地管理委员会，对当地的土地使用方案、土地管理政策等进行集体审议或研究，科学平衡各类用地需求。制定低效和闲置产业用地加快流转奖惩结合的管理办法，鼓励低效和闲置土地的二次开发，提高土地使用效率。

三、实现新经济新业态视角下民营企业转型升级

经过1978年和2000年两次转折后，站在新时代新起点的民营企业正迎来"第三次转折"前的多重冲击。特别是2020年1月新型冠状病毒性肺炎疫情暴发以来，我国整体宏观经济下行压力加大。尤其对餐饮业、旅游业、交通运输业、零售业、娱乐业、民航业等人员聚集的行业冲击较大。交通运输部数据显示，春运期间（2020.1.10—2020.2.16）民航发送旅客同比下降45.1%。疫情冲击世界经济，全球供应链遭受重创。国内疫情暴发期间，企业停工停产既影响自身也影响全球；疫情全球暴发阶段，海外供应链断裂，影响我国经济恢复发展。根据我国各地统计部门发布的统计数据公告，大多数省份第一季度的GDP均大幅下滑。

民营企业面临着比国有企业更为艰难的困境。据四川省统计局民调中心调查显示，受访民企表示租金压力大、无法及时偿还贷款、恢复生产急需资金支持的比例，分别比国企高42.7、31.1、20.1个百分点；一季度收入

同比降低达84.7%，比国企高9.9个百分点；预计上半年用工量同比降低达60.1%，比国企高15.2个百分点。[①]为了促进民营经济和民营企业的可持续发展，走出当前疫情背景下经济发展困境，民营企业只要危中识机、危中抢机、化危为机，坚持"企业主体、政府调控、社会参与"的治理格局，利用经济新业态，顺势完成转型升级的时代重任。

（一）民营企业应适应当前经济环境的变化，用自我革命积蓄蜕变力量

第一，通过"新零售"变革，实现向综合服务转型升级；通过"新制造"变革，向智能制造转型升级。积极推动政府把"新基建"纳入"十四五"规划，通过数字化、网络化、智能化赋能，构建开放产业生态平台，以实现工业系统与高级计算、分析、感应技术以及互联网连接融合，促进新制造更加快速高效、绿色环保和经济安全。

第二，通过"新消费"变革，实现向数字经济转型升级。深度挖掘在线医疗、在线教育、在线办公等发展机遇，通过技术手段和场景设置，大力提升"线上获客"能力。

第三，通过"新组织"变革，向现代企业转型升级。变革组织管理模式，积极发展智能协同，精简组织结构，让组织成员更贴近顾客和价值伙伴，实现由人与人之间的协同向人与机器的协同发展，由内部协同向产业链协同发展，由企业单干向顺应市场规律、因应政府调控、借助社会力量协同发展。

（二）政府部门应用好政策工具，发挥调控作用

第一，尽快落实到位各级惠企政策。各地各部门要及时梳理惠企政策措施及网上办事服务，抓紧进入全国一体化政府服务平台，使各项政策易于知晓、服务事项一站办理，有效扩大政策惠及面。

第二，提高惠企政策针对性实效性。政策制定要进一步聚焦民营企业，特别要针对中小微企业"生产经营停顿、现金流资金链吃紧、上下游产业链紊乱、法律风险高企、生产成本上扬、市场需求疲软"等突出问

---

①李林. 从新经济新业态视角看疫情下民营企业转型升级[EB/OL]. （2020-03-31）[2020-03-31]. https://epaper.scdaily.cn/shtml/scrb/20200331/233710.shtml.

题，做到更精准更有效，支持复工复产稳产满产。

第三，建立产业链协同复工复产协调机制，区域联动解决上下游企业协同问题和用工、原材料、资金等要素保障。建立重点企业、重大项目服务保障制度，加快释放消费力、拉动力。激发保护优秀企业家精神。对民营企业在疫情防控和生产恢复发展中的硬核表现，要表彰激励，要加大对优秀民营企业和民营企业家成功经验和优秀精神的宣传弘扬。

第四，做好疫情持续更长、外贸艰难的纾困准备，重点通过扩大有效内需、强化区域间产业链协同等补上外贸损失，提前谋划"后疫情"时期企业帮扶工作。重视产业链生态安全。优化区域产业链生态，制订安全提升规划，发展应急产业体系，对部分重要产业、重要产业环节制订"备胎"计划，确保产业链和经济体系安全。统战部门、工商联应牵头完善民营企业大数据，为及时研究决策提供支撑。

（三）加强社会参与，用高效服务提供支持保障，引领企业坚定信心

第一，发挥商（协）会作为民营经济领域基层统战组织"主阵地"作用，坚持"团结、服务、引导、教育"方针，帮助民营经济人士认清中国经济的基本面，始终坚定发展信心不动摇。

第二，强化公共咨询服务。发挥商（协）会桥梁纽带作用，协助党委政府加强对民营企业的管理和服务，指导企业用好用足惠企政策，搞好劳务、融资、技术等专业服务。通过工商联提案建议、第三方调研评估、党委政府决策咨询会等，将民营企业的急难愁盼、意见建议及时送达党委政府，为企业发展争取更好的政策环境。

第三，强化行业自律监管。发挥好行业组织的自律和辅助监管作用，完善行业规范、强化行业自律、接受社会监督，严防滋生行业乱象，严防囤积居奇、哄抬物价扰乱市场竞争秩序。积极开展相关法律宣传、风险预防、纠纷调解、依法维权等工作，维护职工合法权益。推动企业抱团发展。

第四，发挥商（协）会经济助手作用，以行业或产业链为主线，把更多企业全链条组织起来，实现无缝衔接、资源共享、优势互补。以大企业为中心和龙头，以制定完善行业标准切入，推动整合同质化企业，积极解

决行业低端集聚、同质化内部恶性竞争问题。

（四）引导民营企业"走出去"，开拓国际市场空间

抓住"一带一路"机遇，引导民营企业融入全球价值链和产业分工体系，不断拓展市场空间。一是拓展民营企业多元出口市场。实施"助推民营企业境外市场开拓计划"，支持民营企业通过参加境外展会、建设境外办事处、申请境外专利、注册境外商标等方式开拓国际市场。二是提升民营企业对外投资效益和水平。引导纺织、化工、建材等传统优势民营企业向境外转移优势产能，在境外设立生产加工基地，鼓励民营企业到资源富集国家和地区建设境外资源基地、并购实体经济、设立研发机构、建立营销渠道等。三是提高对外经贸合作服务水平。鼓励民营企业建立跨境电商综合服务平台和海外仓，进一步提高通关效率，落实完善出口退税政策，建立以备案为主的境外投资管理体制，在外汇管理、金融服务、人员出入境等方面最大限度地放宽限制。

第七节　加快民营经济的人才聚集发展战略布局

一、优化人才政策体系

（一）建立并完善人才政策体系

各级政府应考虑如何结合本地的实际情况，形成包括人才创新创业平台体系、人才发展公共平台体系、人才服务保障体系在内的新的人才政策体系总体框架。修订以人才引进、培养、激励和服务体制机制改革为重点的"港湾计划"。健全人才创新创业的体制机制，优化人才创新创业的政策体系。制定创新创业人才成果转化、金融扶持、股权激励以及风险管理等创新创业政策，修订相关配套措施，包括《大学生创业引领计划实施意见》《科技创业创新领军人才遴选暂行规定》《引进高层次创业创新人才（团队）申报与评审暂行规定》等。制定或修订相关政策的操作规程，包括民营企业创新创业人才的认定、股权激励的实施细则等。

（二）实施人才引培工程，壮大人才队伍规模

深入实施人才"港湾计划"和"创客引育工程"，汇聚一批站在行业科技前沿、具有国际视野和产业化能力的领军人才。着力破除阻碍人才发展的体制机制障碍，围绕民营经济的产业需求创新人才培养方式，在人才培养引进、评价使用、分配激励服务保障等方面进行创新试点，要积极创造条件，制定有效的措施，创造良好的人才环境，引进和稳定主导产业专业人才。探索设立在住房、子女就学、就业等方面的专项政策，鼓励企业探索实施各种先进柔性分配机制，探索建立以绩效和市场为主导、以人力资本和技术入股等分配和激励机制，加大要素分配力度，对有突出贡献的员工，通过培训升职、奖金奖励、带薪休假等办法给予奖励，激发创新型人才的积极性和创造性。

二、打造人才发展的公共平台

着力打造公共技术、知识产权、技术转移、投融资、市场推广等全要素的人才发展公共平台体系。搭建产、学、研、用结合的专利运营平台，健全以市场和需求为导向的专利成果转化机制和保障人才创新成果的收益分配机制。完善知识产权管理的体制机制，出台并实施《知识产权运营服务体系建设实施方案》，成立由专业机构、律师协会等参与的人才知识产权法律服务联盟，为人才提供公益性、专业性的知识产权法律服务。

利用各地已建立的"国家自主创新示范区"的制度优势，建立健全支持民营企业自主创新的税收激励政策。支持民营企业以股权奖励、股权出售、股票期权等方式对创新创业人才实施股权激励，支持民营企业采取科技成果投资、对外转让、作价入股的项目收益分成方式，对创新人才实施分红激励。以市场化方式，强化高层次人才创业融资服务，依托创业天使投资基金，形成政府资金与社会资金、股权融资与债权融资、直接融资与间接融资有机结合的科技金融合作体系。

各级政府可以出台政策积极引导社会资本支持创新创业项目融资。建立民营企业创新创业人才产品营销平台，形成集管理咨询、市场营销、品牌策划、公共服务于一体的产品推广平台，帮助企业开拓市场。

三、健全人才服务保障体系

（一）创新人才服务体制机制

各级地方政府可以考虑在人才认定、项目申报、配套待遇落实、创业扶持服务等方面，建立统一的人才基础数据信息库和综合服务平台，实现人才项目申报、网上审批、工商注册、出入境管理等数据共享、互联互通、业务协同。建立高层次人才服务"一卡通"制度，高层次人才凭卡可直接到服务平台和职能部门享受申报落户、配套就业、子女入学、创业扶持等服务。依托各地的类似人才创新共享联盟，集聚国内外人力资源服务机构，以市场化的方式建立海外人才工作站、重点产业园区人才服务站、人力资源产业园区，强化人才与项目、技术与资本对接平台，形成一站式、零距离的高层次人才服务保障体系。

（二）建立人才公寓供应保障体系

采取公共租赁、货币补贴、放宽购房限制等多种方式，重点解决引进人才创业就业初期的住房问题。探索"共有产权住房"制度改革，政府和购房人各持有一定比例产权，购房人在购买时就可以支付较少的房款。未满5年不得转让，满5年可以按照市场价买入政府持有部分产权份额，也可以按照市场价出售自己所持份额。建立大学生人才公寓。每年按照入职大学生人数一定比例给予大学生人才公寓配套。

（三）提升医疗服务保障能力

在各级医疗保险经办机构设立人才服务窗口，为人才提供医疗保险业务咨询和经办服务。继续扩大异地就医定点医疗机构范围，方便人才在各地就医。建立和完善商业健康团体保险与基本医疗保险费用报销衔接机制，实现高层次人才"一站式"费用报销。推进三甲医院开通国际医疗和特需服务门诊，与国际医疗保险公司合作建立医疗费用直接结算平台，方便外籍人才就医结算与报销。

（四）建立现代多元化的社区服务体系

加大优质学校的引进和建设力度。构建涵盖幼儿园、小学、中学等全阶段的优质学校体系，满足高新区高层次人才子女对于优质教育的需求。结合各地实际，合理设置区域性社区综合服务中心，引入社会资本参与建设，引入社区运营商负责运营，引入专业社会企业和社会组织提供服务。加快社区服务设施和服务体系建设步伐，丰富服务内容和提升现代化的服务方式，积极孵育创新型的社会组织，带动第三产业不断壮大，打造社区服务品牌，增强高新区的吸引力，为高层次人才提供良好的生活环境。

四、完善人才引进培养机制

（一）拓宽人才引进渠道

通过构建人才创新创业生态体系，形成优良的人才创新创业环境，利用各地区经济的比较优势及国家的政策支持，吸引各地人才到当地就业。充分利用各地的文化特点和产业优势，加强与海外留学人员及华侨的联系和交流，吸引海外高层次创新型人才，特别是电子信息、机械装备、新材料、新能源、生物医药、光电等新兴产业急需人才回国工作、服务。

（二）建立引才联盟

积极鼓励和支持当地的人才中介机构与国外人才中介机构开展交流与合作，建立社会机构引才联盟，通过定期开展联席会议、举办海外人才项目洽谈会、国外人才招聘会和委托国外人才机构招聘等多种形式，开拓海外人才引进渠道。不断加强留学人员创业园建设，强化创业园吸纳和承载海外留学人员的能力，通过开展国际项目合作等措施，加强对海外人才的吸引。重点面向北美、欧洲、日韩等地引进海外高层次人才，有效满足民营企业发展需求的高层次人才。

第八节　本章小结

高质量发展是指发展的经济社会质态，不仅体现在经济领域，而且体现在更广泛的社会、政治和文化等领域。[1]实现经济高质量发展，就是实现经济增长从过去唯GDP化转向追求经济发展的质量和效率的提升、促进经济结构的优化和转型升级，其核心在于经济发展从重"量"到重"质"的转变。习近平总书记提出"五大发展理念"，高质量发展是在实践中体现，其根本目的在于能够实现经济发展的创新力、活力和竞争力。在当前形势下，国际经济环境深刻变化、国内经济下行压力加大，民营经济的高质量发展，对保持我国经济整体稳健运行起到极为关键的作用。本章主要论述经济新常态的背景下，民营经济要实现高质量发展主要应从几个方面着手推进。

第一，坚持新发展理念。以习近平总书记提出的"五大发展理念"为指导，从理念上形成对民营经济完全统一的认知，不仅要在法律与政策上完全承认并支持保护发展民营经济，还要在理论分析、政治判断、道德价值、观念教育和社会舆论上，公开、明确阐述中国发展民营经济是发展中国特色社会主义市场经济的内在要求、客观趋势和必然规律，在全社会领域形成有利于民营经济未来高质量发展的良好舆论环境。

第二，加强顶层设计，以激发民营企业的活力。适应经济新常态的市场环境，更新民营企业的管理理念，合理规划适合民营经济发展的制度环境，营造适合民营经济发展的政策环境。做好顶层设计和发展战略规划，促进民营经济产业结构的调整和优化、经济增长质量和效益的提升。进一步推进民营企业管理经营的规范化、现代化、国际化，以提升民营企业可持续发展能力和水平。构建公共服务平台，培育平台经济载体，优化民营

---

[1]金碚. 关于"高质量发展"的经济学研究[J]. 中国工业经济，2018（4）：5—18.

企业的创新创业环境，按照创新、协调、绿色、开放、共享的理念，引导和支持中小民营企业创业创新基地、中小企业公共服务平台等载体向着智慧化、平台化、生态化、绿色化的方向发展。

第三，营造优良的营商环境，加强社会信用体系建设，特别是法治政府和政务诚信建设力度，增强政府的规范性和公信力。通过制度再设计、政策再优化和落地执行、措施更有针对性等手段或措施，政府充分发挥好"守夜人"的作用，建立公平公正的市场营商环境，确保民营经济的健康发展。

第四，加快制度环境优化，推进民营经济的自主创新。加强政府的政策引导，以营造民营企业的科技创新氛围。全面落实各级政府有关扶持民营经济发展的相关政策，确保民营经济在社会经济发展中真正享有与国有企业相同的地位和待遇，充分享有市场经营的自主权与获得感。

第五，鼓励创新驱动，加快民营企业的创新能力建设。加快制度环境优化，提升民营企业的创新意愿。扎实推进创新体系建设，营造民营企业的创新氛围。加强创新治理结构完善，提升民营企业创新能力。鼓励民营企业的自主创新，推进民营经济的高质量发展进程。加强企业内的文化建设，夯实民营经济高质量发展的制度基础。

第六，进一步转变民营经济的发展方式，推动产业整体的转型升级。具体可以考虑借助创新驱动和产业聚集方式，助推民营经济的高质量发展和产业转型。各级政府应结合本地的实际情况和产业规划，加快民营经济的人才聚焦发展战略布局，优化人才政策体系，打造人才发展的公共平台，健全人才服务保障体系，完善人才引进的培养机制。

第九章 结束语

中华人民共和国成立70多年来，特别是改革开放40多年以来，我国民营经济取得了令人瞩目的成就。在当代中国的经济结构中，民营经济作为其中最活跃、最积极、最具竞争力的一种经济成分发展迅速，并逐渐形成了横跨全国三大区域、涵盖国民经济三大产业的经济体系。①随着我国经济的快速增长和市场化进程的不断深入，民营经济在国民经济中的作用越来越突出。

不可否认的是，民营经济发展依旧面临着十分严峻的形势，除了产能过剩、融资难、成本上升外，还面临着"玻璃门""弹簧门"之苦，这就需要为民营经济的高质量发展进行把脉，破除阻碍民营经济高质量发展的制度障碍，找寻出一条能推动民营经济高质量发展的路径。

本书是基于经济发展理论的视角对民营经济的高质量和可持续发展研究的尝试与探索。从产业经济发展角度去分析民营经济在经济新常态下所面临的一些制度性障碍、发展中所面临的困境，并结合实际去探讨促进民营经济高质量发展的制度创新问题，并在此基础上提出民营经济高质量发展的实现路径。

一、民营经济的发展贯穿我国经济体制改革的实施过程

中华人民共和国成立至今，民营经济的制度变迁过程大体经历了三个发展阶段。1949—1956年，这一时期集中表现为以调整公私关系、完成

---

① 厉以宁. 论民营经济[M]. 北京：北京大学出版社，2007：1.

对民营经济的改造作为主要导向的民营经济制度的建构。1957—1977年，这一时期是社会主义生产资料公有制体制基本确立，社会主义公有制加速建立对民营经济发展的空间约束，在计划经济框架下逐步在实际工作中形成并采取对民营经济进行"限制、改造和消灭"的主要方针以及相应的制度安排，[①]民营经济在我国的经济结构中几近绝迹。全国实行高度集中、体制单一的计划经济体制，形成以工业为主导的产业发展路径。1978年至今，这一时期是以市场化改革、实现公平竞争为主要导向的民营经济制度重构和发展阶段，民营经济进入创新和高质量发展时期。

从经济史的视角来看，民营经济的发展呈现出相当显著的消长起伏的阶段性特征。1949—1956年，是民营经济的限制与改造时期，1957—1977年，是民营经济的退潮与消失时期，1978年至今是民营经济的恢复与发展时期。[②]不同阶段民营经济的发展实践无疑为民营经济思想的产生奠定了物质基础和经验积累，从而推动民营经济思想也呈现出阶段式的演进特征。不同发展阶段下民营经济的发展实践，无疑为民营经济思想的产生奠定了物质基础和经验积累，从而推动民营经济思想呈现出阶段式的演进特征，大体上经历了新中国成立初期新民主主义混合经济阶段（1949—1956年）、社会主义公有经济阶段（1957—1977年）和社会主义混合经济阶段（1978年至今）。

二、民营经济发展是促进区域经济增长的重要推动力

随着改革开放逐渐深入，民营经济健康快速发展，对区域经济发展起到了重要促进作用，成为社会主义市场经济发展的有益补充。

当前，国内外经济形势比较复杂，发展还不稳定，可以预见今后出口

---

①刘凝霜. 新中国民营经济思想研究（1949—2019）[M]. 北京：经济科学出版社，2019：107—112.

②刘凝霜. 新中国民营经济思想研究（1949—2019）[M]. 北京：经济科学出版社，2019：206—208.

对中国经济的拉动作用将会减弱，在"稳增长，调结构"的目标下，我国已主要转向促内需。2019年以来，我国经济下行压力进一步增大，经济增长速度有所放缓。在当前的条件下，如何将我们巨大的生产能力服务于国内市场，通过拉动内需促进经济稳步增长，以获得一个长期稳定的发展时期，在这期间民营经济的作用就至关重要。

在社会主义市场经济条件下，要谋求区域经济的快速发展，必须充分认识本地的现状、优势和特点，按照区域的特色、条件，合理配置资源要素。而民营经济天然与市场经济相吻合，自然成为区域经济发展的首选战略。[①]特别是在经济欠发达地区，工业化程度相对较低，缺资金少人才，要推动区域生产力的加速发展，就必须从根本上调整和完善生产关系，使之进一步适应生产力发展的要求，最大限度地解放生产力，发展生产力。民营经济发展战略为区域生产关系与生产力相适应找到了一个绝佳的切入点。使得区域生产力喷发出强大的生命力和巨大的潜能，推动区域经济持续快速发展。

近年来高科技领域的快速发展，如互联网科技的兴起、高新技术产业的快速发展，自主创新成为驱动民营经济新一轮增长的动力，中央政府和各级地方政府促进民营经济发展的一些新扶持政策的出台等，这些趋势性变化对未来民营经济的高质量发展将产生重大的影响。随着经济一体化进程的加快以及后疫情时代的推进，民营经济未来仍有广阔的发展空间，尤其是供给侧结构改革、产业转型升级和技术创新、城镇化进程加速和营商环境方面的进一步改善和推进，民营经济在我国经济社会发展中可以发挥巨大的作用。民营经济高质量发展也将进一步推动我国经济的高质量发展。民营经济的持续发展不仅衍生出大量高质量创业就业机会，也将产生众多高质量的新产品、新服务，为各行业、各领域实现创新发展提供牵引作用。将为城乡一体化、城镇化进程、区域经济社会发展的一体化和促进经济发展更加均衡提供强有力的支撑和保障。民营经济高质量发展，未来

①完世伟. 民营经济区域经济发展的首选战略[EB/OL]. （2003-11-24）[2019-12-29]. http://www.sina.com.cn.

也将是优化市场经济体制机制，驱动经济高质量发展，提升我国国家竞争力和国际地位形象的关键力量。

随着经济的发展和民营企业的成长，民营经济的结构将日趋合理、日益完善。在科技创新的推动下，民营经济的转型升级明显加快。一方面，民营经济的生产结构从粗放型向集约型转变，从劳动力密集型向资本密集型转变。另一方面，民营企业的产品从低附加值向高附加值升级，产业领域从第二产业向第三产业升级。

三、制度性障碍的存在使得民营经济发展出现困境

当前，一些制度性障碍的存在制约着民营经济的高质量发展和转型升级。这些制度性障碍主要有两类：正式组织制度障碍和非正式组织障碍。其中，正式组织制度障碍主要包括市场准入障碍、产权问题、税收金融体系和管理体制等。非正式组织障碍主要包括传统意识形态对民营企业的偏见、家族式管理的制约、创新环境未得到完全改观以及企业家精神的培育方向不明等。

在我国民营经济发展中，民营经济的市场准入与产业准入一直是影响民营经济发展的重要问题和障碍。随着我国体制改革的不断深入，许多不合理的对民营企业市场和产业准入的障碍、限制，在逐步地清除，使得民营企业的经营范围得以极大地拓宽。但我们也必须看到，政府对于民营企业的市场和产业准入依然存在着许多规制或障碍。民营经济的高质量发展需要进一步的制度保障。

部分民营企业产权不明、权责不分，是制约民营经济高质量发展的严重阻碍，由于目前产权保护制度还不完善，在政府监管的过程中很容易出现"一抓就死、一放就乱"的局面，从而导致了市场秩序混乱、产品同质化严重等问题，劣币驱逐良币的现象时有发生。

金融财税体系的不完善是制约民营经济发展的另一重要因素。各地对创新的税收金融扶持散见于《关于实施创新驱动发展战略建设国家自主创

新示范区的意见》《关于加速高新技术企业培育发展若干措施的通知》等政策文件中，专项的创新税收金融扶持政策较少，且不成体系。许多相关政策成文较早，目前尚未推出更新版，政策衔接度不够。融资困难、融资成本高一直是困扰着民营经济实现高质量发展的一大难题，也在一定程度上影响着民营企业可持续发展和资金供给。民营企业，特别是传统的制造业，普遍存在着创新不足，发展后劲不足，没有形成较为有效的资金保障机制和长期筹资能力，致使银行在对这些民营企业进行资信和综合实力评估时，无法对民营企业做出较为客观、准确的判断。

管理体制障碍影响着民营经济未来的高质量发展。创新服务体制相对滞后、多轨并行，有待持续整合相关部门管理职能，以推进创新服务管理体制。创新服务平台管理绩效有待提高，创新平台运行效率比较低。就模式创新而言，一些地区的孵化器和众创空间还停留在提供场地和硬件设施层面，未能针对不同类型、阶段的企业提供不同形式的载体和不同内容的服务，相关的扶持政策大多侧重于扶持层面，尚未涉及绩效考核。

一些民营企业管理不规范，尚未建立起有效的现代企业制度，奉行家族式管理，独断专行，缺乏科学管理理念和管理方法支撑。企业的发展过分依赖于企业家个人，控制权通常实行继承式，不利于引进专业化高端人才。数量庞大的民营企业，尤其是中小企业依然"大而不强"，增长主要还是靠"量"，即生产要素的投入和投资的拉动，而不是通过技术、管理的创新。

创新服务氛围营造有待加强，创新服务开放合作有待深化，在高端人才集聚、创新平台建设、创业服务优化、科技型企业培育、创新合作等方面的协同有待进一步推进。

对企业家精神认识上存在着一些习惯思维、保守思想和陈旧观念，必然导致在企业管理层中一些消极现象的存在。工作中墨守成规，缺乏敢为人先、事先突破、开拓创新的意识，思想上故步自封、停滞不前，行动上不愿进取，缺少优秀企业家的原动力。这些习惯思维、保守思想和陈旧观念排斥新事物、拒绝新发展，如果不及时剔除、任其成长，就会使我们的民营企业在面对深化改革征途中的困难和挑战时，面对实施企业发展战略中碰到的难题和矛盾时一筹莫展，束手无策，不利于未来民营企业的高质量发展和转型升级。

这些制度性障碍直接导致了我国民营经济高质量发展进程中出现的种种亟须克服的困境，如民营企业的创新力和竞争力有待提升，公平公正的市场竞争环境有待改善，民营企业税负负担过重，融资难的现象普遍存在，其运行成本相较于国有企业而言大幅提升，在民营经济发展中，创新激励的体制建设尚不成熟、不完善。

四、民营经济的高质量发展需要制度创新

民营经济的高质量发展需要有良好的营商环境做保障。必须充分发挥市场在资源配置中的决定性作用和政府的职能作用。把工作的着力点放在体制创新、机制创新、政策创新和服务创新，为民营经济的未来高质量发展提供适宜的生存和发展环境，切实为民营经济发展提供强有力的保障。

促进民营经济的高质量发展，应建立公平公正的市场准入制度，打破垄断，破除制约民营经济高质量发展的一切障碍，建立公平、公正的市场竞争制度，进一步深化制度改革，确保民营企业享受到与国有企业相似的政策待遇，为民营企业的市场经营营造良好的竞争环境。

着力推进产权制度改革，通过双重转型，在结构性、体制性问题上取得突破，为民营经济高质量发展营造更适宜的发展环境。民营企业的产权制度改革应该从三个方面入手：有效的产权界定、所有权与经营权分离以及股权结构多元化。加强立法保障，完善平等保护产权的体制机制。

培育新时代企业家精神，拓展企业家精神生长空间。激发企业家精神，营造公平的市场环境、出台宽松的政策和保持开放的心态，给各经济主体以平等的市场地位。大力弘扬企业家精神，充分激发企业管理力、创新力，提高生产效率。充分发挥企业家的引领示范作用，积极打造企业家培养平台。

继续推进税收制度改革，减轻民营企业特别是中小微民营企业的税费负担是帮助企业解决困难的务实举措。税收制度改革应聚焦三个方面：放宽税收优惠适用范围、取消歧视性条款约束以及实施针对性的优惠政策。着力推进财政政策变革优化，充分发挥财政政策的杠杆作用。设立民营经济产业发展专项资金和引导基金，为民营经济的发展提供财政资金支持。着力推进金融体制改革，破除融资的障碍，降低实体经济成本。

完善民营企业的融资体系。改变现有民营企业融资渠道较为单一的现状，拓宽民营企业的融资途径。在遵循金融发展规律的基础上，着力构建更加科学有效的金融资源配置体系，建立金融支持民营企业的长效机制，推动我国民营经济更好发展。降低融资成本，保障民营企业的成长。构建多层次服务民营企业融资的服务体系，提升民营企业的融资能力。

进一步完善创新激励的体制建设。坚持技术创新驱动发展，通过创新引领民营企业高质量发展，充分发挥民营企业创新的核心动能。拓展民营企业的创新创业开放合作，深化科技成果转化，完善创新激励政策，支持社会力量设立公益性科学研究基金。

五、民营经济高质量发展的实现路径

高质量发展是习近平总书记提出的"五大发展理念"在实践中的实际体现，其根本在于实现经济发展的创新力、活力和竞争力。在当前形势下，国际经济环境深刻变化、国内经济下行压力加大，民营经济的高质量发展，对保持我国经济整体稳健运行将起到极为关键的作用。

坚持新发展理念。以习近平总书记提出的"五大发展理念"为指导，从理念上形成对民营经济完全统一的认知，不仅要在法律与政策上完全承认并支持保护发展民营经济，还要在理论分析、政治判断、道德价值、观念教育和社会舆论上，公开、明确阐述中国发展民营经济是发展中国特色社会主义市场经济的内在要求、客观趋势和必然规律，在全社会领域形成有利于民营经济未来高质量发展的良好的舆论环境。

加强顶层设计，以激发民营企业的活力。适应经济新常态的市场环境，更新民营企业的管理理念，合理规划适合民营经济发展的制度环境，营造适合民营经济发展的政策环境。做好顶层设计和发展战略规划，促进民营经济产业结构的调整和优化、经济增长质量和效益的提升。进一步推进民营企业管理经营的规范化、现代化、国际化，以提升民营企业自身可持续发展能力和水平。构建公共服务平台，培育平台经济载体，优化民营企业的创新创业环境，按照创新、协调、绿色、开放、共享的理念，引导和支持中小民营企业创业创新基地、中小企业公共服务平台等载体向着智慧化、平台化、生态化、绿色化的方向发展。

营造优良的营商环境，加强社会信用体系建设，特别是法治政府和政务诚信建设力度，增强政府的规范性和公信力。通过制度再设计、政策再优化和落地执行、措施更有针对性等手段或措施，政府充分发挥好"守夜人"的作用，建立公平公正的市场营商环境，确保民营经济的健康发展。

加快制度环境优化，推进民营经济的自主创新。加强政府的政策引导，以营造民营企业的科技创新氛围。全面落实各级政府有关扶持民营经济发展的相关政策，确保民营经济在社会经济发展中真正享有与国有企业相同的地位和待遇，充分享有市场经营的自主权与获得感。

鼓励创新驱动，加快民营企业的创新能力建设。加快制度环境优化，提升民营企业的创新意愿。扎实推进创新体系建设，营造民营企业的创新氛围。加强创新治理结构完善，提升民营企业创新能力。鼓励民营企业的自主创新，推进民营经济的高质量发展进程。加强企业内的文化建设，夯实民营经济高质量发展的制度基础。

进一步转变民营经济的发展方式，推动产业整体的转型升级。具体可以考虑借助创新驱动和产业聚集方式，助推民营经济的高质量发展和产业转型。各级政府应结合本地的实际情况和产业规划，加快民营经济的人才聚焦发展战略布局，优化人才政策体系，打造人才发展的公共平台，健全人才服务保障体系，完善人才引进的培养机制。

参考文献

［1］彼得·德鲁克. 创新与企业家精神［M］. 北京：机械工业出版社，2007.

［2］彼得·杜拉克. 创新与企业家精神［M］. 彭志华，译. 海口：海南出版社，2000.

［3］车娇. 中国民营企业创新研究［M］. 湘潭：湘潭大学出版社，2009.

［4］陈昌智. 中华人民共和国经济简史［M］. 成都：四川大学出版社，1990.

［5］丛树海，张桁. 新中国经济发展史［M］. 上海：上海财经大学出版社，1999.

［6］大成企业研究院. 2018年民间投资与民营经济发展重要数据分析报告［M］. 北京：社会科学文献出版社，2019.

［7］戴园晨. 中国经济的奇迹——民营经济的崛起［M］. 北京：人民出版社，2005.

［8］道格拉斯·诺思. 经济史中的结构与变迁［M］. 上海：上海三联书店，1994.

［9］道格拉斯·诺思：理解经济变迁的过程［M］. 北京：中国人民大学出版社，2013.

［10］道格拉斯·诺思. 制度、制度变迁与经济绩效［M］. 上海：上海三联书店，1994.

［11］登哈特（Denhardt, J.V.），登哈特（Denhardt, R.B.）. 新公共服务：服务，而不是掌舵［M］. 丁煌，译. 北京：中国人民大学出版

社，2016.

［12］邓波. 民营经济前沿问题的研究［M］. 北京：中国时代经济出版社，2003.

［13］董辅礽. 市场经济漫笔［M］. 南宁：广西人民出版社，1999.

［14］樊纲. 渐进式改革的政治经济学分析［M］. 上海：上海远东出版社，1996.

［15］樊纲. 中华文化、理性化制度与经济发展［M］. 北京：二十一世纪出版社，1994.

［16］高德步. 中国民营经济史［M］. 太原：山西经济出版社，2014.

［17］龚晓菊. 制度变迁与民营经济发展研究［M］. 武汉：武汉大学出版社，2005.

［18］国家统计局. 中国工业经济统计资料［M］. 北京：中国统计出版社，2019.

［19］哈耶克. 自由秩序原理［M］. 北京：北京三联书店，1997.

［20］何金泉编著. 民营经济概论［M］. 成都：西南交通大学出版社，2005.

［21］胡鞍钢. 中国国家治理现代化［M］. 北京：中国人民大学出版社，2014.

［22］盛洪：中国的过渡经济学［M］. 上海：上海三联书店，上海人民出版社，1994.

［23］黄景贵. 经济发展制度论 西方经济发展理论述评［M］. 海口：海南出版社，2001.

［24］黄孟复. 中国民营经济史·大事记［M］. 北京：社会科学文献出版社，2009.

［25］黄孟复. 中国民营经济史·纪事本末［M］. 北京：中华工商联合出版社，2010.

［26］黄文夫．民营经济在中国［M］．北京：中国城市出版社，2003.

［27］蒋佳林．民营经济公共品供给机制研究［M］．南昌：江西高校出版社，2007.

［28］江怡．民营经济发展体制与机制研究［M］．杭州：浙江大学出版社，2016.

［29］金祥荣．民营经济发展模式转型分析［M］．北京：经济科学出版社，2006.

［30］科勒德克．从休克到治疗——后社会主义转轨的政治经济［M］．上海：上海远东出版社，2000.

［31］科学技术部火炬高技术产业开发中心，中科院科技战略咨询研究院中国高新区研究中心．国家高新区创新能力评价报告2018：暨高新区三十年回顾与展望［M］．北京：科学技术文献出版社，2018.

［32］柯武刚，史漫飞．制度经济学［M］．北京：商务印书馆，2000.

［33］理查德纳尔，逊悉尼温特．经济变迁的演化理论［M］．北京：商务印书馆，1997.

［34］厉以宁．厉以宁论民营经济［M］．北京：北京大学出版社，2007.

［35］厉以宁．中国经济双重转型之路［M］．北京：中国人民大学出版社，2013.

［36］林左鸣．用企业家精神点燃时代引擎［M］．北京：航空工业出版社，2013.

［37］林毅夫，蔡昉，李周．中国的奇迹：发展战略与经济改革［M］．上海：上海三联书店，1994.

［38］刘德强，村上直树，等．中国的工业改革：过去的成绩和未来的前景［M］．上海：上海三联书店，上海人民出版社，2000.

［39］卢福财，胡大立．21世纪民营企业发展方略［M］．北京：经

济管理出版社，2003.

［40］卢现祥. 西方新制度经济学［M］. 武汉：武汉大学出版社，2004.

［41］毛泽东. 毛泽东选集：第一卷［M］. 北京：人民出版社，1991.

［42］毛泽东. 毛泽东选集：第二卷［M］. 北京：人民出版社，1991.

［43］毛泽东. 毛泽东选集：第三卷［M］. 北京：人民出版社，1991.

［44］毛泽东. 毛泽东选集：第四卷［M］. 北京：人民出版社，1991.

［45］毛泽东. 毛泽东著作选读：上册［M］. 北京：人民出版社，1986.

［46］毛泽东. 毛泽东著作选读：下册［M］. 北京：人民出版社，1986.

［47］米歇尔·A.赫特，杜安·爱尔兰. 战略型企业家——创建一种新的智力模式［M］. 徐芬丽，佟博，等译. 北京：经济管理出版社，2002.

［48］青木昌彦. 比较制度分析［M］. 上海：上海远东出版社，2001.

［49］单东，等. 浙江中小民营企业转型升级问题研究［M］. 杭州：浙江大学出版社，2014.

［50］单忠东. 民营经济三十年——思考与展望［M］. 北京：经济科学出版社，2009.

［51］史晋川. 中国民营经济发展报告（2018年）［M］. 北京：经济科学出版社，2019.

［52］史晋川，金祥荣，赵伟，罗卫东. 制度变迁与经济发展：温州模式研究［M］. 杭州：浙江大学出版社，2004.

［53］史晋川，汪炜，钱滔．民营经济与制度创新：台州现象研究［M］．杭州：浙江大学出版社，2005．

［54］苏星，杨秋宝．新中国经济史资料选编［M］．北京：中共中央党校出版社，2000．

［55］王爱琴．民营企业激励体系的构建与创新研究［M］．北京：北京理工大学出版社，2016．

［56］习近平．决胜全面建成小康社会　夺取新时代中国特色社会主义伟大胜利——在中国共产党第十九次全国代表大会上的报告［M］．北京：人民出版社，2017．

［57］杨虎涛．政府竞争对制度变迁的影响机理研究［M］．北京：中国财政经济出版社，2006．

［58］杨克兢．经济发展理论应用尝试［M］．石家庄：河北科学技术出版社，2008．

［59］张维迎．企业理论与中国企业改革［M］．北京：北京大学出版社，1999．

［60］张志勇．中国往事30年：揭幕民营经济中国式进程［M］．北京：经济日报出版社，2009．

［61］周小亮．论外在制度创新的差异性与多样性——兼评西方制度变迁理论关于制度创新差异性与多样性的不同解说［J］．经济评论，2002（3）：19—24．

［62］包亚钧.中国民营经济的制度特征及其发展模式选择［J］．贵州财经学院学报，2009（4）：22—29．

［63］白小虎，史晋川．义乌小商品市场的传统与变迁的历史制度分析——分工、产权与市场［J］．中国经济史研究，2008（3）：132—139．

［64］陈春丽．民营经济及民营经济发展概念初探［J］．特区经济，2007（7）：96—98．

［65］陈德宁，刘豪兴，张书琛．费孝通"珠江模式"的转型路向研

究［J］．广东商学院学报，2007，92（3）：77—81．

［66］陈广胜．关于创新民营经济发展模式的思考［J］．宏观经济研究，2007（3）：58—63．

［67］陈剑．论民营经济可持续发展战略——从知识经济时代的人力资源管理视角看［J］．科学·经济·社会，2005（1）：51—54．

［68］陈清泰．积极促进民营经济健康发展［J］．中国城市经济，2003（2）：4—8．

［69］程霖，刘凝霜．经济增长、制度变迁与"民营经济"概念的演生［J］．学术月刊，2017（5）：59—73．

［70］程启智．建立现代产权制度是完善社会主义市场经济体制的关键［J］．学习论坛，2004（8）：19—22．

［71］陈清泰．积极促进民营经济健康发展［J］．中国城市经济，2003（2）：4—8．

［72］陈永杰．充分激发中国经济持续增长的内生动力——民营经济发展"十一五"回顾与"十二五"展望［J］．经济理论与经济管理，2011（2）：100—112．

［73］储小平，李桦．中小企业集群理论研究述评［J］．学术研究，2002（5）：60—63．

［74］崔新健，杨智寒，郑勇男．民营企业现代企业制度建设现状及其竞争力——基于北京市民营企业样本的研究［J］．经济体制改革，2017（5）：88—95．

［75］代颖．我国民营经济制度变迁、制度"锁定"及"解锁"研究［J］．行政与法，2011（4）：50—53．

［76］戴子刚．进一步创新民营经济政策的路径研究［J］．商业经济，2011（4）：43—45．

［77］邓宏图．转轨期中国制度变迁的演进论解释——以民营经济的演化过程为例［J］．中国社会科学，2004（5）：130—140．

［78］董辅礽，厉以宁，戴园晨，等．民营经济要健康快速发展

〔J〕. 宏观经济研究, 2000（6）: 14—27.

〔79〕段亚男, 张水清. 宁波参与海上丝绸之路建设的优势〔J〕. 浙江经济, 2016（10）: 54—55.

〔80〕范思琦. 日本中小企业生态位演化研究及经验借鉴〔J〕. 现代日本经济, 2019（2）: 59—66.

〔81〕冯丽娟. 民营企业引入经济增加值业绩评价的探讨〔J〕. 时代金融, 2013（18）: 149—150.

〔82〕福建省中国特色社会主义理论体系研究中心. "晋江经验"的时代价值与实践意义〔J〕. 思想政治工作研究, 2018（8）: 16—18.

〔83〕高建昆, 程恩富. 论对中国经济新常态的认识、适应与引领〔J〕. 当代经济研究, 2015（9）: 12—18.

〔84〕高金德. 地方民营经济发展与公有中小企业改革〔J〕. 开放导报, 2000（6）: 13—15.

〔85〕高娜. 制约我国民营经济发展的制度因素〔J〕. 长春市委学校学报, 2010（4）: 34—37.

〔86〕辜胜阻, 韩龙艳. 中国民营经济发展进入新的历史阶段〔J〕. 求是, 2017（7）: 33—35.

〔87〕管怀鎏. 关于加强民营经济内部管理的几点思考〔J〕. 江海纵横, 2011（4）: 92—93.

〔88〕郭敬生. 论民营经济高质量发展: 价值、遵循、机遇和路径〔J〕. 经济问题, 2019（3）: 8—16.

〔89〕郭威, 杨弘业. 金融支持民营经济发展的逻辑机理与政策选择〔J〕. 农村金融研究, 2019（2）: 14—18.

〔90〕韩云. 从经营机制角度界定民营经济概念——兼对几种界定观点的评析〔J〕. 桂海论丛, 2001（6）: 59—60.

〔91〕何自力. 新时代必须更好坚持两个毫不动摇〔J〕. 求是, 2018（4）: 44—46.

〔92〕胡坚, 查志强. 大力推动非公有制经济持续健康发展〔J〕.

求是，2017（15）：25—27.

［93］黄孟复．中国民营经济是转方式、保民生的重要力量［J］．中央社会主义学院学报，2011（2）：32—34.

［94］黄速建，肖红军，王欣．论国有企业高质量发展［J］．中国工业经济，2018（10）：19—41.

［95］黄文夫．继续改善民营经济发展的外部环境［J］．宏观经济研究，2000（6）：22—27.

［96］黄文夫．走向21世纪的中国民营经济［J］．管理世界，1999（6）：135—143.

［97］黄益军，黄志锋．民营企业自主创新的制度环境优化——以福建省泉州市为例［J］．福州大学学报（哲学社会科学版），2020（2）.

［98］洪银兴．苏南模式的演进及其对创新发展模式的启示［J］．南京大学学报（哲学·人文科学·社会科学版），2007（2）：31—38.

［99］金祥荣，朱希伟．"温州模式"变迁与创新——兼对若干转型理论假说的检验［J］．经济理论与经济管理，2001（8）：70—75.

［100］金碚．关于"高质量发展"的经济学研究［J］．中国工业经济，2018（4）：5—18.

［101］金碚．中国改革开放 40 年的制度逻辑与治理思维［J］．经济管理，2018（6）：5 16.

［102］孔伟杰．制造业企业转型升级影响因素研究——基于浙江省制造业企业大样本问卷调查的实证研究［J］．管理世界，2012（9）：120—131.

［103］李炳炎，唐思航．苏南模式与浙江模式之异同［J］．科学决策，2006（7）：24—25.

［104］李枫，高闯．新中国70年政策推动下的民营经济演化发展研究［J］．经济与管理研究，2019（12）：3—15.

［105］李新春，韩剑，李炜文．传承还是另创领地？——家庭企业二代继承的权威合法性建构［J］．管理世界，2015（6）：110—124.

［106］李新春，肖宵. 制度逃离还是创新驱动？——制度约束与民营企业的对外直接投资［J］. 管理世界，2017（10）：99—112.

［107］李维安. 民营企业传承与治理机制构建［J］. 南开管理评论，2013（3）.

［108］梁俊，李菁. 中国经济的结构性减速与对策［J］. 上海经济研究，2016（5）：3—9.

［109］刘放，杨筝，杨曦. 制度环境、税收激励与企业创新投入［J］. 管理评论，2016，28（2）：61—73.

［110］刘国良. 苏南模式与温州模式、珠江模式的比较［J］. 浙江经济，2006（18）：36—37.

［111］刘戒骄，王德华. 所有制结构创新与民营经济发展［J］. 财经问题研究，2019（7）：3—11.

［112］刘佩，邓承月. 基于中小企业自主创新激励的知识产权政策体系构建［J］. 求索，2016（2）：108—112.

［113］刘茜. 黑龙江省优化营商环境、推进民营经济发展的对策建议［J］. 商业经济，2019（12）：14—15.

［114］刘荣材. 马克思主义制度变迁理论及其在中国的应用和发展［J］. 重庆工学院学报（社会科学版），2009（8）：99—102.

［115］刘现伟，文丰安. 新时代民营经济高质量发展的难点与策略［J］. 改革，2018（9）：5—14.

［116］刘迎秋，刘霞辉. 非国有经济改革与发展30年：回顾与展望［J］. 经济与管理研究，2009（1）：29—34.

［117］卢现祥. 从三个维度探讨我国民营经济发展［J］. 学术界，2019（8）：52—65.

［118］柳新元. 制度安排的实施机制与制度安排的绩效［J］. 经济评论，2002（4）：48—50.

［119］罗来军，石微巍. 我国民营经济发展营商环境评价与建设［J］. 统一战线学研究，2019（5）：87—94.

［120］茅于轼，张玉仁．中国民营经济发展与前景［J］．国家行政学院学报，2001（6）：16—17．

［121］木志荣．对民营经济概念的修正［J］．云南财贸学院学报，2002（5）：81—85．

［122］彭俊．中小企业集群理论问题研究——兼评温州中小企业集群［J］．华东经济管理，2003（4）：42—44．

［123］屈炳祥．加强社会主义生产关系再生产完善我国市场经济体制［J］．学习论坛，2011（3）：32—37．

［124］任保平．新时代中国经济从高速增长转向高质量发展：理论阐释与实践取向［J］．学术月刊，2018（3）：66—74，86．

［125］任保平，李禹墨．新时代我国经济从高速增长转向高质量发展的动力转换［J］．经济与管理评论，2019（1）：5—12．

［126］任保平，吕春慧．中国特色社会主义市场经济体制改革——改革开放四十年回顾与前瞻［J］．东北财经大学学报，2018（6）：3—10．

［127］任海青．民营化、政府规制与行政特许［J］．扬州大学学报（人文社会科学版），2016（3）：50—57．

［128］任曙明．民营参股、制度环境与企业创新［J］．研究与发展管理，2019，31（3）：59—71．

［129］施端宁，陈乃车．制度创新与区域经济发展——温州模式与苏南模式的比较分析［J］．江西社会科学，2000（9）：88—90．

［130］史晋川，朱康对．温州模式研究：回顾与展望［J］．浙江社会科学，2002（3）：5—17．

［131］石丽静，洪俊杰．开放式创新如何影响企业自主研发绩效？［J］．经济评论，2017（6）：53—65．

［132］孙明增．新时代民营经济当有新作为［J］．红旗文稿，2019（2）：23—25．

［133］孙西克．民营经济及其发展模式［J］．民营科技，2004（2）：10—13．

［134］唐高平．制约温州模式发展创新的内在局限分析［J］．工业技术经济，2002（5）：22—23．

［135］王国刚．"入世"后民营经济发展中应着力解决的若干问题［J］．中国工业经济，2002（2）：11—19．

［136］王国刚，杨智清．简论小微企业融资难的成因与应对之策［J］．农村金融研究，2018（10）：4—8．

［137］王海兵，杨蕙馨．中国民营经济改革与发展40年：回顾与展望［J］．经济与管理研究，2018（4）：3—14．

［138］王建，肖猛，刘黎．税制改革与民营中小企业的发展［J］．重庆工商大学学报（社会科学版），2001（6）：41—42．

［139］王缉慈．关于北京中关村发展模式的深层思考［J］．北京联合大学学报，2000（1）：54—57．

［140］王劲松，史晋川，李应春．中国民营经济的产业结构演进——兼论民营经济与国有经济、外资经济的竞争关系［J］．管理世界，2005（10）：82—93．

［141］王同庆，王晓玲．企业集群与山东民营经济发展［J］．山东纺织经济，2003（6）：9—11．

［142］王志凯．民营经济对高质量发展的重要意义探析［J］．国家治理，2018（4）：3—13．

［143］王志凯．中国经济结构再平衡与长期增长［J］．浙江大学学报（人文社会科学版），2016（2）：175—185．

［144］王忠明．40年中国民营经济大崛起大发展［J］．中央社会主义学院学报，2019（1）：65—75．

［145］吴金明．"二维五元"价值分析模型——关于支撑我国高质量发展的基本理论研究［J］，湖南社会科学，2018（3）：113—129．

［146］吴敏．我国民营企业的现状及其发展模式［J］．经济体制改革，2005（3）：62—64．

［147］夏梁省．民营经济内生发展模式与转型升级研究——以吉利

集团和台州大溪镇为例［J］．唐山师范学院学报，2012（4）：70—76.

［148］向江林．中关村模式质疑［J］．信息产业报道，2001（1）：22—24.

［149］晓亮．从战略高度看民营经济发展［J］．浙江经济，2002（23）：14—16.

［150］谢健．民营经济发展模式比较［J］．中国工业经济，2002（10）：76—82.

［151］许高峰，王炜．论我国民营经济对区域经济建设与发展的作用——以苏南模式、温州模式、珠江模式为例［J］．天津大学学报（社会科学版），2010（6）：492—497.

［152］徐君，任腾飞．供给侧改革视域下民营企业自主创新综合驱动机制研究［J］．软科学，2017，31（9）：101—105.

［153］徐涛．关于加快推进浙江台州产业集群转型升级的若干思考［J］．改革与开放，2011（6）：77.

［154］薛菁．完善政府制度供给促进民营经济发展——基于民营经济发展与政府制度供给的适应性分析［J］．福建行政学院学报，2011（2）：24—29，34.

［155］严成樑，王弟海．统一增长理论研究述评［J］．经济学动态，2012（1）：130—135.

［156］杨浩．民营企业性质界定及产权分析［J］．上海经济研究，2001（3）：68—71.

［157］杨嘉懿．中国新时代民营经济发展的指导理论［J］．湖北社会科学，2019（7）：40—46.

［158］杨天宇．政府审批制度改革与民营企业的市场准入［J］．财经问题研究，2003（11）：13—16.

［159］阳小华．民营经济内涵问题探析［J］．江汉论坛，2000（5）：38—40.

［160］易信，刘凤良．金融发展、技术创新与产业结构转型——多

部门内生增长理论分析框架［J］.管理世界，2015（10）：24—39.

［161］应焕红.非公有制经济平等使用生产要素研究［J］.学习论坛，2014（4）：34—37.

［162］应云进.论区域经济未来发展模式再创新——从市场经济的发展趋势看温州模式，苏南模式的演进［J］.企业经济，2003（5）：116—118.

［163］张慧一，杜磊.创新驱动、政府作用与民营经济发展——基于全国30个省市数据的门限效应分析［J］.河南师范大学学报（哲学社会科学版），2019（4）：39—45.

［164］张建刚.推动我国经济迈向高质量发展［J］.红旗文稿，2018（10）：23—24.

［165］张建清，刘诺，范斐.无形技术外溢与区域自主创新——以桂林市为例的实证分析［J］.科研管理，2019，40（1）：42—50.

［166］张建君.发展模式和经济平等［J］.管理世界，2006（8）：36—46，171—172.

［167］张敏，顾朝林.农村城市化："苏南模式"与"珠江模式"比较研究［J］.经济地理，2002（4）：482—486.

［168］张炜，陈绮，童欣欣.基于开放式创新理论的民营企业并购式成长过程研究——基于吉利集团的案例分析［J］.科学·经济·社会，2011（4）：89—91，95.

［169］张月香.有效激活民间资本加快发展民营经济［J］.科技情报开发与经济，2011（4）：137—138.

［170］张宗和.政府对民营经济的引导和管理［J］.经济管理，2006（5）：21—23.

［171］赵宇新，龚维斌.析当前非公有制经济人士的价值选择和追求现状［J］.毛泽东邓小平理论研究，2014（3）：34—38，91—92.

［172］周立群，谢思全.中国经济改革30年——民营经济卷（1978—2008）［M］.重庆：重庆大学出版社，2008.

［173］周琪．"互联网+"、创新驱动发展助推镇江民营经济转型升级路径研究［J］．江苏商论，2019（7）：23—25．

［174］朱沆．家庭企业的代际传承之道——如何实现继任者的权威重塑［J］．清华管理评论，2015（12）：57—63．

［175］朱康对．民营经济发展与政府创新——温州民营企业演化过程的实证考察［J］．中共杭州市委党校学报，2019（1）：50—56．

［176］廉丹．民营企业成为"一带一路"建设重要力量［N］．经济日报，2018-09-16（4）．

［177］刘尚希．制度创新是最大的降成本［N］．经济日报，2018-07-27（9）．

［178］习近平．毫不动摇坚持我国基本经济制度　推动各种所有制经济健康发展［N］．人民日报，2016-03-50（2）．

［179］习近平．决胜全面建成小康社会　夺取新时代中国特色社会主义伟大胜利［N］．人民日报，2017-10-28（2）．

［180］郑春梅．新时期民营经济发展模式选择［N］．中国经济时报，2013-06-15．

［181］科斯，等．财产权利与制度变迁——产权学派与新制度学派译文集［M］．上海：上海三联书店，上海人民出版社，2000．

［182］科斯，等．财产权利与制度变迁——产权学派与新制度学派译文集．上海：上海三联书店，上海人民出版社，2000．

［183］武汉市总商会，武汉大学中国新民营经济研究中心．新民营经济研究［C］．北京：人民出版社，2019．

［184］李锐．我国民营企业转型升级问题研究［D］．福州：福建师范大学，2013．

［185］李清亮．中国民营经济发展研究——从制度变迁视角看合法性地位的确立和制度环境的改善［D］．上海：复旦大学，2012．

［186］刘怀山．中国民营经济发展模式的制度经济学分析［D］．西安：西北大学，2009．

［187］秦海林. 中国民营经济发展模式研究：一个制度理论的解读［D］. 长春：吉林大学，2007.

［188］吴玲蓉. 我国民营经济发展中的主要问题与对策研究［D］. 上海：华东师范大学，2012.

［189］张志民. 中国民营经济产业结构演进研究［D］. 厦门：厦门大学，2009.

［190］Andrei，Shleifer，Maxim，Boyckl，Robert，W. Vishny. A Theory of Privatisation［J］. A Theory of Privatization，1996，106（435）：309–319.

［191］Avinash，Dixit. Lawlessness and Economics： Alternative Models of Governance［M］. Princeton University Press，2004.

［192］Barro，Robetr J. Government Spending in a Simple Models of Endogenous Growth［J］. Journal of Political Economy，1990（98）.

［193］Barro，Robert J & Xavier Sala-i-Martin. Economic Growth［M］. McGraw-Hill，1995.

［194］Chong-En，Bai，Jiangyong，LU，Zhigang，Tao. Property Rights Protection and Access to Bank Loans： Evidence from Private Enterprises in China［J］. Economics of Transition，2006，14（4）：611–628.

［195］Barseghyan，L. and R.DiCecio. Entry costs，Industry Structure，and Cross-Country Income and TFP Differences［J］. Journal of Economic Theory，2011（146）：1828–1851.

［196］Boedo，Mukoyama. Evaluating the Effects of Entry Regulations and Firing Costs on Internatioal Income Differences［J］. Journal of Economic Growth，2012（17）：143–170.

［197］Davis L，North D. Institutional change and American economic growth： a first step towards a theory of institutional innovation［J］. Journal of Economic History，1970，30（1）：131–149.

［198］Dawson，J.and Seater. Federal Regulation and Aggregate Economic

Growth［J］. Journal of Economic Growth, 2013（18）: 137–177.

［199］Dietrich, M. Transaction Cost Economics and Beyond［M］. London and York: Rouledge & Thoemmes Press, 1994.

［200］Dimaggio P. J., Powell W. W. "The Iron Cage Revisited: Institutional Isomorphism and Collective Rationality in Organizational Fields" ［J］. American Sociological Review, 1983, 48（2）: 147–160.

［201］Djankov, S., R.La Porta, F. Lopez–de–Silanes and A.Shleifer ［J］. The Regulation of Entry. Quarterly Journal of Economics, 2002 （117）: 1–37.

［202］Dong, Xiao–yuan, Louis, Putterman, , Bulent, Unel. Privatization and firm performance: A comparison between rural and urban enterprises in China［J］. Journal of Comparative Economics, 2006, 34 （3）: 608–633.

［203］Feuerwerker A. The state and the economy in late imperial China ［J］. Theory and Society, 1984, 13（3）: 297–326.

［204］Franklin, Allen, Jun, Qian, Meijun, Qian. Law, finance, and economic growth in China［J］. Journal of Financial Economics, 2005, 77 （1）: 57–116.

［205］Gary, Jefferson, Thomas, Rawski, Wang, Li, Zheng, Yuxin. Ownership, Productivity Change, and Financial Performance in Chinese Industry［J］. Journal of Comparative Economic, 2000, 28（4）: 786–813.

［206］Hobday M. East Asian latecomer firms: learning the technology of electronics［J］. World development, 1994, 23（7）: 1171–1193.

［207］Jie Z. Financial Difficulties and Financing Sequences of Private Economy［J］. Economic Reasearch Journal, 2000（4）: 25.

［208］Joseph Schumpeter.Theory of Economic Development［M］. Cambridge, Massachusetts.Harvard University Press, 1954: 12–13.

［209］Li J., Vertinsky I., Zhang H. "The Quality of Domestic Legal

Institutions and Export Performance"［J］. Management International Review, 2013（53）: 361-390.

［210］Lin, Justin Yifu and Zhiqiang Liu. Fiscal Decentralization and Economic Growth in China［J］. Economic Development and Cultural Change, 2000（49）: 1-21.

［211］Liu Y L. Reform from below: The private economy and local politics in the rural industrializational Wenzhou［J］. The China Quarterly, 1992（130）: 293-316.

［212］Mansell, Robin. Media convergence policy issues［C］. In: Nussbaum, Jon F.,（ed.）Oxford Research Encyclopedia of Communication. Oxford research encyclopedias, 2016.

［213］Nee V. Organizational dynamics of market transition: Hybrid forms, property rights, and mixed economy in China［J］. Administrative science quarterly, 1992: 1-27.

［214］Parris, Kristen. Local Initiative and Reform: The Wenzhou Model of development［J］. The China Quarterly, 1993（134）: 242-263.

［215］Qian, Yingyi, and Geread Roland.Federalism and the Sort Budget Constraint［J］. American Economic Review, 1998, 88（5）: 1639-1655.

［216］Robert, Cull, Lixin, Colin, Xu. Institutions, ownership, and finance: the determinants of profit reinvestment among Chinese firms［J］. Journal of Finance Economics, 2005, 77（1）: 117-146.

［217］Small Business Research Institute. White Paper on Small and Medium Enterprises in Japan［M］. Chiyoda city Tokyo: National Association of Small and Medium Enterprise Promotion Organizations, 2018: 5-49.

［218］Shane S., Venkataraman S. The Promise of Entrepreneurship as a Field of Research［J］. Academy of Management Review, 2000, 25（1）: 217-226.

[219] Stoian C., Mohr A. "Outward Foreign Direct Investment from Emerging Economies: Escaping Home Country Regulative Voids" [J]. International Business Review, 2016, 25 (5): 1124–1135.

[220] Von Pischke J D. Debt capacity and the role of credit in the private economy [J]. Finance at the frontier, 1991.

后　记

　　近年来，我开始关注民营经济发展问题是受到福建省高校智库民营经济研究院刘义圣院长的鼓励，又加之泉州本是民营经济较发达的地区，研究这一领域既可实现科研上的突破，又可为泉州民营经济的发展建言献策。从事这一领域的研究以来，我一直想出版一部有关民营经济发展问题的论著，一直未能如愿。与刘义圣教授讨论甚久后，刘教授给出宝贵的建议，本书的选题得以最终敲定。

　　改革开放40多年来，我国民营经济经历了由小到大、由弱到强的曲折发展历程，虽有痛楚，但成就斐然。目前已成长为推动我国经济社会发展的重要力量。改革开放以来，民营经济取得的成就显然是经济的市场化和制度变迁发展所致。中国的市场化进程无疑是一个由下而上的改革过程，民营经济则是推动中国市场化改革进程的主要推动力。政府对个体私营经济的发展和完善采取不干预，甚至是保护和扶持的政策，也是民营经济取得如此瞩目成就的不可或缺的因素。同时，随着世界经济一体化进程的深入与加快，我国经济发展面临着跨时代的发展机遇，又遭遇着严峻的挑战。党中央依此制定了加快经济结构调整和产业转型升级的重大决策，并做出"一带一路"和经济高质量发展的战略部署，为民营经济高质量发展打开了一扇新的窗口。

　　从改革开放和经济发展的方向来看，我国经济已经完成了工业化初期和中期的任务，步入了后工业化时代，确立了社会主义市场经济体制。2020年也是完成全面决胜小康社会的收官之年，现代市场经济也将全面形成。这种改革和发展的双重阶段转换，构成了民营经济高质量发展的现实背景。近年来，各级政府出台的旨在促进民营经济发展和转型的各种扶持政策相继得到实施，为民营经济的发展带来了更加宽松、适宜的营商环境。可以预见，在不久的将来，国家将进一步放宽民营企业投资准入的原大型国企垄断的产业门槛，改善民营企业的营商环境，完善财税金融体系等，以应对经济新常态下国内外环境的变幻给我国经济发展和民营经济高质量发展形成的冲击。

不可否认的是，民营经济发展依旧面临着十分严峻的形势，除了产能过剩、融资难、成本上升外，还面临着"玻璃门""弹簧门"之苦，这就需要为民营经济的高质量发展进行把脉，破除阻碍民营经济高质量发展的制度障碍，找寻一条能推动民营经济高质量发展的路径。作为作者，对目前拿出的书稿还是甚感欣慰，这是对自己过去一段时间的努力工作的肯定，也是对未来对该领域的持续深入研究的鞭策。这本拙著，既是我心血的结晶，又是我从事民营经济研究工作的阶段性总结，更是激励我前进的动力。

民营经济发展的研究是一个复杂的系统工程，民营经济的高质量发展亦是一个动态的过程。本书由于作者时间、能力和精力的限制，在很多方面还没有深入地展开研究，诸如家族式的企业管理模式如何优化、如何实现企业与资源和环境的可持续发展、民营企业如何更好地增强市场竞争力和履行社会责任等问题还有待于进一步地深入研究。我坚信在以后的学习和研究中，能在民营经济发展的研究中有所突破，也期待有更多的研究成果面世。

本书在写作过程中得到了泉州师范学院刺桐丛书出版基金和福建省高校智库民营经济研究院的大力支持，得到了泉州师范学院陈守仁商学院的一些同事和好友的帮助、支持和鼓励。感谢刘义圣教授的支持、鼓励和中肯的意见，感谢谢志忠教授、黄益军博士等人的建议，也感谢长春出版社的程秀梅编辑，她精心细致的编校工作，是拙著顺利出版不可或缺的重要支持。

最后我要感谢我的家人，特别是我的妻子柯珊蓉女士，正是她无悔的陪伴和鼓励，让我执着坚持、安心科研。在写作陷入瓶颈时给予我鼓励，克服困难时为我喝彩，为我冲锋陷阵提供坚强的后盾。

由于本人研究水平有限，书中难免存在诸多不足甚至错误，恳请读者不吝批评指正，不胜感激！

黄志锋

2020年2月于泉州